KB254053

우리가 성에 관해 알고 싶은 것,
그러나 하이틴 로맨스에도, 포르노에도,
나와 있지 않은 것

우리가 성에 관해 알고 싶은 것, 그러나 하이틴 로맨스에도, 포르노에도, 나와 있지 않은 것

십대 여성들을 위한 책, 혹은 그들의 남자 친구,
부모님, 선생님이 읽어도 좋은 책

김성애·이지연 지음

도서출판 **또하나의문화**

이 책이 나오기까지

내가 생각하기에, 성교육의 핵심은 '주체적인 성적 결정권'을 길러 주는 데 있다. 그렇게 하기 위해서는 기성세대가 청소년들의 아픔과 혼란을 진정으로 이해해 주는 것이 필요하며, 그들 스스로 자신의 성적 행동에 관해 말할 수 있는 분위기를 만들어 주는 것이 중요하다. 자신의 성적인 행동을 말한다는 것은 성행위에 관해 말한다는 것이 아니라 사회적인 관계 속에서의 성에 관해 말한다는 것이다. 성적인 행동은 아주 사적인 일인 동시에 상대방을 배려해야 하는 신중한 행동이기 때문이다.

자신의 성에 관해 말하고 생각할 수 있도록 하는 성교육은, 자아 형성 과정에 있는 청소년들 스스로 자신을 이해할 수 있도록 적극적으로 돕는 일이며, 또한 자신의 행동을 의식화하는 지름길이다. 의식화가 되면 갈등이 표면화되며, 그 속에서 자신이 알지 못했던 상처가 발견되고 그 상처가 더 곪기 전에 터뜨릴 수 있기 때문이다. 이렇게 해서 청소년들은 이 혼란한 시대에 자신의 성적 기준을 저마다 형성해 갈 수 있다.

성교육을 하면서 내가 가장 고민했던 문제는, '어떻게 하면 내 자신이 성을 좀 더 잘 이해할 수 있을까?' 하는 것과 '어떻게 하면 아이들에게 성을 좀 더 잘 이해시킬 수 있을까?' 하는 것이었다. 내 또래의 다른 사람들이 모두 그랬겠지만, 나 역시 제도 교육을 통해 진지하게 성에 대해 배울 기회가 없었다. 그렇지만, 나는 학창 시절부터 시원하고 명쾌한 성교육 선생님이 되기를 꿈꾸어 왔다. 그 이유는 내가 성에 관해 알고자 하는 갈증을 가르치면서 풀어 가고 싶었기 때문이었을 것이다.

1984년, 비로소 꿈이 현실이 되어 성을 주제로 교단에 섰을 때, 얼마나 막막했는지 모른다. 생리적인 성을 설명하고 나면 이게 전부가 아닌데 하면서 가슴이 답답해 왔다. 그럴 때면 초롱초롱한 눈망울들의 실망스런 모습들이 뒤통수에 와서 박히는 듯했다. '그럴 줄 알았지! 내가 더 많이 안다고…' 이렇게 말하는 것 같았다. 더욱 공부하고 싶었지만 기회가 거의 없었다.

고민 끝에 내가 선택했던 곳이 청소년 성상담과 성교육에 관심을 가져온 서울 YMCA 성교육 교사 강습회였다. 그때가 1988년. 이때 성과 상담을 함께 공부해야 하는 것을 절실하게 느끼고 상담을 공부하기 시작했다. 문래 YMCA의 지속적인 공부는 곧이어 '잠재력 개발 교실' 'PET 교육(부모 훈련 프로그램)' '정신 역동적 집단 상담' '상담 보수 교육'을 계속 공부할 수 있게 된 원동력이 되었다.

그러면서 비록 단편적이긴 했지만, 수업 시간에 한 사람씩의 고민을 들어주고 풀어주기 시작했다. 이때 가장 중요한 것은, 먼저 학생 한 사람 한 사람을 성욕이 있는 한 사람의 인격체로 인정해 주는 일이었다. 그 다음이 학생과 교사 간의 신뢰 관계였다. 그들의 아픔이 클수록 상호 신뢰란 절대적인 것이었다.

학생들의 사례를 분석할 때 그 제공자가 누구인지 알려고 하면 알 수도 있었지만, 나는 그렇게 하지 않았다. 함께 마음 아파하기에도 짧은 시간이었기 때문이다. 또한 나를 믿고 자신의 힘든 이야기를 했던 학생들과의 약속을 지키고 싶었기 때문이다. 그래서 이 책에서 인용된 학생들의 사례에는 이름이 밝혀져 있지 않다. 나는 약속을 지키려고 계속 노력했고 처음에는 반신반의하던 학생들도 차츰 마음을 열기 시작했다.

시간이 흘러 이런 수업 방식이 정착되면서, 아이들이 실제로 겪고 있는 문제들이나 경험들이 쏟아져 나오기 시작했다. 해가 갈수록 경험은 솔직해졌고 깊어 갔다. 눈망울도 더욱 반짝이고 진지해져 갔다. 사례들이 자신들의 이야기로 받아들여지면서 자기 자신이 걸어야 할 길을 간접 경험을 통해 잡아나가는 모습들을 볼 수 있었다.

내가 스스로 분석하기 힘든 문제에 대해서는 다른 분들의 도움을 받을 수 있었다. 성교육에 관심 있는 몇몇 사람들이 모여 정신과 의사인 신승철 선생님과 함께 카플란 H. S. Kaplan의 『새로운 성치료』를 공부할 수 있는 기회가 주어졌다.

모든 것을 솔직하고 정확하게 가르쳐 주면 그들 스스로가 올바르게 선택할 것이라는 믿음이 있었지만 학생들의 생각과 경험이 매우 다양하였기 때문에 교육을 하면서도 걱정되는 부분도 있었다. 이때는 수업 시간에 한 이야기들은 '집단 비밀'로 했다. 내가 전달하려는 의도와는 달리 전파될 수 있기 때문이다. 그래도 말은 돌고 돌아 막

다른 골목에 서 있는 처량함, 고독감과 맞부딪쳐야만 했다. 고독감을 이겨내기 위해서는 정형화되어 있지 않은 성교육 수업이 오히려 나에게 자극적인 요소로 작용했다. 이것저것 시도해 보며 나름대로의 수업 방식을 터득해 가고 있었다. 그래서 내가 먼저 터득한 성교육 방법들을 필요로 하는 분들께 여건이 허락하는 한 나누어 왔고, 이 책 역시 그런 의도에서 시작되었다. 그 동안 내가 정리해온 아이들의 글을, 이지연 님이 간추려서, 아이들에게 친근하고 새로운 이야기로 풀어 주었다.

이 책이 특히 현재 갈등 상황에 있는 청소년들에게 직접적인 도움이 되었으면 한다. 아울러, 중고등학교 현장에서 직접 성교육을 하시려는 선생님들, 가정에서 자녀들과 자연스럽게 성을 이야기하고 싶으신 부모님들, 청소년 관련 분야에서 일하시는 분 중에서 청소년들의 성을 구체적으로 아시고자 하시는 분들에게 도움이 되기를 바라며, 청소년들이 스스로 성에 대해 궁금할 때 친구와 토론하면서 배워갈 수 있다면 더 이상 바랄 것이 없겠다.

이 순간이 있기까지 성교육을 할 수 있도록 일찍부터 배려해 주시고 격려해 주신 추계학원 이사장님과 교장 선생님을 비롯한 많은 선생님들께 감사 드린다. 무엇보다도 나를 믿고 자신의 이야기를 해준 나의 사랑스런 제자들에게 이 기쁨을 돌린다. 내가 그들에게 준 것보다도 훨씬 많은 것들을 새롭게 알게 해준 사람들이 바로 그들이기 때문이다. 이 책이 나오기까지 유학을 준비하며 바쁜 시간에 틈틈이 글을 써주신 이지연 님께 감사를 보낸다. 같은 관심사를 갖고 강남여중에서 수업을 하면서 아이들이 그린 만화를 본문에서 활용하도록 기꺼이 허락해 주신 백영애 선생님을 비롯한 또 하나의 문화 식구들과 조혜정 선생님께도 깊은 감사를 드린다. 또한 공부한다고, 바쁘다고 밤이 늦어 귀가하는 나를 도와주고 가사 노동을 함께 해준 남편과, 엄마의 손길이 덜 닿아도 스스로 씩씩하고 바르고 건강하게 자라가는 한솔과 진솔에게 고마움을 전한다.

1998년 5월에 김성애

차례

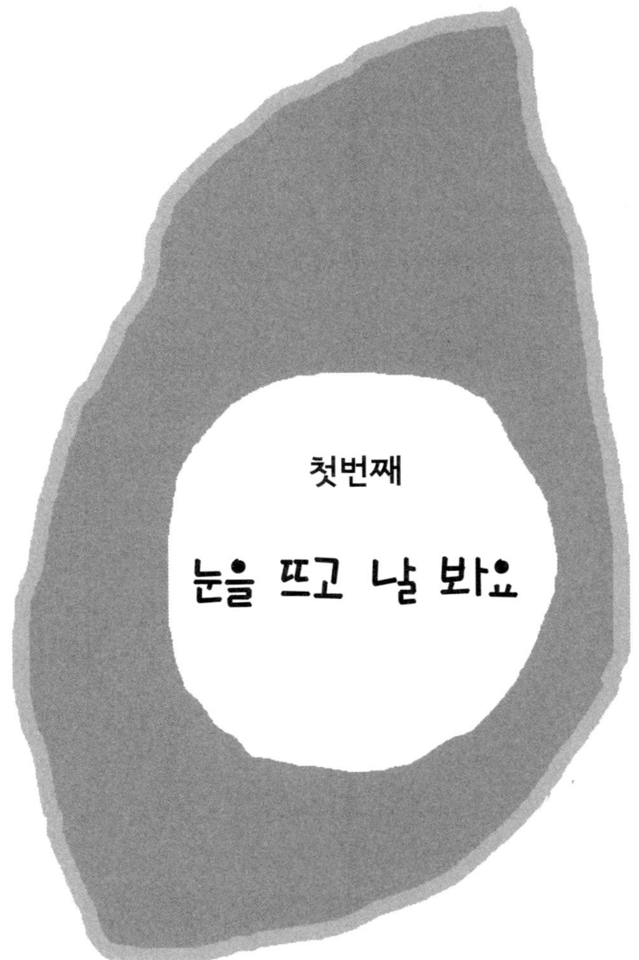

첫번째

눈을 뜨고 날 봐요

이 책은 솔직히,
성적으로 개방적으로 변해 가는
사회적 분위기 쪽에
기대를 걸고 있는 편이에요.
이젠 당연히 그렇게 사회가 변해갈 테니까
그런 게 아니라요,
개방적이 되었을 때는
폐쇄적일 때보다 다원성(이렇게 어려운 말을!)과
개인의 자율성이 보장될
확률이 높기 때문이에요.

시작하는 글

사랑이라 말하며 모든 것을 이해하는 듯
뜻 모를 아름다운 이야기로 속삭이던 우리
황금빛 물결 속에 부드러운 미풍을 타고서
손에 잡힐 것만 같던 내일을 향해 항해했었지
눈부신 햇살 아래 이름 모를 풀잎들처럼
서로의 투명하던 눈길 속에 만족하던 우리
시간은 흘러가고 꿈은 소리없이 깨어져
서로의 어리석음으로 인해 멀어져 갔지
우~ 그리움으로 잊혀지지 않던 모습
우~ 이제는 기억 속에 사라져 가고
사랑의 아픔도 시간 속에 잊혀져 긴 침묵으로 잠들어 가지
— 동물원, 「잊혀지는 것」, 1988

1988년, 노태우 아저씨가 대통령이 되고, 88 올림픽을 하고, 그 덕
분에 서머 타임제가 있던 해. 서머 타임제는 고3 생활 패턴으로 고달

파진 생체 리듬을 더욱 흔들어 놓았고, 오후 시간이면 너나없이 아이들 모두 졸음으로 해롱대던 교실 그리고 독서실.

중간, 기말 시험 기간은 공부에 대한 부담만 빼면 모처럼 일찍 집에 돌아와 쉴 수 있는 행복한 날들이었다고 기억해요. 저녁에 일어나 열심히 공부할 것을 다짐하며 빠져들곤 하던 달콤한 낮잠… 그럴 때면 언제나 나는 이 노래를 듣곤 했어요. 이 노래는 나에게, 그때 대학 신입생이던 언니의 캠퍼스 생활과 로맨스를 막연히 상상해 보게 하곤 했죠. 달콤하고 씁쓸한 슬픔 같은 것… 그런 무엇인가가 나를 기다리고 있을 것이라고 생각했는데요….

그 후로 십년이란 세월이 지난 지금, 나는 글을 쓰고 있군요. 누구인지도 모르는 사람들에게 말을 걸고 있는 거죠.

왠지 공부를 하면 잘할 수 있을 것 같은 느낌에, 그리고 내가 할 줄 아는 것 중 제일 잘하는 게 공부가 아닐까 하는 이상한 자만심에 들어간 대학원… 대학원은 내게 무척 좋은 곳이었다고 생각해요. 더 이상 내 자신을 아주 이상한 애로 보지 않아도 됐고, 다른 사람들에게는 낯설고 이상한 것으로만 여겨지던 내 말과 생각들을 함께 나눌 수 있는 사람들을 만날 수 있었죠.

이제 나는 알리고 싶어 나의 뜻을, 생각을, 의미를 모두에게 지금 비록 힘들어도 그건 언제나 계속은 아닐 거야 잘 들어둬 이건 언제나 진실, 그리고 사실이야. 지금까지는 쓰러져 있다 해도 괜찮아 그러니까 지금 일어나 우리의 새로운 날을 지금 기다려!
— 듀스, 「우리는」, 1993

그 생활에 익숙해지고 자신감도 붙고, 그러면서 지루함을 느껴 갈 무렵, 나는 이 노래와 딱 마주치고 말았죠. 이 노래를 처음 들었을 때 느꼈던 그 전율감. 그 끔찍하고 경직된 고등학교 생활을 거치면서 만성화된 지독한 수동성에다 자기 표현을 극도로 두려워하게 된 것, 가장 나쁘게는 그 무엇에도 호기심을 가질 수 없게 된 것, 무엇인가를 하고 싶은 의욕 같은 것이 흔적조차 없어질 만큼 심리적인 무기력증에 빠져 살던, 그런 내 자신이 다시 깨어나는 걸 느꼈었죠.

그때부터가 본격적인 시작이었다고 생각해요. 어떤 식으로든 종알종알 얘기를 하고 싶어 한 것. 어차피 얘기가 안 통할 테지만 그래도 얘기는 해봐야지 하고 생각하게 된 것….

내가 보이나요?

우리나라에선 나이가 무척 중요하죠. 대다수의 사람들이 몇 살엔 학교를 졸업하고, 몇 살엔 취직하고 시집 장가가고, 몇 살쯤엔 아이를 낳고 등등 나이별로 해야 할 일이 다 정해져 있는 것처럼 행동하고, 또 모든 사람들이 그래야만 하는 것처럼 말들을 하잖아요. 맨 처음 사람을 만나면, 나이부터 확인해서 서로 존댓말을 쓸지, 반말을 쓸지 정하고 그 사람을 어떻게 대해야 하는지 결정해야 하구요.

내가 돌려서 말한답시고 1970년생인데요, 89학번인데요, 하고 말한데도, 우리 민족의 자랑인 빠른 두뇌 회전과 뛰어난 산수 실력으로 응, ○○살이군 하고 바로 답이 나오게 돼 있죠. 이 책을 읽는 사람들도 예외는 아닐 거구요. 이미 내가 몇 살인지, 그리고 자신보다 위인지 아래인지, 몇 살이나 차이가 나는지에 대한 데이터 산출이 끝나 있겠죠.

　그래도 다행인지 불행인지, 어려 보이는 외모, 행동거지, 말투 덕분에, 나이를 바로 묻지 않는 점잖고 사려깊은 사람들은, 나를 내 나이보다 훨씬 어리게 보고 또 그렇게 대해 주곤 하거든요. 솔직히, 나는 내가 어른과 아이(십대)의 중간에 계속 어정쩡하게 서 있다는 생각을 자주 하게 돼요. 어디 취직해서 조직에 매인 몸도 아니고, 결혼을 한 것도 아니고, 그래서인지 일반적인 어른들이 갖게 되는 독특한 느낌들을 갖고 있지 못하거든요.

　또 한편으론, 에반겔리온의 레이 사진을 파는 걸 보면 그냥 지나치지 못하고, 주말에 가장 아껴보는 프로 중 하나가 「슬램덩크」고, HOT가 나오는 TV 프로그램을 녹화하기 위해 한 손엔 비디오 리모콘을, 다른 한 손엔 TV 리모콘을 꼭 쥔 채 TV 채널을 오르락내리락하고 있는 자신을 발견하게 되면, 그러면서도 청바지 파는 데 가면 힙합 바지 같은 건 눈독만 들일 뿐, 정작 사지도 입지도 못하는 내 자신을 보게 될 때는, 여기에도 저기에도 끼지 못한 외로움 같은 걸 느끼기도 하구요.

　음, 잠깐의 간단한 암산으로 내 나이를 계산해 냈다면, 그래서 그 결과로 나이 면에서는 좀 더 나보다 위라고 느끼신 분들이라면 의아하면서도 한편으론 흥미 있어 하시겠죠. 나보다 어린 것이 뭘 안다고 이런 책을 썼는지, 과연 얘가 나보다 뭘 더 알고 있을지 궁금하실 거구요. 나보다 나이 면에서 아래에 있는 사람들이라면 어떨까요? 성에 관해서라면 뭔가 좀 권위 있어 보이는 분들이 점잖게 일러주시고 가르쳐 주셔야 하는 건데, 어! 이건 뭐야? 싶을 수도 있겠네요.

어쨌건, 이 책은 나보다 나이가 아래쪽인, 그 중에서도 십대 여성(!)들을 위한 책이에요. 이 책은 그들에게 ― 혹은 당신들에게 말을 걸기 위해서 쓰인 책이라고 할 수 있죠. 하지만, 이 책에 대해 너무 많은 것을 기대하진 않았으면 좋겠어요. 이 책은 성에 관한 모든 것을 알려 주는 백과사전도 아니고, 야한 사진도 들어 있지 않고, 또, 혹 당신이 궁금해 하는 특정 부분의 얘기가 안 담겨 있을 수도 있거든요. 나는 현재 내가 말할 수 있는 것들에 대해서만 말했고, 내가 여기에서 하는 얘기들이 성의 전부라고도 생각하지 않는다구요.

그리고 난, 이제 말을 걸고 있어, 너에게…

내가 이 책을 시작한 가장 중요한 이유는 아마도, 당신들에게 말을 걸고 싶어서일 거예요. 그리고 당신들이 서로서로에게 말을 걸 수 있기를 바라는 마음에서죠. 범생이든 날라리든 당신 친구들 사이에서, 선생님과 당신 부모들이 당신들과, 그리고 당신과 당신의 지금 (혹은 앞으로의) 남자 친구 사이에서 말을 붙이고 싶어서요. 솔직히 나는 성에 관한 전문가라고 할 수 없어요. 의학적으로, 심리학적으로 성에 관한 공부를 한 사람도 아니구요. 그래서 난 하나에서 열까지 성에 관한 모든 지식을 알려줄 능력도, 여러분 각자에게 성문제에 대해 정확한 처방을 해줄 수 있는 사람도 아니에요. 그저 비슷한 고민을 했고 그래서 여러분보다 좀더 먼저, 그래서 좀더 오랫동안 성에 관해 생각했던 사람으로서, 여러분에게 내 얘길 들려주고, 또 여러분 얘길 들고 싶어서요.

그래요, 내가 여기에서 하는 얘기들은, 여러분이 주변의 어른들에 게서 들어오던 말들과는 다를 수도 있을 거예요. 난, 우리 엄마 세대 와는 좀 다른 생각을 갖고 있고, 그분들이 좋아하시든 싫어하시든, 그분들이 생각했던 대로, 살았던 대로 살 수는 없다고 생각하거든요. 성에 관해서도 그래요, 그분들의 시대에는 그분들의 생각이 옳았던 것일 수 있죠. 그게 훨씬 타당하구, 유용하구 그랬던 것일 수 있어요. 그치만, 여러분이, 그리고 조금 앞서 내가 살아가는 세상에서는 조금 달라진, 조금은 새로운 생각들이 필요하지 않을까 해요.

지금 내가 속해 있는 여러분의 조금 앞 세대 역시, 정도의 차이는 있겠지만, 성에 관해 조금은 달라진 상황들을 경험해 왔고, 조금 다 른 태도와 생각들을 만들어 가고 있는 중이랍니다. 그리고, 난, 그렇 게 달라지고 있는 속에서, 여러분들이 그걸 좀더 좋은 쪽으로 바꾸어 갈 수 있도록 도와주고 싶은 거구요. 여러분들의 친구이자, 언니이 자, 선배로서….

이 책은 보면 알겠지만, 주로 여러분 친구들의 얘기로 되어 있어 요. 어떻게 해서 듣게 된 얘기냐 하면, 선생님 한 분의 성실한 노력 덕 분이죠. 그 선생님은 물론 이 책의 공저자로 소개되어 있는 김성애 선생님이시구요. 그분은 인문계 여고에서 성교육을 담당하시면서, 꾸준히 여러분들 또래의 친구들과 신뢰감을 쌓아오시고 그걸 바탕 으로 여러분들과 성에 대해 솔직히 얘기할 수 있는 통로를 열어오신 분이죠. 그냥 겉으로만 맴도는, 아무짝에도 쓸모없는 성교육을 하시 긴 싫으셨대요. 정말 여러분에게 필요한 게 무엇인지를 알고 그에 맞

함께 고민해 봐요

는 교육을 하고 싶어하신 거죠. 이 책에 나와 있는 얘기들은, 여러분들 또래의 그 친구들이 김 선생님께 써낸 얘기들이고, 선생님은 이 친구들이 써낸 얘기를 갖고 성교육 수업을 하고 계세요.

이 책에 있는 다른 친구들 얘기만 읽어 봐도 여러분에겐 큰 도움이 될 거라고 생각해요. 친구들이 솔직히 자기 얘기를 써준 덕분에 다른 친구들도 여러분들과 비슷한 생각과 경험들을 갖고 있고, 비슷한 문제로 고민하고 있다는 걸 알 수 있을 거구, 혹, 되게 다른 생각이나 경험을 갖고 있는 친구라면, 그 친구의 얘기를 들어보고 또 거기서 뭔가 배울 수 있는 기회가 되는 거구요. 친구들의 얘기는 다른 글씨체로 구분해 썼어요.

보기에 따라선, 넘 날라리 친구들 얘기만 하는 거 같기도 할 거구, 넘 범생이인 애들 얘기만 하는 거 같기도 할 거구 그럴 테지만, 분명 그 어느 한쪽만을 위한 얘기를 하려고 하는 건 아니에요. 야! 뭐 이렇게 갑갑한 애가 다 있냐? /야! 얘는 뭐 이래? 완전히 갈 데까지 간 애구나 이렇게 편을 가르기보단, 서로의 얘기를 들어볼 생각은 없나요?

음, 사실, 대개 성에 관한 경험이 있는 친구들, 성이란 문제에 부딪쳐 고민해 본 친구들의 얘기가 주로 다뤄지고 있긴 해요. 아무 고민도 없고 성에 대해 생각해 볼 아무런 일도 없었다면 – 그런 일은 없을 테지만 – 그렇다면, 어디에서부터 얘기를 시작해야 할지 알 수 없을 테니까요. 그리고, 여러분이 앞으로 일평생을 성이란 문제와 담쌓고 아무것도 모르면서 살 거라면 모르지만, 언젠가 어디서는 부딪쳐야 할 문제라면 미리 알고 생각하고 준비하는 게 좋지 않겠어요? 더군다나, 어른들이 흔히들 말씀하시듯, 요새 세상은 '성이 범람'하는 시대 아니에요? 눈만 돌리면, TV만 켜면, 그냥 길을 걷다가도 우리는 성적인 걸 암시하거나 아니면 노골적으로 보여주는 그런 것들을 접하게 되잖아요.

또 알게 모르게 여러분들 머릿속에 자리 잡고 있는 성에 대한 생각들과 태도들을 다시 돌이켜보는 데도 도움이 될 거예요. 다른 친구들이 현실, 실제 상황에 부딪쳐서 하게 된 행동들, 생각들을 들어보는 거. 여러분이 막연히 품고 있는 생각과 현실의 상황은 아주 다를 수 있거든요. 그래서 막연히 생각만 품고 있기보다는, 비록 다른 친구들의 얘기를 통한 간접 경험이지만, 실제로 어떤 일들이 있을 수 있는지를 알아둬야 할 거구요.

내가 하고 싶은 얘기는…

앞에서 이 책이 '성에 관한 모든 것'을 알려 주는 책은 아니라고 했죠. 그러면 이 책은 무엇을 위한 것인가 하면, 여러분이 주변에서 흔히 보게 되는 로맨틱한 것, 야한 것 등등을 어떻게 받아들여야 할지와 여러분들이 남자 친구와의 사귐 속에서 경험하고 느끼게 되는 것들, 주로 이 두 가지 얘기를 하려는 거예요.

한편, 여러분들의 성에 대한 생각이나 태도, 경험들이 단순히 여러분들 개인의 문제만이 아니라, 여러분들 모두가 살고 있는 지금 이 사회와 어떤 특별한 관계를 맺고 있는 거라고 생각하거든요. 그렇다면 어떤 식으로 여러분의 성이 우리 사회와 관계를 맺고 있는가 하는게 계속 함께 고민해 볼 부분이구요.

어른들은 요즘 애들은 성에 대해 개방적이다, 라고들 하시죠. 나쁘게는 성적으로 문란하다고도 말하구요. 하지만, 여러분들 - 십대들뿐만 아니라 이십대, 삼십대, 사십대… 어른들의 생각들도 사실 그런 개방적인 방향으로 조금씩 변해 가고 있지 않나요? 물론, 옛날 생각들을 고수해야만 한다는 어른들도 많이 계시지만, 이미 시작된 변화의 흐름을 돌릴 수는 없을 것처럼 보이는데요… 한번 상상해 봐요. 여러분들이 어른이 되었을 때는 어떨까요? 우리 사회가 성적으로 좀 더 개방적인 사회가 되어 있을까요?

이 책은 솔직히, 성적으로 개방적으로 변해 가는 사회적 분위기 쪽에 기대를 걸고 있는 편이에요. 이젠 당연히 그렇게 사회가 변해갈 테니까 그런 게 아니라요, 개방적이 되었을 때는 폐쇄적일 때보다 다원성(이렇게 어려운 말을!)과 개인의 자율성이 보장될 확률이 높기 때문이에요.

무슨 말이냐 하면요, 성적으로 폐쇄적인 데서는, 모든 사람들이 다 성에 관해 똑같은 생각과 태도만 갖고 있도록 강요되잖아요. 그래서 그것과 다른 생각과 다른 행동을 하는 사람한테는 심한 제재를 가한다든지 불이익을 주면서 겁주잖아요. 너 이렇게 안 하면 죽어! 하구요. 근데, 개방적인 데서는, 성에 관해 서로 다른 생각과 태도를 가진 사람들이 스스로 알아서 행동할 수 있도록 해주잖아요. 만약, 여러분이 꼭 결혼한 후에만 성관계를 갖고 싶다면 그렇게 하면 되고, 사랑하는 사람과 결혼에 상관없이 성관계를 갖고 싶다면 그러면 되구요. 어떻게 하든, 너 그렇게 하면 그냥 안둘 거야! 이런 으름장을 놓지 않잖아요. 그리고 성에 대해 다른 생각을 가진 사람들끼리 서로의 생각을 강요하는 게 아니라, 서로 존중하면서 인정해 줄 수 있구요.

하지만, 성적으로 개방적이 된다는 게 반드시 이런 다원성과 자율성을 보장해 주는 건 아니죠. 개방적인 사회가 갖고 있는 좋은 가능성들을 현실로 실현해 내는 건 그 사회를 살아가는 사람들의 노력에 달린 거니까요. 바로 여러분들 손에 달린 거죠. 지금처럼 꼭꼭 닫힌 채로 무조건 가벼워지고 뒤틀린 모습으로 그냥 갈 거냐, 아니면, 성에 대한 열린 태도 속에서 서로 다른 생각과 태도들을 존중하고 대화할 수 있는 쪽으로 갈 건가 하는 거요.

지금 여러분 친구들끼리 얘기해 봐도 서로 생각하고 있는 게 똑같진 않을 거예요. 만약 어른들과 얘기해 보면 좀더 다를 수도 있을 거구요. 근데, 근데, 이 책은 어느 쪽이 맞다 틀리다 얘기하고 싶은 게 아니거든요. 우선은 다른 생각을 갖고 있는 사람들끼리 얘기해 볼 수 있으면 좋겠다는 거고, 그 다음은 어째서 이렇게 다른 생각들을 갖고 있는지, 각각의 다른 생각들을 갖게 된 이유는 무엇인지에 대해 얘기해 보려는 거예요. 그런 생각들은 그냥 한 사람의 머리 속에 뚝 떨어져서 처음부터 고정된 채로 있는 게 아니고, 여러분이 접하는 여러 가지 것들에 의해서 변하고 만들어지고 그런 것들이거든요. 이 책에서는 그런 걸 갖고 성은 사회적으로 만들어지는 것이라고 해요. 이 책에서는 바로 여기에 초점을 맞춰 얘기할 거구요.

음, 무슨 얘긴지 잘 모르겠다구요? 지금은 잘 모르겠어도 괜찮아요. 이 책을 조금씩 읽어가다 보면, 자연스럽게 무슨 얘긴지 알게 될 테니까요. 이 책, 그다지 어렵지 않거든요.

잠깐만요!

근데, 이 책에서 난, 맞춤법 같은 거 철저히 지키고 있지 않거든요. 여러분한테 편하게 얘기하는 식으로 쓰고 싶었기 때문예요. 그러니까 맞춤법이 안 맞고, 다소 어른스럽지 못한 말투를 쓰고 있더라도 너그럽게 봐주기 바라요.

자, 준비됐어요? 그럼 시작할까요?

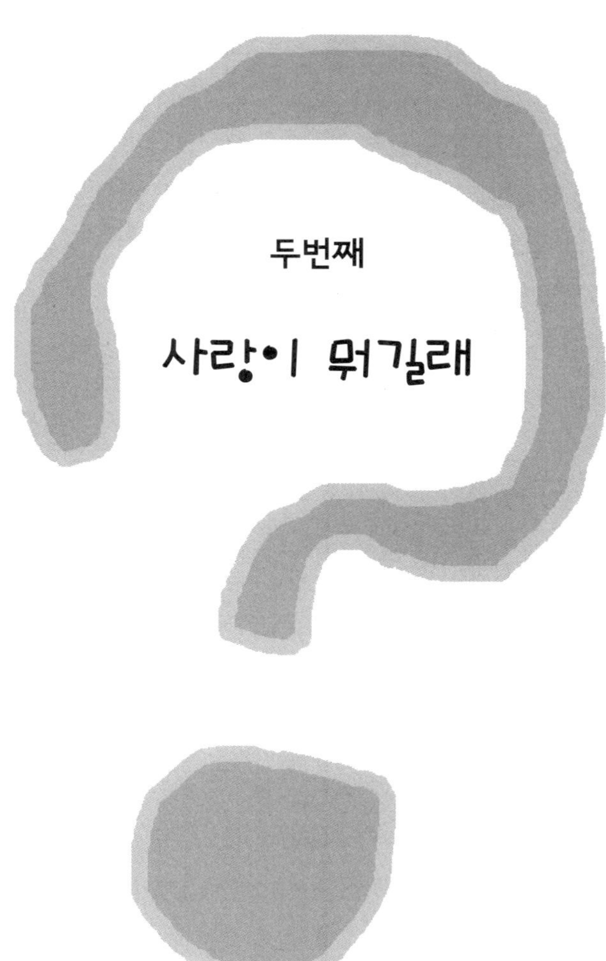
두번째
사랑이 뭐길래

이 사랑이 끝이 아니라는 것, 알겠어요?
난 이제 사랑은 끝이야라고 생각할 수 있지만,
다신 이런 일 나에게 생길 것 같지 않지만,
바로 조금 떨어진 어딘가에서 다시,
다른 사랑이, 새로운 사랑이
여러분을 기다리고 있다는 것, 잊지 말아요!
부디, 사랑을 포기하지 마시길,
그리고 사랑이 인생의 전부가 될 수는 없다는 것도
잊지 마시길 바랍니다.

사랑이랑 성이랑…

사랑 얘기 먼저 해볼까요? 어때요? 재밌겠죠? 선생님의 첫사랑 얘기부터, 슬픈 짝사랑 얘기, 아름다운 사랑 얘기, 서글픈 사랑의 추억까지… 무슨 사랑 얘기가 이리 많은지. 후후, 만약 사랑이란 게 없었으면 도대체 사람들은 무슨 노래를 부르고 무슨 얘기를 하고 살았을까? 너무 심심했겠죠?

근데, 왜 성 얘기를 하는데, 사랑 얘기를 먼저 하냐구요? 지금 세상에선 사랑이랑 성이랑 쫙쫙 나눠진 게 아니라 이렇게 저렇게 복잡하게 얽혀서 마치 한 덩어리처럼 보이거든요. 예를 들어, '사랑하는 사람하고라면 할 수 있다'든가, '성은 사랑의 감정을 교환하는 방법'이라든가, '정신적인 사랑과 육체적인 사랑이 모두 갖춰져야 정말 사랑하는 것'이라든가 하는 말들이 있잖아요. 한편으론 '네가 날 사랑한다면 할 수 있을 거야'라든가, '사랑하는데 뭐 어때?'라든가 그런 말들도 많이들 하구.

옛날에 중학교 땐가, 고등학교 때 '앙드레 지드'의 『좁은 문』이란 소설을 읽었는데, 거기엔 '알리사'인가요, '제롬'이라는 남자 주인공의 약혼녀, 정신적인 사랑만을 원하고 육체적인 사랑(아마 육체적인 접촉이나 성관계를 말하는 거겠죠)은 거부했었는데, 그 얘길 꽤나 아름답게 그렸던 거 같아요. 미안, 사실은 하도 옛날에 읽은 거라 기억이 가물가물하군요.

근데, 그 책에 나와 있던 작가 소개에 보면, 그 작가의 실제 결혼 생활도 그랬다고 하더라구요. 부인과는 성관계를 갖지 않았었고, 근데, 그 대신에 다른 여성 편력이 많았다든가 그랬다고 하구요. 그래서, 그때 그걸 보면서 앙드레 지드라는 작가가, 그리고 그 소설 주인공인 제롬이 무지 불쌍하다 생각했거든요. 성이란 건 자연스러운 건데, 특히나 사랑하는 감정이 있다면 아주 자연스러운 걸 텐데, 도무지 영혼의 순결성이라든지, 정신적인 사랑의 고결함이라든지 그런 게 잘 이해가 안 갔었죠. 그게 사랑하는 사람을 그렇게 힘들게 할 만큼 소중한 건가 하는 생각도 했었구요. 어때요? 여러분들 생각은?

음, 별로 정확히 기억도 못해 내면서도 이 얘기를 꺼낸 건, 이제 여러분들도 이런 문제에 대해서라면 한두 번쯤 생각해 보지 않았을까 해서요. 요샌『좁은 문』같은 명작(!) 소설은 안 읽나요? 어쨌든, 그런 명작을 통해서가 아니라도 한번쯤 이런 생각은 해봤겠죠?

사랑에는 '플라토닉 러브'랑 '에로스적인 사랑'이랑 그렇게 서로 다른 사랑이 있다는 얘기들도 많이 들었었는데. 어때요? 들어 봤어요? 플라토닉 러브라고 하면 철학자 플라톤의 이름을 따온 건데 보통 정신적인 사랑을 말하구요. 에로스적인 사랑이라고 하면 남녀 간의 에로스적인 사랑. 응, 똑같은 말을 두 번 썼네. 잘 설명 못하겠지만, 뭔지 알죠? 우리가 보통 '에로틱'하다거나 이건 성인 '에로 물이라거나 할 때 쓰는 말이 여기서 나온 건데. 서로에 대한 육체적인 욕망들을 포함하는 사랑이라고 함 될까요?

음, 어쨌든, 사실, 아직까지도, 솔직히 잘 모르겠거든요. 사랑이라는 걸 성에 관련이 됐느냐 안됐느냐를 가지고 이렇게 딱딱 나눌 수 있는 건지, 아님, 사랑은 정말 성하고 꼭 관계되는 건지… 그 관계 파악이 쉽진 않지만, 어쨌거나, 사랑에 대해서부터 짚어가면 좋겠어요. 여러분들의 최고 관심사기도 할 테니까. 어때요? 싫어요? 사랑 얘기 관심 없고, 난 오로지 '성'에만 관심 있다 하는 좀 밝히는 친구들은 다음 장으로 건너뛰어도 좋아요. 하지만, 난 관심 있걸랑요. 아직도 알쏭달쏭 잘 모르겠기만 한, 이 사랑이라는 녀석한테. 에, 그래서 말인데, 남자 친구는 있는가요?

1 • 너, 남자 친구 있니?

자, 아래 네 개의 보기가 있는데, 여러분에게 해당되는 게 있나요? 있
다면 어떤 거?

A. "당연히 있죠!"
B. "있어요. 생긴 건 좀 별론데, 착하고 내 말 잘 들어요."
C. "딴 애들이 남자 친구 얘기하면 솔직히 부럽긴 하지만, 지금은 아직 필요없는
거 같애요."
D. "없어요. 발렌타인 데이 다가오는데 어떡해요? 빨리 만들어야 되는데…"

이번에는 여러분들의 부모님을 위한 보기예요. 우리 엄마는, 우리
아빠는 어디다 똥그라미 치실까요?

A. "있으면 나쁠 거 없죠. 대신 엄마한테 얘기는 해야지. 만나러 갈 때는 만나
러 간다 그렇게."

B. "아니, 있으면 안 된다고 말할 순 없는데, 요새 애들 다 있대잖아요. 그래도 아직 애들은 어리니까, 나쁜 데로 빠질 수 있잖아…"

C. "그냥 친구면 좋지만, 맨날 만나서 놀러 다니고 그러는 건 못 봐주지. 공부도 안하고 정신도 해이해질 거 아냐?"

D. "무슨 지들이 남자 친구야? 남자 친구는. 머리에 피도 안 마른 것들이 공부나 할 것이지."

엄마, 아빠는 여러분들 맘을 너무 몰라주나요? 넘 고리타분한가요? 아님, 겉으로는 그래, 요즘 애들은 다 있더라 하면서도 내가 각상 사귄다고 하면 '안돼!' 하실까요? 여러분들 마음 좀 알아 주셨으면 좋겠죠? 공부나 하라는 잔소리도 좀 그만 하시고. 그러나, 어쨌든, 여러분은 남자 친구 하나쯤 갖고 싶고, 또 기회가 닿는다면, 내 맘에 드는 애가 나타난다면 한번 사귀는 것도 괜찮지 뭐… 이렇게 생각하고 있죠? 사…귀…고 싶…다구요?

근데, 왜 난 남자 친구가 갖고 싶은가 생각해 본 적 있어요? 여러분의 부모님이, 선생님이 '너희들이 무슨 남자 친구가 필요하냐?'고 물어보면, 뭐라고 답하면 좋을까요? 우리도 외로움을 느낀다구 할까요? 아님, 이성에 대한 호기심을 채워 주니까? 그런 건 어른들한테는 전혀 안 통하는 얘기겠죠. 하지만, 우리끼리만이라도 톡 까놓고 그리고 진지하게 얘기해 본다면, 여러분이 여러분들 자신의 생각과 얘기를 자연스럽고 진지하게 펼쳐 놓으면, 또 알아요? 어른들도 태어날 때부터 어른은 아니었으니까, 이해하고 공감해 주실지…

발렌타인 데이, 화이트 데이 때 나는 누구와…

화이트 데이에 사탕을 선물해 줄 수 있고, 크리스마스이브에 흰눈 맞으며 같이 걸을 수 있고, 생일날 백일날 선물 주고 대화하고 내가 그리던 모든 것을 할 수 있기를 바란다. 이런 것들이 나는 그 동안 너무 하고 싶었다. 별것 아니지만 남자 친구가 있다는 것과 없다는 것의 차이는 크다. 이런 특별한 날 생각나는 누군가가 있다는 것만으로도 마음이 텅 빈 것 같지는 않을 것이고 그런 날의 의미를 갖게 된다. 남자 친구가 없던 그 시절, 이런 날만 되면 우울해지고 초라한 마음이 들곤 했었다. 그리고 이성에 대한 호기심을 풀 수 있다. 친구를 만난 날 남자 아이들이 아침에는 수염이 없더니 나중에 보니 다들 조금씩 수염이 나 있었다. 그런 것들이 얼마나 신기하고 재미있는지 모른다. 또 남자 애들과 전화하다 보면 여자와는 다르다는 것을 새삼 깨닫는다. 이런 묘미들이 나를 남자 친구에게 끌리게 한다.

고민도 얘기하고, 위로도 받고…

난 중/ 때 어떤 오빠를 만났다. 처음엔 그 오빠가 아저씨 같고 징그러웠는데 친해져서 전화 통화를 하거나 이야기를 나눌 때도 같은 동성 친구와 이야기하는 것과는 또 다른 느낌을 받았다. 편했고 고민을 얘기하면 들어주며 해결 방안도 가르쳐 주었다.

남자 애들의 따뜻한 손과 넓은 어깨

난 동성보다도 이성에게 무지무지 관심이 많다. 남자라면 다 좋을 정도로. 그냥 남자랑 있으면 편하다. 그리고 재미있다. 남자 애들의 따뜻한 손과 몸이 좋다. 넓은 어깨… 여자 애들도 나를 이해해 주지만 남자 애들이 좀 더 편하다.

　육~ 바지만 입으면 다 좋다… 이건 좀 심각하다는 거 알죠? 그 정
도까진 안 가도, 그래요, 남자 애들과 있으면 여자 친구들하고만 있
을 때하고는 다른 느낌들을 갖게 된다구요? 재미있고 / 편하고 / 신
기하고 그런 색다른 느낌들이 있기 때문에 그래서 '이성에 끌리게'
되는 거군요. 내가 어렵고 힘들 때는 내 고민을 차근차근 들어주고,
어떻게 하면 좋은가 하는 자상한 충고도 해주고, 아! 좋다. 그렇게 해
서 따뜻하고 편안한 안식처 같은 느낌을 받는 거군요.

　일 년 중 제일 남자 친구가 있었으면 하고 생각하게 될 때가 밸런
타인데이 때나 크리스마스 때, 아님, 생일일 때 아니에요? 이런 날 멋
진 남자 친구가 있어서, 만나서 선물도 주고 같이 행복한 시간을 보
낼 수 있으면 정말 좋을 텐데. 그죠? 그런데 난 항상 홀로 외로이 이런
좋은 날들을 다 놓치고, 올해도 방바닥만 긁고 있구나 하며 외로워지
는 거… 알죠, 왜 모르겠어요.

　이런 좋은 느낌들과 끌림이 있고, 누구나 하게 되는 행복한 상상들
때문에 여러분은 남자 친구를 바라게 되는 거지요? 그런데, 여러분
또래에 남자 친구를 갖는다는 데는 약간의 장애가 있죠, 사실. 만날
수 있는 기회도 적은 편이고, 돈, 시간… 엄마의 간섭과 감시… 어른
들의 편견(!).

　그래도 꿋꿋이 남자 친구를 사귀고 있다는 거, 기회만 닿으면 나도
남부럽지 않게 사귈 테야 하고 벼르고 있는 거 알고 있다구요. 근데,
그럼 어떻게 해야 하죠? 어떻게 어른들의 편견을 피해 다니고, 어떤
식으로 어른들의 생각에 반박할 수 있을지 생각해 봤어요? 남자 친
구(들)가 있다면 한번쯤은 생각해 봤을 테죠.

손잡고 뽀뽀하는 거?

엄마의 강력한 반대와 끊임없는 관심에도 불구하고 난 여러 명의 남자 친구가 있었다. 그래봤자 고작 서너 명밖에 되진 않지만 이들을 만나면서 나는 많은 거짓말을 해야 했고 또 많은 시간과 돈을 투자해야만 했다. 그치만 그렇게 나쁘지만은 않았다.

그리고 지금도 남자 친구가 있다. 이 친구는 같은 나이이고 ○○고등학교에 다니고 있으며 1년이 다 되어가는 진짜 여자 친구만큼 편하고 듬직한 친구이다. 처음에는 아무것도 모르는 그저 순수한 동화 속의 왕자와 공주였지만 지금은… 글쎄 말하기가 좀 껄끄러운 걸 보면 썩 좋은 건 아닌가? 길을 가면서도 그 친구와 나는 손도 잡고 팔짱도 끼고 또 그 친구에게 안겨도 봤고 또 뽀뽀라는 것도 해보았다. 그리고 사랑이란 말도 들어봤다. 처음엔 무척 쑥스러웠지만… 어쨌든 잘 모르겠다. 그 다음부터는 짜릿함도 느낄 수 있었고 또 가끔 그 느낌이 생각나고 그리울 때도 있다.

그래도 난 일년 동안을 같이 생각하고 얘기하며 지낸 우리이기 때문에 청소년들의 비행과 연결하고 싶진 않다. 손을 잡고 뽀뽀하는 것도 그저 서로 좋아한다는 것에 대한 표현이라고 생각한다. 부모님이나 선생님께서 들으시면 노발대발하실 테지만 난 그저… 그냥 위로도 되고 또, 남자 친구라는 명목으로 외롭지도 않다. 지금도 그애와 잘지내고 있다. 내숭 같은 것도 없어진 지 오래고. 사실 내숭이라는 것과 거리가 먼 나이지만 니것 내것 없이 모든 걸 알고 지낸다.

난 아직 이 친구와 이별하기 싫다. 그래서 더욱더 공부도 열심히 하려 한다. 나도 그 친구도… 그러면 나중에 대학 가서 그땐 떳떳하게 만날 수 있겠지!

하여튼 나쁜 점 전혀 없다!

나는 한때 남자 친구가 무지 갖고 싶었다. 거의 심각할 정도로. 어떻게 해서든 만들려고 노력도 많이 했었다. 이유는 그냥. 애들 다 있으니까. 그리고 있으면 왠지 좋을 것 같았고 요즘 애들은 "고2인데도 없으면 병신이다" 라는 말을 한다. 그래서 그런 생각이 더 간절했을 수도 있다. 주위에 사귀는 애들을 보면 부럽기도 하고 내 자신이 부끄러워졌다.

그래서 아무 생각없이 살아가고 있었는데 어느 날부터인지 나도 우연이라고나 할까 한 남자 애를 알게 되었고 사귀게 되었다. 주위에 그냥 단지 남자 친구들은 많았지만 사귄 건 처음이다. 그렇다고 남들이 일반적으로 생각하는 그런 남, 여 관계가 아니다. 우린 거기에서 탈피한 케이스라고 생각한다. 뭐 특별한 일은 없지만 서로에게 굉장히 많은 도움을 주고 있다는 건 확실하다. 동성에서 느끼지 못하는 점도 많고 하여튼 나쁜 점이 전혀 없다.

우선은 공부에 전혀 방해되지 않는다. 다른 애들 보면 신경 많이 쓰느라 방해된다고들 하는데 내 경우는 특별한 건지 무엇보다 걔와 나는 같은 학원을 다니니까 학원도 좀 명문이고 체면상 공부도 잘해야 된다고 생각하지만 '남자 친구 있으면 성적이 떨어진다' 는 고정 관념을 깨고 싶었다. 그리고 서로 도움만 된다면 여자 친구보다 훨씬 좋다고 생각한다. 우리 엄마께서도 좀 개방적이시라 다 이해해 주셔서 사귀는 데 별 어려움은 없다. 그래서 더 좋고 너무너무 좋은 친구로 생각한다. 앞으로도 좋은 관계 계속 유지됐으면 좋겠고 서로 자기가 원하는 쪽으로 많은 발전이 있었으면 하는 바람이다.

어떻게 남녀가 친구가 될 수 있냐?

이성 친구라고 하면 보통 사람들은 서로 좋아해서 아니 사랑해서 만나고 전화 통화도 하고 한마디로 말해서 사귀는 그런 사이라고 생각들을 한다. 하지만 이런 사이는 친구가 아니라 애인 사이가 더 맞을 것 같다. 그리고 난 친구면 친구지 이성 친구 동성 친구로 나누어 생각할 필요가 없다고 생각한다. 그래서 이성 친구도 동성 친구와 같은 사이가 될 수 있다고 생각한다.

내 경우에는 무척 친하게 지내는 초등학교 중학교 동창 남자 애들이 몇 명 있다. 우린 가끔 전화도 하고 만나기도 한다. 걔네들과 나는 지금 고등학교 친구들보다 친하면 친했지 덜 친하지는 않다. 그리고 동창이라 해도 여자 애들은 1~2명뿐이고 남자 애들은 좀 된다. 그리고 난 놀러 다니는 것도 남자 애들이랑 더 많이 다녔던 걸로 생각된다. 그래서 서로 더 친해지고 믿게 된 것은 당연하다. 또 남자 애들과는 여자 애들과 했던 것처럼 서로 먹던 것도 먹고 손도 잡고 다닌다. 하지만 여기서 손잡는 것을 이상하게 생각하면 안 된다. 단지 여자 애들과 손잡는 것과 같음을 알아야 한다. 내 남자 친구 여러 명과 나 혼자만 만나도 난 무섭지도 않다. 왜냐하면 내가 걔네들을 믿고 걔네들도 날 믿기 때문이다. 내가 혼자 다니는 것보다 내 남자 친구들이랑 같이 다니면 보디가드를 데리고 다니는 것 같아 더 안전하다. 그런 남자 애들 중에서 내가 특별하게 생각하는 애도 없고 남자 애들도 날 친구 이상으로 생각하는 애들도 없다. 우린 힘들 땐 서로 도와주고 격려도 해주고 또 충고도 해주는 그런 단순하면서 진정한 친구이다.

어른들은 어떻게 남녀가 친구가 될 수 있냐고 하지만 충분히 될 수 있다. 서로 믿고 우정이 두터우면 말이다. 그리고 어른들은 이성 친구가 있으면 우리 나이 즉 공부할 시기에 공부를 하지 못한다고 한다. 그러나 이 말은 서로 친구 이상의 감정에서 나타나는 현상에나 맞는 말이다. 이성 친구와 동성 친구가 같은데 동성 친구는 공부에 방해되지 않고 이성 친구만 왜 공부에 방해된다고 하는지 어른들은 이해할 수 없다. 지금까지 내가 말한 이런 이성 친구는 쉽게 얻을 수도 만들어지는 것도 아니다. 서로 믿음을 쌓을 수 있는 시간이 필요하다. 18살이라는 황금 같은 시기에 공부에만 얽매여 진정한 이성 친구 하나 없다는 것은 불행한 일일 것이다. 그런 면에서 믿을 수 있는 이성 친구가 있다는 것에 난 행복하다.

　내가 중학교 2학년일 때는 이런 생각을 했드랬어요. 청소년들의 이성 교제를 반대하는, 또 금지해야 된다고까지 생각하는 어른들에 분노해서, 우리도 인간인 이상, 누군가를 좋아하고 사랑하는 것은 당연하다, 우리가 단지 십대라는 이유만으로 누군가를 좋아하고 사랑할 권리를 박탈당할 수는 없다, 그것은 기본적인 인권에 대한 침해라구요. 헤헤, 그 나이치고 넘 진보적이고 조숙했죠? 어쨌든, 어른들이건, 여러분이건 인간인 이상 이성에 대한 지대한 관심과 친해지고 싶은 욕구를 갖고 있는 건 당연한 거 아닐까요?

　문제는 여러분이 놓인 상황인데, 그렇게 자유롭지가 못하죠. 이성 교제라는 면에서. 물론, 딴에는 막 나간다, 잘 나간다 하는 친구들이 있을 테지만, 행동은 그렇다 쳐도, 자기 주위에 계속 여러분들의 왕성한 이성 교제를 못마땅해 하는 분위기가 있다는 걸 전혀 감지하지 못하고 있는 건 아닐 테죠. 아! 그러나 이렇게 열악한 환경 속에서도 여러분 중 많은 사람들이 꿋꿋이 남자 친구를 사귀고 있는 거구요. 그리고 그런 힘든 상황 속에서도 남자 친구와의 좋은 관계를 지키면서, 어른들이 무조건 욕할 수 없도록 좋은 방향으로 만들어 나가려고 노력하고 있는 거구요.

　그리고, 마지막에 얘기한 친구 말인데요, 이 친구한테는 막 박수쳐 주고 싶어요. 자기 생각이 아주 분명하고, 또 자신의 생각을 아주 논리적이고 설득력 있게 얘기하고 있잖아요. 그리고, 이성이냐, 동성이냐보다 '친구'라는 게 더 중요할 수 있다는 걸 우리에게 일깨워

주고 있구요.

　이런 얘기를 어른들한테 한다면, 솔직히 어른들도 쉽게 반박할 수 없을 걸요. '원래 남자와 여자는 친구가 될 수 없는 거야. 자연의 섭리가 그렇도록 되어 있어'라는 모호하고 근거 없는 대답으로 여러분의 입을 막지 않으신다면 말이죠. 만약에 이 말이 맞다면요, 그럼, 우리 아빠가 만나거나 알고 있는 여자들은 다 아빠랑 그렇고 그런 사이라고밖에 생각할 수 없을 거고, 우리 엄마가 만나거나 알고 있는 남자들도 다 엄마와 그렇고 그런 사이인 거란 말밖에 안되죠. 그럼, 평생 남자는 남자만, 여자는 여자만 만나고 알고 사귀고 그러고 살아야겠네요? 그죠?

　어른들이 여러분들의 이성 교제를 나쁘게 보는 건, 여러분이 거기에만 빠져서 공부도 안하고, 자기 할 일도 제대로 안할까봐 우려하는 면이 있어요. 그래요, 그런 걱정들을 하시는 건데, 또 한편으론 말이죠, 어른들은 일단, 남녀가 같이 있다 하면 자동적으로 '사귄다'고 생각하는 그런 게 있거든요. 남녀가 친하더라도, 친구로서, 선후배로서, 아니면 동료로서도 친할 수 있는 건데, 어른들은 남녀가 친하면 무조건 '연애한다'는 개념으로 받아들이는 경향이 있다는 거예요.

　여러분들은 어때요? 남자를 보면 그냥 친구거나, 선배, 후배로 무심히 보아 넘기기보다, 혹시 내 '보이 프렌드'가 될 가능성은 없을까 해서 흑심을 품고 보지는 않는지요? 남녀가 같이 모이는 그런 데 가면 그냥 남녀 개념 없이 자연스럽게 어울리기보다는, 쭉 훑어보고 제일 괜찮은 애를 '찍기' 바쁜 거 아니에요?

　'남녀칠세부동석'이라는 말 잘 알죠? 남자 여자는 일곱 살 때부터는 자리를 같이 해서는 안 된다는 거죠. 요새 누가 이런 말 하면 사람들이 다 우스갯소리로 받아들이지 전혀 심각한 말이 될 수 없잖아요. 그래서 주로 코미디 같은 데 자주 나오는 말이구요.

그런데, 놀랍게도, 아직도 우리는(우리 사회는, 그리고 어른들은) 기본적으로 이 '남녀칠세부동석'이라는 룰을 버리지 않고 있다고 생각할 수 있어요. 다른 데 볼 것도 없이, 먼저, 학교만 생각해 봐도 그렇잖아요. 초등학교 때는 공학인데, 중학교, 고등학교에는 공학이 어찌 그리 드물며, 또 공학이더라도 1학년부터 3학년까지 합반인 학교는 아마 손으로 꼽을 수 있을 걸요. 이렇게 남녀를 가르고 무조건 서로 떼어 놓는 게 학교 같은 사회 제도에 그대로 남아 있으면서, 또 동시에 우리들의 평상시 생활 속에도 아직 습관처럼 남아 있다구요.

내가 몇 해 전에 라켓볼(스쿼시 비슷한 거예요)이란 걸 배운 적이 있거든요. 그때 대충 반반 정도씩 남녀가 섞인 반에 들어갔는데, 서브 연습을 반 나눠서 하라면서 코치 선생님이 반 정도는 딴 코트로 가서 하라고 그랬더니, 누가 시킨 것도 아닌데, 딱 남자는 남자끼리 여자는 여자끼리 모이더라구요. 그걸 알아차린 코치 선생님이 '좀 섞어서 가요'라고 말했지만, 모두 그 말을 무시하고 행여나 다른 성들이 모여 있는 쪽으로 밀려 갈까 꼭꼭 모여 서 있더라구요.

그냥 무슨 도서관 같은 델 가도 그런 데 많죠? 남 / 녀 열람실을 구분해 놓는 데. 이렇게 완전히 갈라놓고 나니까, 이성에 대한 호기심과 그리움은 더욱 강해질 수밖에 없을 테고, 서로 잘 알 수 있는 기회가 없으니까, 환상도 더 커질 거구요. 그래서, 어떤 남자 애 한 명을 알게 되면, 친구로서 사귀기보다는 '애인'으로, '연인'으로 받아들이고 싶은 거구요. 남자 애라면 뭔가 색다른 느낌이 드는 거지요. 아이, 그렇지 않아도, 무지무지 누군가를 좋아하고 싶어 죽겠는데, 주위엔 좋아할 대상이 없고, 그래서 어쩌다 하나 알게 되면 거기다 감정을 팍 쏟아부어 버리게 되구요.

여러분이 학교 남자 선생님들 좋아하게 되는 이유도 같은 거 아니에요? 정말 멋진 남자들을 볼 기회가 없기 때문에, 남자를 그만큼 가까이에서 볼 기회 자체가 없기 때문에, 내 옆에 있어서 왠지 손만 뻗으면 잡을 수 있을 것 같은 느낌에, 그리고 나 혼자 맘껏 좋아해도 별로 손해 안 나니까 맘 놓고 남자 선생님들을 좋아하게 되는 거구요.

헤, 아님 아니라고 해봐요. 아아, 물론 남자 선생님들 중에 객관적으로 볼 때 전혀 킹카가 없다는 말은 아니에요. 그러니 흥분하지 말아요. 그치만, 말이죠, 나중에 여러분이 다른 남자들을 많이, 아주 많이 알게 된 다음에, 그 사람들과 이 선생님들을 비교해 보면 어떨 거 같아요? 사실, 여학교에 있으니까, 이만큼 뭇 여인네들의 애정을 받으시는 거지, 그렇지 않았으면 이런 행복한 상태 근처에도 못 갈만한 분들이 많지 않은가요?(이 글을 보고 계시는 남자 선생님들께 죄송합니다! 하지만, 선생님들의 학교에서의 인기에 이 정도의 거품이 있다는 건 스스로도 인정하실 테죠?)

어쨌거나, 일단 남자가 눈에 띄었다 하면 그 반가움과 안으로 삭여만 오던 이성에 대한 사무치는 그리움 때문에, 여러분들은 이성 친구하면 그냥 동성 친구나 다름없는 친구로 사귀기보다는 '남자 친구'로 사귀게 되는 거고, 이성 친구를 그냥 '친구'로 사귀기가 다소 어려워지는 거지요. 물론, 불가능하진 않지만요.

　그러니깐, 여러분들을 '견우'와 '직녀' 갈라놓듯 갈라놓고, 서로를 '이성'으로만 그리워하고 느낄 수 있게 하고 있는 건, 오히려 어른들인 셈이죠. 그리고 그 속에서 여러분들은 직녀가 되어, 견우를 만나기만을 갈망하고, 일 년에 한 번밖에 만날 수 없는 견우를 그리워하며 고되게 일만 해야 하는 일 년, 일 년을 버티는 거예요. 남자 친구를 만나고, 사귀고 하는 게 여러분들에게 가장 중요한 관심사가 되는 거고, 그 멋진 만남을 꿈꾸는 게 여러분에겐 너무 중요해지는 거예요. 일 년 내내 고되게 일하면서 견우를 만나는 그 한순간만을 꿈꾸게 되니까요.

　사람이면 누구나 다른 사람을 좋아하고 사랑할 수 있고, 또 그럴 권리가 있다고 생각하거든요. 그치만 그렇게 누군가를 좋아하는 일이, 남자 친구를 좋아하는 일이, 목숨 걸 만큼 그렇게 가장 중요한 일은 아닌 거죠. 평생 동안 누구 하나만을 사랑했기 때문에, 또는 운명적인 사랑을 만났기 때문에, 내 인생이 다른 사람들의 인생보다 더 값진 것이었다고 자부할 수 있는 일도 아니라구요. 그러니까, 여러분의 관심과 사랑의 대상이 꼭 '남자 친구'여야만 할 필요는 없다구 봐요. 여러분이 가장 좋아하는 사람은 여러분의 남자 친구가 아니라, 엄마, 친구, 동생, 선생님, 선배, 후배, 동료 등등의 누가 되어도 좋은 거 아닐까요?

　아님, 당신에게 별로 관심도 없어 보이는 남자 친구 하나를 좋아하는 데 쏟는 열정과 시간과 노력을요, 여러분 주위의 친구들이나 식구들 누구라도 좋으니 한 다섯 명쯤 골고루 좋아해 주는 데 쏟으면 어때요? 그러면, 세상사람 중에서 단 한 사람이 아니라, 다섯 사람 모두가, 그리고 여러분 자신도 행복해질 텐데요. 당신 한 사람의 사랑으로 말이죠.

글구, 여러분이 어떤 남자를 좋아한다고 할 때, 그 좋아하고 사귀는 방식은 꼭 '연애'하고 '사귀고' 그런 것이어야 할까요? 요거에 대해서도 좀 말해볼 필요가 있는 거 같은데요, 남자라도 말이죠, 친구로서 좋아할 수도 있고, 동료로서 좋아할 수도 있고, 선배나 후배로서 좋아할 수도 있다구요. 진짜예요, 남자와 여자 사이에도 동성 사이에서처럼 이렇게 다양한 관계와 감정들이 가능해요.

그런데 바로 이 사실을 이해하지 못하는 사람들이 주장하는 게, 남자 학교, 여자 학교, 아니면, 남자반, 여자반으로 남녀를 꼭 나눠 놔야 하는 거고, 또, 아직 어린, 여러분들이 이성 친구를 사귀면 안 된다는 거죠. 이거 무슨 현대판 '남녀칠세부동석' 같지 않아요? 설마, 여러분들도 같은 생각을 갖고 있는 건 아니죠?

에, 물론, '남녀는 친구가 될 수 없어'라고 고집부리는 사람들한테도 나름대로의 이유가 있을 텐데, 그런 사람들은 불행히도, 남자나 여자라는 개념을 떠나서 그냥 한 사람의 인간으로서 이성을 만나거나 대해 본 적이 없는 거겠죠. 남자면 항상 남자끼리만, 여자면 항상 여자끼리만 어울려야 되는 그런 시대에서 나서 자랐기 때문이겠죠, 아마도.

자, 이제 그럼, 여러분들 생각을 솔직히 한번 말해 봐요. 뭐라고 안 할 테니까. 어때요? 이성 간에 친구를 포함한 다양한 관계가 가능하다는 것과, 이성 친구를 사귀는 것이 여러분의 인생에서 가장 중요한 목표가 될 수는 없다는 것쯤은 당연히 알겠으나, 그러나, 역시나, 그래도, 여전히, 남자 친구가 하나쯤 있으면 좋겠다는 생각은 포기할 수 없다구요? 친구만으로는 채워지지 않는 마음의 빈자리가 있다구요?

그치만, 내가 지금껏 한 얘기들은 분명 이해한 거죠? 여러분들의 이성에 대한, 남자 친구에 대한 이 타오르는 관심과 욕심은 비단 여러분들 자신이 만들어낸 것만은 아니라는 거요. 만날 수 없고, 친할 수 없고, 무엇이든 같이 해볼 수 없었으니까, 신선하고 좋고 끌리고 욕심나게 된 거죠. 이런 환경 속에 살고 있기 땜에, 그 채워지지 않는 빈자리가 생긴 거고, 그 빈자리는 남자 친구 - 애인에 의해서만 채워질 수 있는 것처럼 생각되는 거예요.

그러나, 정말로 나를 끔찍이, 무지무지 아껴주는 남자 친구가 생긴다고, 내 안에 있는 이 마음의 빈자리가 채워질 거라고 생각한다면, 그건 아름다운 환상일 뿐이라고 말해주고 싶네요. 사람들 각자에겐 자기 인생의 몫만큼의 외로움이 있는 거 같구, 우린 그걸 떨쳐버릴 수도, 거기에서 달아날 수도 없지요. 정다운 친구처럼 매일 서로 얼굴 보면서 살아갈 수밖에 없는 것일 거예요. 이 외로움이랑은.

너무 철학적인 얘기로 빠진 것 같은데 말이죠, 그래요, 나도, 여러분 또래에는 이성 친구를 사귈 필요 없다 뭐, 그렇게 생각하진 않아요. 이성 친구가 있는 것, 나쁠 것 없죠. 오히려 그게 여러분들에게 좋은 도움을 줄 수도 있구요(앞에서 본 친구들 얘기처럼), 지금처럼 남자는 남자대로, 여자는 여자대로 학교에서부터 완전히 나눠 놓고, 나중에 학교를 졸업하고도 여자가 하는 일, 남자가 하는 일 따로 정해져 있는 그런 상황에선 말이죠, 그나마 남자 친구를 사귀면 남자들이나 남자들의 영역에 대해 좀더 잘 알고 이해할 수 있는 기회가 될 거구요.

단, 그게 여러분들이 이성 간이나 동성 간에 맺는 다양한 관계들 중의 하나였으면 좋겠다는 거예요. 남자 친구도 있어야 되지만, 그 전에 동성이건, 이성이건 친구들이 있는 게 더 중요하구요. 거기에 목숨 걸지도 말고, 남자 친구 하나 없다고 너무 아쉬워하지도 말구요. 있다가도 없고, 없다가도 있는 게 남자 친구 아니겠어요? 있으면 귀찮고, 없으면 아쉬울 테구요. 그렇지만, 사랑하는 가족들, 친구들, 선후배들이 많으면, 그리고 내가 정말 하고 싶은 일이 내 앞에 있다면, 별로 아쉬울 틈도 없답니다. 진짜루!

2 • 사랑입니까?

언제나 꿈꿔온 순간이 여기 지금 내게 시작되고 있어
그렇게 너를 사랑했던 내 마음을 넌 받아주었어
내 기분만큼 밝은 태양과 시원한 바람들이 내게 다가와
나는 이렇게 행복을 느껴

하늘은 우릴 향해 열려 있어 그리고 내 곁에는 네가 있어
환한 미소와 함께 서 있는 그래, 너는 푸른 바다야!

난 너를 사랑해…
난 너를 사랑해…

— 듀스, 「여름 안에서」, 1994

사랑입니까? — 어설픈 포옹… 들뜨고, 설레고, 공부가 되지 않고, 붕붕 떠버린…

남자 친구가 있었습니다. 전 그애가 정말 좋았습니다. 운동 선수였고 멋진 아이였습니다. 매번 통화할 때마다 사랑한다는 말을 꼭 하곤 했었지요. 언젠가 삐삐 음성 녹음에 한동준의 「너를 사랑해」를 불러서 녹음시킨 적이 있었습니다. 그애의 노래…, 그런 그애가 야자 끝나는 시간에 맞춰서 호출을 했습니다. 호프집인데 꼭 와달라구요. 차마 거절할 수 없어서 그곳으로 갔습니다. 맥주 한두 잔을 마시고, 우린 거리를 걸었습니다. 그애가 갑자기 슬며시 어깨에 팔을 얹었습니다. 그리고는 속삭였습니다. '사랑해' 라고. 그날 밤 어설픈 포옹. 그리고 헤어졌습니다. 고/ 때의 일이지요. 그 후론 계속 들뜨고 설레고, 공부가 되지 않았습니다. 공부 같은 거 해서 뭐하나 할 정도로. 그렇지만 이제 생각해 보면 한심하기만 합니다. 그 어설픈 포옹으로 그렇게 붕붕 떠버린 내 자신이 말입니다.

사랑을 느껴봤어요? 그렇다면 어떤 느낌? 들뜨고 / 설레고 / 붕붕 떠버린?

히히, 혼자서 가슴 조이고, 알 수 없는 설렘들이 밀려들고, 뭔가 너무 멋지고 행복한 것이 내 안에 가득찬 것 같은 느낌, 그런 거였나요? 밤이면 찾아오는 달콤한 상상들로 하늘을 붕붕 날아오르는 것 같았을 거구, 세상이 온통 아름답게 보이고 절로 콧노래가 나오고 몸에서는 생동감과 에너지가 넘쳐 났을 거구요. 진짜 세상을 사는 게 이런 거구나, 정말 행복이란 게 이런 건 아닐까 하는 생각은 들지 않았나요? 어른들이 말씀하시길, '사랑을 하면 예뻐진다'고 하는데, 진짜 예뻐지는 것 같지 않았어요? 너무나 행복하고 즐거워서 말이죠.

이성친구가 성행위를 요구한다면?

왜 이렇게 행복하고 멋진 기분이 드는 걸까요? 누군가를 사랑하고, 누군가에게 사랑을 받으면. 글구 이 붕붕 뜨는 기분은 뭐죠?

그야 뭐 좋을 수밖에 없는 거겠지만, 하나만 얘기해 본다면요, 여러분이 느끼는 이 기분 좋은 느낌들은 단순히 감정의 차원만이 아니라 여러분들도 모르게 여러분의 몸 속에서 기분 좋은 성적인 흥분감, 기대감과 연결되어서 생겨나는 면이 있다는 거예요. 우리의 감정과 몸은 따로 떨어진 게 아니거든요. 그래서 여러분들이 누군가를 좋아하고, 아니면 누군가에게서 사랑받는다는 느낌으로 행복해지면, 이건 자신도 모르게, 여러분의 몸에서 성적인 기대감을 깨어나게 하고 또 그것으로 해서 설레게 하는 거예요. 근까, '붕붕 뜨는' 것 같은 이 멋진 느낌은 바로 이렇게 여러분들의 감정과 몸이 아주 멋지게 '살짝' 흥분된 상태에서 오는 거지요.

자, 이젠 본격적으로 사랑 얘기를 해볼까요? 첫 번째로, 짝사랑…이야깁니다.

짝사랑 이야기 1

난 지금까지 이성 친구를 사귀거나 한 적이 없었다. 관심도 없었고… 같은 또래 아이들이나 우리 언니가 남자 친구를 사귀거나 하면 "벌써 남자 친구나 사귀고 자—알 논다" 고 좋지 않게 생각했었다. 고등학교에 올라와 버스에 앉아 있는 그 오빠를 보기 전까지 말이다.

그 오빠를 처음 본 건 초등학교 때였다. 그때에도 왠지 기억에 남았던 사람이었고, 그냥 그렇게 내 머릿속 한쪽에 저장(?)되어 있었다. 그러다가 고등학교에 와서 다시 보게 되었다. 버스 안에서 앉아 있던 그 오빠가 왠지 낯이 익었다. 학교까지 한번에 오는 차는 한 종류뿐이었고 자연히 그 오빠 자주 보게 되었다. 자주 봐서였는지 자꾸 그 오빠에게 눈길이 가곤 했다. 내 행동이 너무 티가 났었는지 친구가 금세 눈치를 챘다. 난 처음에 부정했지만 곧 다 털어놓았고 그 친구완 좋은 협력자 역할을 서로에게 했다. 난 아침에 버스를 타면 그 오빠가 있는지 없는지를 먼저 살폈다. 그 오빠는 항상 같은 자리에 앉았기 때문에 찾아보기는 쉬웠다. 아침에 그를 보면 하루가 즐거웠고 그가 없으면 "내일이 있는데 뭐!" 라고 스스로를 위로했다.

난 그렇게 바라보는 것만으로도 좋았다. 가끔은 말을 걸어보고도 싶었지만 용기가 나질 않았다. 그래도 그땐 지금보다 좋았다. 같은 버스를 타 얼굴은 볼 수 있었으니깐 지금은 그 오빠가 졸업을 해서 그 오빠 볼 수 있었던 유일한 장소마저 사라져 버렸다. 1년이란, 말도 한 번 못해본 그 시간은 너무 빨리 지나가 버렸다. 아쉽기만 하다. 요즘에도 난 그 오빠가 있을지도 모르겠다는 생각을 하면서 버스에 탄다. 실망 은 되지만….

짝사랑 이야기 2

교회에서 만난 한 오빠가 있다. 언제부터인가 난 그 오빠 좋아하기 시작했고 일부러 우연인 것 같은 만남도 자주 가졌다. 오빠도 내게 정말 잘 대해 주었고 연 락도 자주 했다. 오빤 노랠 아주 잘 부르기 때문에 자주 노래도 불러주었다. 가끔 손도 잡아주고… 나는 그런 오빨 너무나 사랑한다. 오빠의 연락이 하루라도 오지 않으면 걱정이 된다. 그냥 오빠라는 생각을 하려고 많은 노력은 하지만 잘 되지 않는다. 난 오빠 없이는 정말 못 살 것 같다. 오빠의 꿈도 몇 번 꾸었다. 그런 날은 정말 기분이 좋았다. 가슴이 답답하다. 오빠에게 가서 오빨 꽉 안고 싶고~ 키스도 하고 싶고… 하루는 오빠가 너무 보고 싶어서 삐삐를 쳐서 야자 끝나고 만나자고 했다. 항상 내 부탁을 잘 들어주던 오빠였기 때문에 쾌히 승낙을 했고 난 야자 끝나기만을 기다렸다. 야자가 끝나고 오빠를 만나서 오빠 좋아한다고 말했다. 사실은 사랑한다고 말하고 싶었지만 오빠의 생각도 잘 모르겠고 해서 좋아한다고만 했는데… 하지만 오빠는 날 동생 이상으로는 생각하지 않는 것 같았다. 그 자리에서는 그런 말을 듣고 아무 내색하지 않았지만 집에 와서 밤새도록 울었다. 어떻게 해야 할지 모르겠다. 오빠 너무 사랑하는데….

짝사랑이라… 어떤 때는 가장 가슴 아픈 사랑이기도 하고, 어떤 때는 그냥 깨끗한 감정으로 남겨둘 수 있는 가장 편한 방식의 사랑이기도 하다는 생각이 듭니다. 매일 먼발치에서 바라볼 뿐, 말 한마디 하지 못하고, 그 사람을 어느 날부터인가는 영영 못 보게 되더라도 어떻게 해볼 수 없다면 말이죠.

물론, 그 사랑이 거짓이라는 건 아니구요. 사랑의 감정이라는 게 짝사랑이냐 아니냐에 따라 달라지는 건 아니니까요. 오히려 그 감정의 강도가 더 강할지도 모르겠어요. 쌍방 간에 주고받는 구체적인 관계 속으로 들어가지 않아도 되니까. 음, 현실적인 관계 속에다 이상적인 형태의 사랑이라는 감정을 적응시키지 않아도 되니까요. 근까, 사랑이라는 감정 자체로만 본다면, 훨씬 더 강하고 순수한 형태의 몰입된 감정일 수 있죠.

그치만, 여러분들도 잘 알고 있는 것처럼, 대개 이런 짝사랑의 감정들은, 실제의 그 대상을 향하고 있다기보단 여러분들이 어느 한 순간에 느낀 그 사람의 특정한 이미지나 분위기에 혹해서 생기는 감정일 거예요. 실제 그 사람은 여러분들이 상상 속에서 만들어 낸 그런 사람과는 다를 거구요.

어차피 사랑이라는 게 사람의 눈을 멀게 하고, 눈에 콩깍지가 씌워지는 그런 거라고 해도, 그래도 말이죠, 짝사랑의 경우는 그 환상이 현실 속에서 깨지고, 정말 있는 그대로의 그 사람을 받아들이고 사랑하는 것으로 이어지지 않으니까, 사실, 그 대상에 대한 착각의 정도가 더 심한 감정이라고 할 수 있겠죠. 여러분이 사랑하고 있는 게 정말 그 사람 맞아요? 아니면, 그냥, 그 사람을 여러분이 꿈속에서 그려 온 특별한 이미지나 분위기에 연결시키고 바로 그 이미지나 분위기, 느낌에 반해 있는 건 아닌가요? 그래서 여러분이 사랑하는 건, 정말 그 사람이 아니라 그냥 누군가를 향한(꼭 그 사람이 아니어도 되는) 사랑이라는 감정일 수도 있지요.

그래서 상대에게 말 한번 붙여 보지 못하는 이런 짝사랑의 감정은 어쩌면 현실적인 관계 속에서의 사랑보다 좀더 편리한 감정이라는 생각이 들어요. 제가 아는 남자 친구 중의 한 명이 어떤 여학생을 굉장히 좋아했거든요. 그 여학생은 무지 예쁘고, 똑똑하고, 성격도 좋고… 그래서 많은 남학생들의 흠모의 대상이었던 그런 여학생이었는데, 제 친구는 그애를 짝사랑하면서도 그애에게 절대 가까이 다가가지는 않더군요. 왜 좋아하면서 그애랑 사귀어 보려고 노력하지 않느냐고 물어봤더니, 일부러 그런데요. 그냥 그렇게 멀리서, 그애의 예쁜 모습을 지켜보면서 혼자 행복해 하고, 또, 혼자 조금 가슴 아려 하는 게 더 좋다는 거예요. 그 여자 애 역시 제 친구가 자길 좋아한다는 걸 얘길 들어서 알고 있고, 제 친구가 적극적으로 사귀자고 하면 서로 사귈 수 있었을지도 모르는데 말이죠.

음, 솔직히 나도 짝사랑하다가 혼자 피본 적 많은데 말이죠. 경험자의 입장에서 볼 때 어느 쪽이 더 좋다, 나쁘다 얘기할 수는 없지만, 짝사랑은 좀더 순수하고 이상적인 형태의 사랑의 감정으로 오랫동안 기억될 수 있는 장점이 있는 반면, 사랑이라는 감정을 서로의 관계 속에서 실현하고 가꿔 나가는 그런 경험을 할 수는 없다는 단점이 있네요.

글구, 두 번째 짝사랑 이야기 말인데, 정말 가슴이 아파요. 그쵸? 사랑이 어려운 건, '사랑, 그것은 엇갈린 너와 나의 시간들' 뭐, 이런 노래 가사에서처럼, 서로의 감정의 색깔이나, 수위, 강도, 타이밍들이 맞기가 무척 어렵기 때문이겠죠. 첫 번째 이야기류의 짝사랑은 예외지만, 사랑은 기본적으로 두 사람의 감정의 소통을 전제로 하기 때문에, 서로의 감정의 타이밍이 맞아야 하니까요.

나는 그 사람에게 완전히 반했는데, 그 사람은 나를 친구 이상으로는 생각하지 않는다면… 어떻게 해야 하죠? 휴우~, 어떻게 하겠어요, 눈물을 머금고 물러나는 수밖에… 맘이 찢어져라 아픈 거 알지만, 힘든 거 알지만, 물러서야 하는 때가 있는 거잖아요.

그치만, 이런 가슴 아픈 상황에서도, 좀 더 현명한 선택은 있을 수 있을 거예요. 원래 친하고 좋은 관계로 지내던 사람이라면, '연인'으로서의 그 사람은 얻지 못하더라도, '친구'로서의 그 사람은 잃지 않았으면 좋겠어요. 그러니, 포기할 수밖에 없는 상황이라면, 힘들더라도 사랑이라는 감정을 접고, 전처럼 밝고 씩씩하게 행동하면서, 자연스러운 친구 관계로 지내면 어떻겠어요? 그렇지 못하면, 아마 계속 상대방에게 부담스러운 존재가 될 수밖에 없을 거고, 좋은 친구를 하나 잃게 되겠죠. 그러면 사랑도 잃고, 친구도 잃고, 남는 게 없잖아요?

하지만, 말이 쉽지, 실제론 힘든 일이라는 거 너무 잘 알아요. 제 경험으론, 이럴 때 '약'이 되는 건 세 가지 정도밖에 없어요. 첫 번째는 '시간'이고, 두 번째는 이럴 때 나를 위로해 주고 격려해 주고, 이런 일쯤 잊어버리도록 여기저기 끌고 다녀 주는 '친구들'이고, 세 번째는 내가 정신을 집중해서 할 수 있는 '일'이에요. 음, 좀 기분 나아졌어요? 인제 다시 전처럼 깔깔거리며 웃어줄래요? 다시 전처럼 환하고 맑은 웃음을 지어 보여 준다면, 이번에는 예쁜 러브 스토리를 하나 들려줄게요. 언제나 우리를 설레게 하는 그런 얘기요.

러브 스토리 ― 로맨틱, 연애하게 되기, 누군가를 좋아하기

고1 축제 기간 때 ○○고등학교를 갔다가 만난 오빠가 있다. 처음의 만남은 축제 기간이 아니라 축제 기간이 끝나고 근처 학원을 가는 도중 나에게 처음으로 헌팅이 들어온 것이었다. 축제 때 나를 봤다며 후배한테 나의 연락처를 알아 오라고 시켰다가 놓쳤다고 했다. 나는 그렇게 처음으로 다가왔던 오빠의 모습이 나빠 보이지 않았기 때문에 나의 삐삐 번호를 가르쳐 주었다. 그렇지만 한 가지 마음에 걸렸던 것은 그 오빠가 고3이라는 점이었다. 삐삐 번호를 가르쳐 주고 나서도 연락을 하지 않으면 그만이지라고 생각했지만 왠지 불안하고 잘못 가르쳐 주었다는 생각이 머릿속을 떠나질 않았다.

다음 날부터 오빠는 계속 삐삐를 쳤다. 집 번호도 찍고 음성도 남기고… 음성을 남길 때 오빠는 너무 무서운 목소리로 겁을 주어서 더 많은 후회와 두려움뿐이었다. 그래서 결심을 하고 오빠 집에 쌀쌀맞은 목소리로 전화를 했다. 전화를 할 때는 연락하지 말라고 하려고 했지만 막상 말을 하려니깐 할 수가 없었다. 전화를 하면서 한 가지 오빠가 마음에 들었던 것은 오빠는 날 축제 때 처음으로 본 게 아니라

중3 때부터 우리 집 뒤편의 테니스장을 다니면서 봐왔다고 했다. 그때부터 날 관심에 두었고 내가 첫사랑이며 아무 여자도 사귀지 않았다는 것이었다. 그 말을 처음엔 믿지 않았지만 여자를 대하는 오빠의 태도나 말에서 그럴 것 같다는 느낌이 들었다. 그렇지만 난 오빠를 만나보고 싶지 않았다. 오빠가 너무 적극적으로 나를 만나야 한다고 강요를 했기 때문에 난 더 오빠를 만나기가 싫었고 무서웠다. 그리고 오빠가 고3이었기 때문에…

오빠는 학원 가는 길에 서서 나를 기다리기도 하고 학원 앞에서 내가 끝나기를 기다리기도 했다. 너무 오빠가 적극적이었기 때문에 고3인 오빠에게 피해만 줄 것 같아서 만나기로 약속을 했다. 약속의 조건은 이번에 만나면 수능 보기까지 연락을 하지 않는다는 조건이었다. 처음에 봤을 땐 정말 한마디로 '뿅' 갔다. 내가 좋아하는 이미지. 깔끔하고, 코도 높고, 키도 크고… 오빠랑 30분 정도 얘기하고 집에 걸어가면서 얘기를 나누는 동안 꾸밈없이 솔직히 말하는 오빠의 모습이 더 마음에 들었다. 난 좋아한다는 표현을 하지 않으려고 관심 없는 듯 오빠를 대했고 오빠는 너무 편안하게 얘기를 끌어나갔다. 집에 다달았을 때 내가 들어가는 모습을 보고 간다며 집 앞에서 내 뒷모습을 보고 서 있는 오빠의 모습. 내 마음에 쏙 들었다. 집에 들어가서 10분 후 삐삐에 음성을 남기며 약속대로 하기는 힘들겠지만 노력해 보겠다며 내가 가는 뒷모습을 보고 눈물이 나왔다고 이런 느낌 처음이라고 했다. 음성을 들으면서 몸이 오싹했고 우스웠지만 순수하게 얘기하는 그 오빠가 점점 마음에 들었다.

그 후로 며칠 뒤 학원을 가려고 하는데 아빠가 퇴근하시면서 어떤 남자 아이가 집앞에서 큰 인형을 가지고 서 있다는 것이었다. 나는 혹시하는 마음으로 창문을 쳐다봤더니 그 오빠였다. 너무 놀라서 엄마한테만 얘기하고 밖으로 나왔다. 오빠는 나에게 큰 인형과 편지 삐삐 음성을 들어보라고 하며 미안하다고 했다. 집에 와서 떨리는 마음으로 편지를 뜯어보고 음성도 듣고 인형도 끌어안으며 쳐다보고 오빠가 날 아껴주고 좋아해 준다는 걸 확실히 느낄 수 있었다. 그래서 약속을 어기고 수능 볼 때까지도 연락을 하면서 지냈다.

　수능 보는 날에는 내가 수능 보는 것처럼 너무 떨렸고 안절부절을 못했다. 오빠의 연락만을 기다리며… 연락이 안와 걱정을 하고 있는데 토요일 오후에 연락이 왔다. 집에 식구들이 다 있어서 눈치만 보고 있다가 나중에 하려고 했는데 오빠가 먼저 집에다 전화를 한 것이었다. 오빠는 기분이 나쁘다는 말투로 말을 했고 나 또한 기분이 너무 나빠서 그냥 끊어 버렸다. 난 너무 화가 나고 슬펐다. 오빠는 나중에 미안하다고 사정 얘기를 했다. 나 또한 오빠한테 미안하다고 하며 삐삐 음성을 남겼다. 그날 새벽 1시쯤에 삐삐 음성이 왔다. 내가 너무 보고 싶다고 10분 후에 잠깐 나오라는 것이었다. 난 갈등도 없이 몰래 집밖으로 나갔다. 오빠는 날 웃는 얼굴로 맞이하며 집앞 근처에서 이런 저런 얘기를 나누었다. 오빠랑 얘기를 하면 할수록 솔직하고 꾸밈이 없고 순수하다는 것이 느껴졌다. 그리고 나에게 이런 말을 했다. 평생 우리 헤어지지 않는 친구가 되자고… 새벽 2시 반에 집에 들어왔다.　　다음 일요일 아침 독서실 가는 길에 오빠에게 전화를 했다. 그리고 저녁 5시에 만나기로 하고 독서실에서 있다가 오빠를 만나기 위해서 독서실 밖으로 나갔다. 오빠가 앞에서 문을 열어주면서 "열심히 공부했지?" 라는 말이 나에게 너무 기분이 좋았다. 오빠가 독감에 걸려서 잠시 있다가 헤어졌다. 독서실에 들어와서 오빠 생각 대문에 공부가 되질 않아서 미칠 것 같았다. 그래서 또 한 번 결심을 했다. 오빠한테 시험보는 기간에 연락하지 말자고… 그렇게 얘기하고 난 뒤 난 또 혹시 오빠가 먼저 연락하겠지 하는 마음이 간절했지만 오빠는 약속을 이번에는 지켰다. 나는 그 기간 동안 공부는 더 되질 않았고 약속한 날짜만 기다렸다. 약속한 날짜에 오빠가 연락을 했다. 난 기쁜 마음으로 전화를 했는데 오빠는 무뚝뚝하게 받아서 실망을 했다. 속상했고 내가 한 일이 잘못했다는 생각이 자꾸만 들었다. 오빠는 왠지 변한 것 같았다.

그 이후로 연락이 뜸해지고 그 후로 오빠는 대학교에 붙었고 오빠의 꿈대로 이루어지진 못했지만 오빠는 목표가 확실하기 때문에 잘 해나갈 것이다.

오빠는 지방대에 붙었다. 지방에 가기 전날 나에게 연락을 했다. 잠깐 나올 수 있겠냐고… 또 새벽 1시에 만나 걸으면서 오빠랑 얘기를 했다. 그 동안 난 오빠가 내가 싫어서 연락을 안하는 줄 알았는데 그것이 오해였던 것을 알았다. 오빠는 내가 첫사랑이고 나랑 꼭 결혼할 것이라 했다. 난 너무 당황했지만 나 또한 오빠 아닌 다른 사람이랑 만나고 또 이런 아픈 절차를 반복할 수 없다는 생각이 들었다. 아무런 대답을 안했지만… 누구를 좋아하면 유치해진다는 말이 있는데 그 말이 꼭 맞는 것 같다.

음, 정말 두 사람 결혼하게 될까요? 결혼을 하든 안하든, 이 두 사람, 서로를 좋아하고 그 감정을 나누는 관계 속에서 서로 많이 '성장'했다는 생각이 드네요. 처음엔 한쪽에서만 좀 일방적이다 싶을 정도로 좋아했지만, 그 감정이 상대편에게 전달되면서 그 상대편도 조금씩 이 사람에게 마음을 열어가고… 사랑을 시작하는 안타까운 과정이 잘 나와 있죠? 처음에는 무서웠다가, 점점 마음에 들고, 안절부절 못하고 기다리게 되고, 애타게 기다리다가 연락이 오지만, 서로 싸우고 기분 나쁘게 되고, 또 화해하고, 감정을 절제하려다가 더 보고 싶은 마음만 커지고, 다시 기다리고, 왠지 변하고 멀어진 거 같고 오해하게 되고… 이런 저런 연애 – '사랑하기'의 복잡 미묘한 과정들도 다 보이구요.

참 힘들죠? 연애란 거. 서로 사랑한다는 거. 그냥 좋아하기만 하면 다 되는 게 아니고, 이런 저런 두 사람의 처지와 주변적인 상황들 때문에 서로 애타게 기다리고, 보고 싶어 하고 그리워했으면서도 막상 만나면 싸우고 화내게 되구 말이에요. 이런 아픈 절차를 반복하는 게 사랑이고 누군가를 좋아한다는 거라면 어때요? 그래도 하구 싶어요? 근데, 이게 맘대로 되는 일이 아니죠. 이렇게 귀찮고 힘든 거 안 하던 그만이다 하고 백 번 넘게 다짐하고 말해 봐도 그렇게 안 될 걸요. 밀고 당기고. 누군가를 좋아하면 유치해진다는 말 맞는 거 같지 않아요?

사랑이라는 감정은 현실보다는 이상에 가깝고, 아주 독점욕이 많은 감정이라 우리의 현실적인 상황들을 고려해 주기보다는 사랑이라는 감정에만 집중하고 우리의 많은 시간과 노력을 자신에게만 쏟아 부어 주기를 요구하지요. 하지만, 누가 그럴 수 있겠어요? 우리는 수능 시험도 봐야 되고, 기말 고사 공부도 해야 되고, 대학도 가야 되고, 돈도 벌어야 되고, 일도 해야 되고, 친구도 사귀어야 하는데….

그치만, 우리는 역시 사랑을 포기할 수가 없지요. 그래서 이렇게 각박하고 힘든 현실 속에서도, 불안하기만한 미래를 앞에 두고도, 우리는 사랑을 위해서 현실 속의 어떤 것들을 조금씩 희생하고 있는 거겠죠. 공부 한 자 더할 수 있는 시간에, 유난히 요새 힘들어 보이는 그 애를 위해 편지를 쓰기도 하는 거구, 나 혼자만의 세상이 아닌, 그애와 나 둘이 함께하는 세상을 생각하며, 내 이기적인 면들을 고쳐 나가기도 하는 거구 말예요.

그리고 때론 서로 가슴 아파하면서도 각자의 생활과 인생을 위해 사랑을 조금씩은 희생해야 될 거구요. '사랑을 하면 장님이 된다'는 말 있죠. 왜냐면 사랑에는 눈이 없거든요. 사랑이라는 감정 자체가 장님이에요. 앞을 못 봐요. 그래서 여차하면, 아주 절대적이고 가장 완전한 사랑의 에너지 속으로 빨려들어 버리기 쉬워요. 하지만 그 에너지 안으로 빨려들어 가면 활활 타오른 뒤 재만 남게 되거든요. 내 인생도, 그애의 인생도, 원래는 서로의 인생을 더욱 빛나게 해주던 모습의 사랑도 그 모습을 찾을 수 없게 되는 거죠. 그래서, 우린, 바로 우리의 사랑을 위해, 그리고 우리 자신들을 위해 조금씩 사랑을 희생하기도 하는 거예요. 무지 보구 싶어도 시험공부 열심히 하라며 꾹 참고 안 만나기도 하는 거구요.

내 인생의 전부가 될 순 없지만, 그리고 완전하지도 않고 결점투성이지만, 사랑 때문에 조금씩 유치해진 서로를 사랑하기 위해서, 안타깝게 충돌하고 화해하고 그러면서 우리는 그 안에서 '성장'하는 걸 거예요. 사랑은 그래서 우리에게 소중한 거죠.

그리고 그 성장은 사랑 안에서만이 아니라 사랑을 닫는 과정에서도 계속되는 거죠.

사랑이 지나가면 / — 난 너무 어렸다

좋아하는 오빠가 있었다. 우린 자주 만나서 서로에 대한 미래를 상상하며 많은 이야기를 했다. 오빠는 많은 생각을 하는 것 같았으며 소박한 꿈을 갖고 열심히 살아가는 사람이었다. 하지만 내 앞에서는 철저히 자기 자신은 죽이고 무엇이든지 나를 위하려 했다. 내가 필요할 때면 언제나 달려와 주었다. 난 그런 것을 당연하다고 생각했다. 나의 투정도 다 받아주는 사람을 고맙다는 생각은 못하고 짜증만 부렸다. 그때 당시 나는 상대방의 감정에 대하여 배려할 줄 전혀 몰랐다. 나에게 헌신적이고 잘해 주었던 오빠가 지금은 내 곁에 없다. 내가 오빠를 너무 지치게 한 듯싶다. 내가 너무 어렸나 보다.

사랑이 지나가면 2 — 실연의 아픔을 이기는 법!

중2 때 우리 학교에서 인기 많은 오빠 중에 한 사람을 좋아하게 되었다. 처음엔 아무 부담없이 전화를 하다가 나도 모르게 이 오빠에게 빠져들었다. 그 오빤 언제나 나만을 위해 주고 나에게 화 한번 낸 적이 없다. 참 즐거운 시절이었는데 그땐 내가 너무 어렸기 때문에 그것이 영원하리라 믿었다. 결국 난 그 사람에게 채인 결과가 되었고 내가 겪은 아픔이란… 남들은 실연을 당하면 망가지는 수도 있지만 난 이를 악물고 공부를 했다. 그 시절 나에게 있어 공부란 잡념을 없애기 위한 탈출구였던 것 같다. 그 당시 성적이 가장 많이 뛰어올랐고 선생님께 많은 칭찬도 받았다. 가끔은 술도 마시고 펑펑 울기도 했지만 그리고 나선 다시 아무 일도 없었던 것처럼 친구들과 놀고 공부도 했다. 친구들은 그 오빠랑 끝난 것 티도 안낸다고 나보고 대단한 아이라고 했다. 자칫 나쁜 쪽으로 변할 수도 있었던 내 경험은 나에게 또 다른 탈출구를 만들어 주었다. 그런 경험을 막 겪은 아이들에게 말해 주고 싶다. 시간이 약이라고… 그리고 그런 감정을 탈출할 수 있는 것은 자신뿐이라고 말이다.

서로 사랑하는 사이에서만큼, 서로를 배려하고, 이해하고, 그러기 위해서 참 많이 싸워야 되고, 참 많이 얘기해야 하고, 노력해야 하는 그런 관계는 아마 또 없을 거예요. '나를 위해서라면 언제든지 달려와 주는 나의 기사님'이라든가, 난, 그에게 사랑받는 '공주님'이니까 뭐든 맘대로 해도 된다는 그런 생각은 버리세요. 그거 병이에요. 그것도 한번 걸리면 쉽게 낫지도 않는 나쁜 병이에요. '공주병'이라고 알죠?

내가 누군가에게서 사랑받는다는 건, 내가 그 사람에게 맘대로 해도 되는 그런 특권을 얻는 게 절대 아니잖아요. 그건, 내가 그만큼 그 사람을 사랑하고 위해 주겠다는 책임을 나누어 갖게 되는 거라구요.
헤, '있을 때 잘하라'고들 하잖아요. 나를 정말로 사랑해 주는 사람이
있다면, 더 잘해 주자구요. 딴에는 눈은 높아가지고, 또 운은 억세게
좋아가지고, 나 같은 여자를 사랑할 수 있는 행운을 얻었지만, 그것
도 다 지 복이지 생각하면서, 이 복받은 '왕자님'들을 아껴 주자구요.
사랑받는다는 게 무슨 특권은 아니니까요.

그치만, 이미 엎질러진 물이라면 너무 자책하진 말아요. 여러분은
이제 시작인 사람들이고, 배우고, 성장할 기회는 앞으로 얼마든지 있
으니까요. 지금 여러분이 가진 거라곤, 앞으로 다가올 시간들과 젊음
뿐이잖아요. 그쵸?

그리고, 두 번째 이야기, 실연의 아픔을 이기는 법! 여러분들 다 잘
들어 뒀죠? 아무것도 아닌 평범한 얘기 같지만요, 기억해 두면 좋을
거예요. 여러분이 이런 상황에 닥쳤을 때, 가장 어려운 건, 내가 알고
있는 평범한 말들, 예를 들어, '시간이 약이다' 같은 그런 말들이 마음
에 와 닿지도 않고, 다 거짓말같이 느껴져서일 테니까 말이죠.

그런데, 그 평범한 말들은 정말 틀리지 않는다구요. 또, 여러분들
모두에게 다 적용이 됩니다. 나만 이런 슬픔과 고통을 겪는 게 아니
고, 또 이런 슬픔이 마지막도 아닐 거예요. 그치만, 충분히 이겨낼 수
있는 거죠. 지금, 책을 보고 있으니까 무슨 공부하나부다 하고 무심
한 표정으로 옆에서 TV에만 눈길을 주고 계신, 우리 엄마도 이렇게
힘든 실연의 아픔을 한두 번쯤은, 아니, 그보다 더 많은지도 모르지
요, 다 겪으셨을 거구요.

그리고 이 사랑이 끝이 아니라는 것, 알겠어요? 난 이제 사랑은 끝

이야라고 생각할 수 있지만, 다신 이런 일 나에게 생길 것 같지 않지만, 바로 조금 떨어진 어딘가에서 다시, 다른 사랑이, 새로운 사랑이 여러분을 기다리고 있다는 것, 잊지 말아요!

마지막으로, 여러분에게 들려주고 싶은 노래가 있네요. '서타 지와 아이들'의 「너에게」입니다. 여러분들의 사랑에 대한 고민과 느낌이 담겨 있는, 그 노래죠. 부디, 사랑을 포기하지 마시길, 그리고 사랑이 인생의 전부가 될 수는 없다는 것도 잊지 마시길 바랍니다.

니가 아무리 지금 날 좋아한다 그래도 그건 지금뿐일지도 몰라
왜냐하면 어 훗~ 그건 말야

너의 말들을 웃어넘기는 나의 마음을 너는 모르겠지
너의 모든 걸 좋아하지만 지금 나에겐 두려움이 앞서
너무 많은 생각들이 너를 가로막고는 있지만
날보고 웃어 주는 네가 그냥 고마울 뿐이야
너는 아직 순수한 마음이 너무 예쁘게 남았어
하지만 나는 왜 그런지 모두가 어려운 걸

세상은 분명히 변하겠지 우리의 생각들도 달라지겠지
생각해 봐 어려운 일뿐이지
나에게 보내는 따뜻한 시선을 때로는 외면하고 얼굴을 돌리는 걸
넌 느끼니 너를 싫어해서가 아니야

너를 만난 후 언젠가부터 나의 마음속엔 근심이 생겼지

네가 좋아진 그 다음부턴 널 생각하면 깊은 한숨뿐만
사랑스런 너의 눈을 보면 내 맘은 편안해지고
네 손을 잡고 있을 때면 난 이런 꿈을 꾸기도 했어
나의 뺨에 네가 키스할 땐 온세상이 내 것 같아
이대로 너를 안고 싶어 하지만 세상에는…

아직도 너무 많은 일이 네 앞에 버티고 있잖아
생각해 봐 어려운 일뿐이지
너를 접하게 되는 새로운 생활들과 모두가 너에게 시선을 돌리게 될 것을
알 수 있니 너는 이런 내 마음 아는지…

조그마한 너의 마음 다치게 하긴 싫어 이러는 것뿐이지
어른들은 항상 내게 말하지 넌 아직도 모르고 있는 일이 더 많다고

네 순수한 마음만 변치 않길 바래…

— 서태지와 아이들, 「너에게」

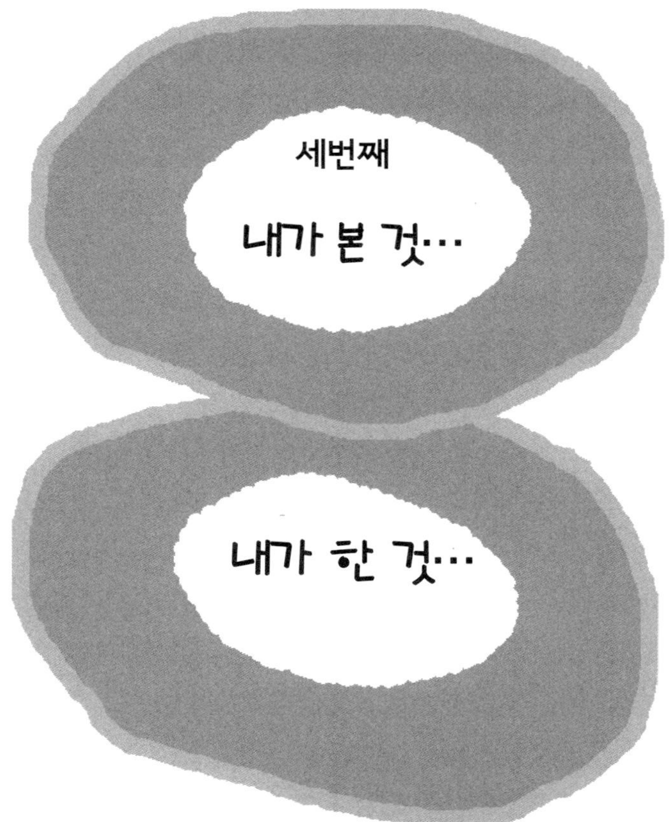
세번째
내가 본 것…
내가 한 것…

'근엄한 척'하고 말해 볼게요.
'인간은 성적인 존재'라구요.
그래서, 진짜루, 정말루, 모범적인 인간이라면,
자기 성을, 자기가 성적 존재라는 걸 받아들이고,
그걸 통해서 자기 인생을 기쁘게
만들어 갈 줄 아는 사람… 일 거예요.

성적 존재로서의 자신을 받아들이기

여기선요, 포르노랑, 로맨스 소설이랑, 야한 비디오(아님, 그냥 비디오)랑 여러분이 한두 번은 봤을 법한, 그리고 알게 모르게 여러분의 성에 대한 생각에 영향을 줬을 법한, 그런 것들에 대해 얘길해 보려구 해요. 또, 여러분이 자기 몸의 성적인 느낌을 알아가는 과정에서 하게 되는 '자위'라는 것 얘길 할 거구, 간혹 이런 거 많이 한다는 친구들이 있거든요, 성적인 게임이요, 그거에 대해서 조금 얘기해 보도록 하죠.

왜 이런 거 얘길 하냐면요, 솔직히 여러분은 성교육이니, 성교육 책이니 그런 데서보다는 포르노나, 야한 소설, 만화 같은 데서 먼저, 그리고 아주 노골적으로 성이라는 거랑 맞부딪치게 되잖아요. 꼭 여러분들만이 아니고, 어른들도 마찬가지겠지만. 어쨌든, 그래서요, 여러분이 성에 대해 갖게 되는 생각이나 태도들의 많은 부분이 그런 것들을 보면서 만들어지니까 얘길 안해 볼 수 없구요. 글구, 그게 평생 가는 경우두 있으니까 말예요.

인제부턴 내숭 금지 구역인 거 알죠? 다른 친구들이 어렵게 자기

얘길 솔직히들 털어놓았는데, 여러분들도 진지하게 받아들이기에
요! 괜히 손으로 얼굴 가리면서 눈만 내놓고 볼 거 다 보지 말고, 키득
키득 웃기만 하면서 기껏 얘기 꺼낸 친구들 기죽이지도 말구요. 알았
죠?
  자, 그럼, 가봅시다!

/ · 포르노 건너뛰기

으~, 포르노라… 나두 몇 번 봤어요, 그거.

근데, 난 대학교 1학년 돼서야 봤으니까 꽤 늦게 본 편인가요? 대개는 초등학교 고학년이나, 중학생 때쯤에 처음 보게 된데요. 그게 또, 대부분은, 부모님들이 집에다 몰래 '그것'을 감춰 두시는 덕분이라던데요. 친구집에서나 자기집에서, 심심해서 여기저기 뒤져보면(특히 장롱 깊은 곳에서) '그게' 하나씩은 나오고, 그럼 친구들과 같이 보게 되고. 아님, 시험 본 날, 친구들이랑 야한 비디오를 빌리거나 포르노를 찾아서 함께 감상하게 되는 일도 많은 것 같구요. 음~, 포르노, 이렇게 저렇게 한두 번은 보게 돼죠, 아닌가? 어때요, 본 적 있어요?

더러웠다… 짐승…

중학교 때 친구네 집에서 처음으로 포르노 비디오를 보게 되었다. 야하다고 소문난 비디오는 다 빌려 봐서인지 "시시하기만 해봐라. 안 보고 만다" 하고 큰소리치며 호기심 반, 기대 반으로 비디오를 틀었다. 세상에 이럴 수가. 첫 장면은 감독 이름도, 제목 소개도 아닌 세 사람의 모습이었는데. 그 세 사람은 모두 다 벗고 있었다. 놀라서 두근거리는 마음을 억지로 진정시키며 "야! 시작부터 죽이는데?…" 하면서 겨우 넘어갔다.

그로부터 한 시간 동안 우리들이 모여 앉은 방에서는 침 삼키는 소리와 비디오에서 흘러나오는 그 '이상 야릇' 한 소리만이 들릴 뿐이었다. 그 세 명은—연기인지 실제로 관계를 맺는 건지 잘 모르겠는데—지치지도 않고 한 시간 내내 그짓만 해댔다. 정말 '장난 아니게' 리얼했다. 더구나 카메라 구도의 그 완벽함이라니!! 가장 야한 부분만을 클로즈업해서 보여 주었고 나는 이해할 수 없는 난해한 음향 효과(?)로 인해 다리에 쥐가 날 지경이었다.

화면 속의 세 사람—남자 둘, 여자 하나—이 보여 주는 내용은 대충 이러했다. 두 남자를 상대로 여자가 관계를 맺는 건데, 처음에 여자는 반항하는 척하다가 나중에는 괴기한 도구(?)까지 사용했다. 가만히 보고 있던 친구 중 하나가 "야, 저 여자 쎈데? 둘을 상대로 용케도 버틴다" 하고 농담을 했지만 우습지도 않았다.

비디오가 끝난 후에도 애들은 서로 한숨만 쉬고 아무 말도 하지 않았다. 더러웠다. 그 비디오로 인해 대리 만족을 느낀 아이도 있을 테지만 난 그렇지 못했다. 중학생인 나의 눈에 그들은 세 마리의 짐승일 뿐이었다. 그날 집에 가서 아빠 얼굴을 쳐다볼 엄두도 못냈다. 그들이 보여준 온갖 추잡하고 더러웠던 행위들은 때때로 내 머리 속을 어지럽히고 있다.

난 그 후로는 되도록 야한 비디오는 보지 않고 있다. 아니, 못 보고 있다. 외면하고 있다. 키스하는 장면만 봐도 그때 생각이 떠오르기 때문이다. 내가 커서 과연 정상적인 성생활을 할 수 있을지 걱정이다. 지금의 나는 남자랑은 손도 잡지 못하고 있다. 내가 다시 그런 거 보면 성을 간다. 성을 갈아.

아름답고 행복할 거라 생각했던 섹스에 대한 환상은 깨어지고

갓 고등학교에 입학했을 때라고 기억된다. 우연히 포르노 영화라는 것을 보게 되었다. 그렇게 심한 정도라고는 상상도 못했었다. 단지 제목이 상당히 야하길래, '그저 영화 내용 중 사랑 이야기가 상당히 큰 부분을 차지하겠구나' '좀 야한 베드신이 있겠구나!' 하는 정도였다. 하지만 비디오 내용은 내 상상을 뛰어 넘었다. 이건 성인용 비디오를 나타내는 빨간 줄이 세 개, 네 개쯤 되는 수준인 것이다.

영화 내용 중에 정사 장면이 나오는 것이 아니라 이건 완전히 그 행위만 찍어 놓은 것 같았다.

난 play 버튼을 누른 후 7초도 안되어 stop 버튼을 눌러 버렸다. 심장의 두근두근 거리는 소리가 들리는 듯했다. 도대체 이게 뭐란 말인가? 처음엔 느낌이 이상했다. 한마디로 요약하자면 더러웠다. 정말 더러운 기분이었다. 하지만 조금 있으니 호기심 내지는 궁금증이 생겨 다시 play 버튼을 눌렀다. 그 낯 뜨거운 장면을 보고 있는 나 자신이 부끄러웠다. 내가 상상해 오던 것. 사랑하는 그 사람과의 달콤한 키스, 그리고 섹스. 그것은 너무도 아름다운 것이었다. 하지만 화면에 비친 장면은 너무도 더럽고 추잡한 것들이었다.

여자가 남자의 성기를 입으로 핧아 주는 것이다. 토할 것만 같았다. 그리그 바로 저런 것이 내가 아름답고 행복할 거라 생각했던 그 성행위란 말인가? 화면 속의 인물들이 인간이 아닌 동물처럼 느껴졌다. 그리고 그런 행위를 하며 살아가는 인간 이란 존재가 더럽게 느껴졌다. 나를 낳아 주신 엄마, 아빠도 섹스를 했을 테고, 지금 이 시간 나를 가르치고 계시는 여러 남, 여 선생님도, 우리 이모, 이모부, 고모, 고모부, 결혼한 모든 사람들이 이상하게만 보였다. 지나가는 아저씨도 밤에는 저런 일을 할까? 며칠 동안은 눈만 감아도 그 장면이 떠올랐다. 참을 수 없었다. 후회했다. 호기심과 처음엔 무언지도 모르고 그냥 보게 된 그 포르노 비디오, 그것을 본 것 자체를 후회했다. 그리고 그런 몹쓸 비디오를 만든 감독 및 제작진, 특히 배우들이 짐승처럼 느껴졌다. 나의 섹스에 관한 달콤한 환상을 깨어버린 그 사람들이 정말 싫다. 혹시 아직 이런 더러운 포르노 비디오를 못 본 사람이 있다면 그들에게 충고의 한마디를 하고 싶다. "절대로 포르노 비디오는 보지 마라. 잘못된 성지식은 너의 머릿속에서 잔혹한 파괴자의 역할만 할 것이며, 아름답고 고귀한 성행위를 추하고 더럽게 만들 것이다."

이젠 포르노에두 흥미 없다

중/ 때부터 친구들과 빨간 띠 비디오를 보며 느끼고 즐겼다. 중2 때쯤? 자주 집에 혼자 있던 나는 할 일도 없고 심심해서 집을 뒤지기 시작했다. 이리저리 구석구석 찾던 중, 이불이 있는 장롱을 열었다. 나는 이불 틈 사이로 손을 넣었다. 뭔가 잡히는 것이 있어 꺼내 봤더니, 제목 없는 비디오테이프와 콘돔이 나왔다. 콘돔은 알고 있었던 터라 별 관심이 없었지만 그 비디오테이프는 나를 호기심에 사로잡히게 했다. 문을 잠그고 TV 소리를 줄이고 비디오의 계량 숫자를 외운 후 *play*시켰다. 말로만 듣던 포르노 테이프다.

듣던 것보다 더욱 심하게 묘사되었다. '동성끼리의 섹스, 오럴 섹스, 자위 행위…' 단순한 섹스나 사랑의 섹스가 아닌 이 포르노를 찍기 위한 섹스였다. 카메라를 여자 성기에 점점 닿게 하여… 정말 적나라한 필름들… 수시로 바뀌는 체위. 그렇게 화면을 채워 나갔다.

그것을 보며 나는 발자국 소리만 들려도 긴장하여 비디오를 끄고, 다시 켜서 보고… 그러기를 몇 번… 한 편을 다 보고야 말았다. 본래의 위치로 감은 후 장롱 속, 같은 위치에 갖다 두었다. 그날은 하루 종일 식구들의 눈을 피했고, 며칠을 가슴 조이며 살았다.

나는 집이 빌 때마다 그 테이프를 봤고, 포르노 테이프는 자주 바뀌었다. 내용 중 외국 여자가 동물들과 섹스하는 것이 정말 싫었다. 개나 말, 돼지까지… 성서에도 금지된 그런 것을… 하지만 나는 끄지 않고 계속 보고 있었다. 오히려 일본 테이프에서 모자이크로 처리될 때는 짜증이 났다. 그만큼 나는 많은 걸 알아 버린 것이다. 이젠 점점 흥미를 잃어 가고 이제 와서 보다가 걸리면 다 된 밥에 재 뿌리는 격이 될까 해서 보는 것을 중단했다.

그 후로 나는 자주 성충동을 느꼈다. 혼자 있을 땐 팬티를 벗고 거울로 나의 성기를 비춰 보기도 하고, 만져 보기도 했다. 손가락을 넣어 보려 했지만 처녀막이 파-열될까봐, 또 세균에 감염될까봐 그러진 못했다.

포르노 조목조목 뜯어보기

그 전에 야한 비디오를 쫌 봐서 그 쪽에 대해서라면 이제 알 거 다 안다고 생각하고 있었다 해도, 포르노는 쫌 다르죠. 어쨌든, 포르노를 처음 접하면 그건 충격 그 자체예요. 야한 비디오는 그래도, 스토리도 있고, 남녀 두 사람 사이의 사랑, 로맨스, 멋있는 분위기 그런 게 같이 있잖아요. 그런데, 포르노는 play 버튼을 누르는 순간… 성행위의 적나라한 모습과 소리들이 확 쏟아져 나오죠. 어떤 상황들을 설정하기도 하는데, 그것도 그 성행위를 좀더 자극적으로 보이게 하거나 성적인 상상을 극대화시키기 위한 것들이라… 좀 억지스럽고 별로 상황 이해에 도움이 안돼죠.

아무런 상황 설명이나 스토리, 분위기를 깔아 주지 않기 때문에, 포르노는 그저 화면 자체에서 쏟아져 나오는 성적 행동들만이 전부인 것으로 느껴지는, 아무런 방어막 없이 그것들이 바로 옆에 있는 것처럼 내 맨살에 와서 부딪치는 것같이 느껴지는, 그런 세계를 만들어 내는 거 같아요. 심지어, 어떤 이미지, 성적인 이미지조차도 주지 않죠. 성관계 속에서 표현되기 마련인 낭만적이거나 에로틱한, 또는 따뜻하고 사랑스러운, 그런 것들을 느낄 여지를 조금도 남겨 주지 않는 것 같아요.

성행위를… 에이, 그냥 섹스라고 할까요? 섹스 행위를 두 사람 사이의 감정이나 관계, 어떤 구체적인 상황들에서 똑 떼어내서 마치 그 행위만 있는 것 같은 그런 세계를 보여 주는 거라구요. 그리고 또 포르노에서의 섹스는 오직 자기 몸의 쾌감만을 위한 이기적인 섹스를 보여 주는 것 같아요. 포르노의 주인공들은 서로 자신의 쾌감을 위해서 상대방을 최대한 이용하는 것처럼 보여요. 둘 사이의 최소한의 정서적인 교감이나 관계도 표현되지 않구요. 대개는 서로 말 한마디 안 하죠. 처음부터 끝까지 이상한 신음소리만 질러댈 뿐.

혹시 그런 걸 보기 전에 섹스가 어떻게 이루어지는지 전혀 몰랐다면 그걸 본 후의 충격이 엄청 컸을 것이고, 만약, 섹스가 어떻게 하는 건지 알고 있었더라도, 일부러 섹스의 시각적이고 청각적인 효과를 극대화해 놓은 그런 화면을 접하면, 누구나 충격을 받을 수밖에 없을 거예요. 특히, 포르노는 남자의 성기와 여자의 성기만 집중적으로 보여 주니까, 남자 / 여자의 성기를 처음 보는 사람이라면 더욱 끔찍하게 느껴질 수밖에 없죠.

포르노에 나오는 남자의 성기는 보통 엄청 커요. 남자들은 자기 페니스의 길이와 크기에 대한 강박 관념 같은 걸 갖고 있어서, 그게 크고 길어야 여자를 만족시킬 수 있고, 또 그게 남자의 정력(힘, 능력)의 상징인 것처럼 생각한대요. 엄청, 바보스럽지만… 하여튼 그렇대요. 그래서 남자 성기를 처음 보는 사람은, 그 요상하게 생긴 걸 보고 "저게 뭐야?, 왠 소시지?" 할 정도고, 남자 애들은 그 거대한(?) 거탕 자기 거랑 비교해 보고 주눅 들기도 한대요.

또 포르노에 나오는 여자 성기를 보고 나서야 "아~, 내 몸에 저런 게 있단 말이야?", "저게 저렇게 생겼군"하고 그제야 섹스가 자기 몸의 어디로, 어떻게 이루어지는지 알게 되기도 하죠. 섹스 경험이 있더라도, 여자의 성기는 사실, 우리 몸의 꽤 은밀하고 내밀한 부분에 있어서 어떻게 생겼는지, 정확히 어디인지 잘 모르는 경우들이 종종 있잖아요.

음, 아마 이렇게 말한대도, 역시 못 알아듣는 사람들이 있을 거 같은데, 남성의 성기나 여성의 성기가 어떻게 생겼는지 보고 싶으면, 굳이 그런 포르노 비디오를 안 보더래도, 여러분들을 위한 성교육 책들, 이를테면 교과서 『성과 행복』 같은 데 보면 보통 사진이나 그림 같은 게 나와 있으니까 찾아보도록 하세요.

또 하나 포르노에 대해서 말하고 싶은 건, 거기에는 아마 여러 분이 그 전에는 상상조차 못했을 법한 그런 변태적인(?) 섹스들이 많이 나온다는 거예요. 어쩌면, 대개는 그런 것들뿐일 수도 있겠네요. 보통은 섹스하면, 남자 하나, 여자 하나가 키스하고, 애무하고, 남자 성기가 여자 성기에 들어가고, 체위야 어떻든, 그런 걸 상상하는데, 포르노에는, 보통 세 명 이상이 섹스에 참여하고 있죠. 남자 둘, 여자 하나. 혹은 남자 하나, 여자 둘. 아니면 여자 둘만인 경우도 있다고 해요. 그리고 동물들이랑 하는 것두 있대나 봐요(요런 건 저는 못 봤어요, 솔직히).

남자 둘, 여자 하나가 어떻게 하냐구요? 에이, 봤으면서 왜 그래요? 안 봤을래나? 번갈아 가며 할 수도 있구요. 한 남자가 여자 성기에 자기 성기를 삽입해요. 그리고 여자는 다른 남자의 성기를 핥구요. 뭐, 대충 그래요. 혹은 여자가 자위하는 모습이 나오기도 하죠.

글구, 남자가 여자 성기를 혀로 핥아 주는 것, 그리고 여자가 남자 성기를 혀로 핥거나, 입으로 빨아 주는 걸 입을 사용하는 섹스라고 해서 '오럴 섹스 oral sex'라고 한대요. 글쎄요. 이거 자체는, 물론 사람들 취향에 따라 다르지만, 서로 별로 거부감을 느끼지 않는다면, 섹스의 한 과정 혹은 한 방식으로 별로 변태적(?)이지 않은 거라고 들었어요. 물론! 물론! 서로 동의할 때 가능한 거구요. 한쪽의 일방적인 강요에 의해서 상대방이 이렇게 하도록 한다면, 그거만큼 상대방한테 모욕감과 더러움을 느끼게 하는 건 또 없을 거예요.

근데, 포르노에서 이걸 하는 걸 보면, 사실 쫌 끔찍해요. 아까 말했지만, 포르노에 나오는 남자 성기들은 대개 초대형 사이즈라고 했죠. 그 이상하게 긴 게 어떻게 여자 입으로 다 들어갈 수 있는지, 그러면 그게 여자의 목젖에는 닿지 않을지 정말 이상하거든요. 그리고 그게 만약 목젖에까지 닿는다면 토할 것 같지 않을까요? 그래요, 그런 생각을 하다 보면 이건 좀 더럽고, 좀 토할 것 같다는 느낌도 들곤 해요. 물론 이건, 다분히 저의 개인적이고 주관적인 느낌을 말한 거예요. 당신의 다른 느낌이 있다면 그것도 충분히 존중할게요.

동물들하고 섹스하는 거에 대해서는 뭐라고 말 못하겠네요. 그건 진짜 드러워, 그건 정말 말도 안돼, 천륜을 거스르는 거야, 인간이 어떻게 그래라든가, 그건 진짜 그렇게 하라는 게 아니라 성적인 상상을 통해서 성적 자극을 더하려는 것뿐이야 같은 그런 생각들이 있을 수 있겠죠. 뭐라고 딱 잘라 말을 못하겠지만, 제 생각은 전자의 선입견에 의한 판단보다는 후자 쪽의 현실적인 분석에 좀 더 마음이 기울어요. 그걸 막상 비디오를 통해 보면 아마, 엄청 충격적이고 끔찍하겠죠.

그렇지만, 포르노라는 게 원래 그렇잖아요. 진짜의, 우리 현실 속의 성관계를 그대로 보여 주고 있는 게 아니잖아요. 그냥, '별 짓 다했네. 사람들의 성적 상상력의 한계 속에서 갈 데까지 가보겠다 이거지, 어떻게든 쫌이라도 더 자극적으로 해보겠다고… 쯔쯧, 불쌍하다, 불쌍해' 요쯤으로 생각해 버리고 싶어요.

으~, 여기 이 부분, 썼다가 날렸어요. 지금 다시 쓰는 건데, 아까 쓴 건 생각이 안나요. 더 잘 쓰면 좋겠는데… 어쨌든, 음, 야한 비디오나 영화랑 포르노를 쫌 비교해 봤으면 좋겠어요. 그냥 야한 거랑, 로맨틱하고 에로틱한 거, 그런 거에 대해서는 다음 단원(?)에서 집중적으로 얘기할 거니까, 여기선 짤막하게 비교만 해보죠.

솔직히, 그런 영화들에서는 멋지잖아요… 야하기도 하구… 그런 건 보면 드럽다거나 불결하단 느낌은 안 들죠. 왜 그럴까를 생각해 보면, 음, 우선, 거기에는 스토리, 그러니까, 어떤 상황, 분위기, 인물들, 인물들 사이의 관계, 사건, 뭔가 성적인 암시나, 그 둘이 굉장히 멋진 섹스를 하게 될 거라는 복선이 계속 깔리죠. 그래서, 보는 사람은 마음을 졸이면서(왜?) 그 야하고 멋진 장면을 기다리고, 이렇게 저렇게 해서… 드디어! 이런 기분을 맛볼 수 있게 되잖아요.

글구, 일단, 찍는 게 되게 아름답게 보이게, 환상적으로 보이게 그렇게 찍잖아요. 남자, 여자… 다 멋있구… 대개는 그렇게 멋진 섹스를 할 수 있는 바탕으로, 그보다 더, 더, 더 멋진 사랑이 있구요. 그래서, 둘이서 섹스를 할 때나, 키스, 애무를 할 때도, 둘 다 표정이 '장난 아니게' 행복해 보이구. 정말 행복해 보이는 순간엔, 서로의 얼굴을 마주보면서 사랑한다고 말하죠. 여기선, 섹스의 쾌감이랑 사랑의 환희랑 바로 연결되어 있어서 정말 정신과 육체가 하나가 되는 것 같은… 그런 느낌들을 받을 수 있는 거 같아요. 그래서, 그냥 키스만 할 때도 진짜 너무 황홀하구, 짜릿한 거 같은데….

근데, 이놈의 포르노는 첨 보면, 역겹고, 더럽고, 토할 것 같고… 섹스 자체를 더럽게, 섹스를 하는 사람을 짐승처럼 느끼게 해요. 왜… 그럴까요? 영화나 포르노나 사실, 야한 장면 넣어가지고 많이 팔아먹으려고 하는 건 마찬가지잖아요. 근데, 그 방식이 무지 틀리죠. 포르노를 보면, 이건 정말, 섹스 그거밖에 없죠. 거기 나오는 사람들이 있지만, 이 사람들의 인간적인 면들이나 인간적인 관계는 의도적으로 하나도 안 보여지고… 마치, 거기에는, 부풀어오른 커다란 남자 성기와, 여자의 가슴과 성기…가 주인공이죠.

카메라는 이것들(남자의 성기와 여자의 성기)이 무엇을, 어떻게 하나만을 따라가고 또, 거기에는 '말'이 없고, 원초적인(?) 소리들만 있죠. 그래서, 포르노에 나오는 사람들은, 오로지 자기 성기를 통해서 얻는 성적인 쾌감에 지배당하는 것처럼, 그것만을 위해 존재하는 것처럼 느껴지죠… 그런 면에서 보면 이건 진짜, '벌거벗은 짐승'으로밖에 안 보여요.

그럼, 이런 걸 왜 만들고, 또 그걸 보는 사람들은 뭐냐구요? 음~, 이런 걸 왜 만드는지어 대해서는 나도 뭐 뾰족한 답 같은 거 갖고 있지 않아요. 보통은 섹스, 혹은 **'성의 상품화'**(무지 어려운 말이 나왔죠. 이런 어려운 말 잘 알아두면 대입 논술 같은 데서 잘 써먹을 수 있을 텐데, 그러니까 지금 잘 안들어 두면 손~해~)란 얘기들을 해요.

사람과 사람 사이의 성적인 감정, 성적인 행동들과 관계, 성적인 욕구를 돈을 주고 사고 팔 수 있는 것으로 만든다는 뜻인데, 대표적인 게 매매춘(돈을 주고 받고 섹스를 같이 해주는 거죠), 포르노 잡지, 비디오, 시디 롬… 등등과, 야한 영화들도 여기 포함되구요, 또, 광고 같은 데서 성적인 암시, 성적인 분위기를 통해서 자기네 상품을 광고하는 것도 여기 들어가요.

예를 들면, 새로 나온 자동차 옆에 아주 야하고 예쁜 여자를 세워 놓은 광고 같은 거요(이런 광고 많이 봤죠?) 그 차를 이 여자 모델의 성적인 매력에 연결시켜서, 이 차를 사는 건, 이 여자의 그런 성적 매력을 갖게 되는 것과 같다는 암시를 주니까요. 이런 예는 아주 직접적으로 성적인 것을 이용하는 거구요, 요새는 직접적으로나 간접적으로나 대부분의 상품들이 이런 성적인 매력과 욕구에 연결되어 있어요.

글구, 요 '성의 상품화'란 건 사람들의 욕구랑 서로 상승 작용을 하면서 존재하는 거거든요. 사람들이 야한 거, 성적인 자극… 이런 걸 원하니까 그런 걸 만들고, 또 그런 걸 만드니까 사람들이 자꾸 거기에 접하면서 더욱 야한 걸 좋아하게 되구요…

음… 여러분은 어때요? '섹시한 거' 좋아하지 않나요? 요새는 '예쁘다'는 말 듣는 것보다 '섹시하다'는 말 듣는 걸 더 좋아한다든데… 작년인가에 나온 립스틱 이름은 '섹시 넘버 원'이었구, 어떤 립스틱 광고 카피는 '키스를 부르는 립스틱'이었죠… 만화책에서도 야한 장면 나오면, 가슴을 콩닥거리면서 그 장면을 보고 또 보고 그러게 되구요… 분명히 '성적인 건' 사람들을 빨아들이는 힘이 있는 거 같애요. 그래서 성적인 걸 '상품화'하는 것 같구…

근까, 뭐든지 성적인 느낌을 풍기게 만들면, 아님, 성적인 걸 다루면 돈이 된단 얘기죠. 아무리 꼬지게 만들어도 「애마부인」이니 「젖소부인」이니 하는 거 하나 만들면 장사가 되거든요. 글구, TV 드라마 같은 것도, 꼭 안 필요해도 여자 탤런트가 옷 좀 야하게 입고 나오거나, 키스 장면 같은 거 억지로 집어 넣잖아요. 시청률 올릴려구. 그래서 시청률 올라가면 광고 타임을 더 비싸게 팔아먹어서 돈 벌구 말예요. 그래요, 바로 그런 게 '성의 상품화'라는 어려운 말로 표현되는 거예요. 성적인 걸 돈 버는 데 이용하는 거, 성을 돈으로 사고 팔 수 있게 만드는 거… 이런 거 다요.

얘기가 좀 딴 길로 나갔나요? 하여간, '성의 상품화'란 말로 많이들 답을 해요.

아! 또 하나 생각난 게 있는데… 이런 거예요… 현대 사회에 들어오면서 사람들의 성적인 욕구는 높아졌는데 안전한, 혹은 안정적인 성적 관계를 맺을 수 있는 상대방을 만나는 게 더 힘들어져서, 사람들이 자신의 성적인 욕구를, 그러면… 혼자 해결해야 되잖아요… 그 해결 방법으로 포르노를 쓴다고 해요… 혼자 그걸 보면서 외로움을 달래고 즐기는 거죠….

뭔 말이냐 하면 여기저기서 성적인 자극을 더 많이 받게 된 한편 - 극장에 가서 영화 한 편만 봐도 꼭 '그 장면'이 들어가 있잖아요 - , 결혼이나 동거 등등 안정적으로 성적인 관계를 맺을 수 있는… 그런 관계들이 약해져서요, 근까, 더 쉽게 이혼하거나 헤어지거나 하게 되니까, 자신이 원할 때 성적인 욕구를 해소할 수 없게 된다는 거예요. 또 그렇게 안정적이고 지속적으로 성관계를 맺을 수 있는 상대방을 만나기도 어려워지구요. 아님, 나이가 좀 어리다면 성적인 욕구는 강해도 성적인 파트너를 만나기는 어렵잖아요.

근데, 포르노는 주로 남자들을 대상으로 만들어지고 장사하는 거거든요. 그걸 보면서 성적으로 자극을 받고 자위를 하고, 뭐, 그런 식으로 해서 성적인 욕구를 해소한다고 해요.

그럼, 옛날엔 이런 게 없었느냐구요? 음, 글쎄요. 그렇지 않다구 해요. 포르노가 지금처럼 비디오란 시각 매체에 담긴 건 물론 이런 기술이 발명된 이후겠지만, 그 전에도, 그림이나 사진 같은 것으로는 많이 만들어졌다고 해요. 동양에서는 이런 걸 '춘화'라고 불렀던 거구요. 근데, 이게 비디오, 잡지 같은 강력한 시각 매체랑 결합하면서 본격적으로 대량 생산되고 넓은 지역으로까지 배급, 소비되기 시작한 건 좀더 최근(현대 사회에 들어오면서부터)이라고 해요. 이젠 거의 '포르노 산업'이라고 할 만큼 강력한 시장을 형성하고 있죠.

글구, 이젠 상당히 보편화되어서 『플레이보이』라는 잡지 이름, 아마 여러분들 중에도 한 번도 안 들어본 사람은 없을 거구, 그게 뭔지 모르는 사람도 없겠죠? 또 우리나라의 인터넷 스타 취급을 받고 있는 '이승희' 같은 사람도 있구, 이 사람이 우리나라에 방문했을 때, 대부분의 TV, 신문, 잡지들에서는 이 사람을 마치 우리나라의 국위를 선양한 세계적인 '스타'라는 식으로 대했잖아요. 글구, 이 사람 스스로도 자신의 직업(!)에 대해 철저한 직업의식과 자부심을 갖고 있으며, 또 만족하고 있다고 했구요.

만약, 이 사람이 그냥 우리나라에서 활약(?)했더라면 이렇게 유명세를 타거나, 떳떳할 수 없었을지도 모르겠네요. 아직, 우리나라에서는 겉으로는 이런 거에 대해서 '쉬쉬'하는 편이고, 가끔, 뉴스 보도 같은 데 보면 이런 '불법 음란 비디오'를 열심히 압수하고 이런 거 파는 사람들을 구속했던 얘기들이 잊힐 만하면 한 번씩 나오잖아요.

그치만, 우리나라에서도 포르노 지하 시장 규모가 엄청나다고 하데요. 그냥 평범한 비디오 숍에 가도 떡하니 빨간색 테이프들이 줄지어 꼽혀 있는 코너가 있구요. 중딩부터 대딩, 그리고 아저씨들에 이르기까지 남자들이 이걸 꽤 즐겨 보는 거 같더라구요… 마치 무슨 취미 생활하듯 말예요. 근까 우리나라에서도 겉으로 보기보단 이런 것들이 훨씬 더 대중화되어 있는 거구요.

특히, 중딩, 고딩, 대학생 층들은 같이 모여서 이걸 많이 보는 거 같더라구요. 또, 그 전엔 전혀 안 봤더라도, 불행하게도(?) 군바리 시절에, 어쩔 수 없이 보게 되는 경우가 많구요. 남자들끼리 모여서 그걸 보면서 뭐 어쩌는 건지는 잘 모르겠어요… 침이나 꼴딱꼴딱 삼키고 있을래나요… 글구, 우리나라에서의 포르노의 또 다른 용도는, 부부

들의 침실 교재용인 거 같애요. 근까, 집에 한두 개씩은 굴러다니게
되는 거겠죠.

음, 그럼 다음은, 그렇게 드러워 보이는 걸 보면서 어떻게 쾌감을
느낄 수 있냐는 건데, 그건요, 익숙해지면 가능해요. 야한 영화를 보
면 짜릿한 느낌이 들잖아요. 그건 그런 장면들과 야한 느낌들을 연결
시키는 데 익숙해져 있기 때문이거든요. 포르노 같은 것도 자꾸 보
면, 그런 것들을 보면서 야한 느낌을 갖을 수 있어요. 그리고 포르노
같은 건 그 야한 느낌에 빠져들면, 그냥 야한 영화들보다 더 강하게
성적인 욕구를 자극하게 되구요. 장면이나 욕구의 표출 방법이 훨씬
노골적이고 직접적이니까요. 그래서 포르노를 몇 번 본 사람들은 그
걸 즐기면서 볼 수 있게 되요.

어쨌든, 이런 식으로 해서 포르노를 즐길 수도 있다 쳐봐요….

그치만요, 이걸 알아야 될 거예요. 포르노 속에 나오는 성적긴 관
계가 현실의 진짜 모든 성관계들을 대표한다…거나 다 그대로 보여
주고 있는 건, 절대, 아니라는 거요. 그래요, 여러분 부모님들도 분명
성적인 관계를 하셨으니까 여러분이 생겨났을 거고, 대개의 평범한
어른들(이 아저씨도, 저 아줌마도)은 성관계의 경험을 갖고 있을 테
지만… 그렇다고, 그분들이, 그 사람들이 그 포르노에서 보여 주는
바로 그런 느낌의 성관계를 가졌을 거라고는 생각하지 말아요.

섹스라는 행위를 한다는 점에서는 같지만, 아까 야한 영화어 서의
장면들과 포르노를 비교해 봤었죠… 섹스라는 하나의 행위가 얼마
나 다른 느낌으로 보일 수 있는지… 그리고 실제의 섹스도 마찬가지

일 거라고 생각해요. 두 사람 사이의 관계, 상황, 혹은 두 사람 사이의 그때그때의 느낌에 따라 섹스의 느낌과 분위기들은 무척 다를 거라 생각해요. 아주 따뜻하고, 편안할 수도 있고… 너무 아름답고 행복할 수도 있고… 또, 아주 거칠거나, 좀 짐승스러운 그런 상황들(주의! : 그러나 여기서 '강간' 같은 상황을 말하고 있는 건 절대 아니에요. 강간은 절대, 절대로 섹스의 범주에 속하지 않습니다. 그건 '범죄'고, 폭력이니까. 여기서 말하는 상황은 두 사람의 동등하고 자유스러운 관계 속에서 그런 상황을 택하는 걸 말해요)도 있을 수 있겠죠.

다시 한 번 말하고 싶어요. 포르노는 현실의 있는 그대로의 섹스를 그대로 보여 주는 것도 아니고… 섹스의 모든 것을 담고 있는 것도 아니라구요. 그냥, 포르노는 하나의 상품으로 팔리기 위해, 누군가가 자신의 짧은(때로는 유치하고 진부한) 상상력을 쥐어짜서 만들어 놓은… 그냥 그런 물건 중의 하나라구요. 여러분들은 미국 영화 한 편 보고 미국 사람들은 다 저래, 다 저렇게 사는군 하고 생각하진 않을 거잖아요. 비슷하다구 봐요.

나, 쫌 열내고 있죠, 지금? 음, 무지 하고 싶었던 말이라 그런가 봐요. 근까, 포르노 한 편 보구 나서 모든 어른들을 '짐승'으로, 섹스를 '짐승의 행위'라고는 생각하지 말아줘요. 물론, 처음 보면 너무 충격이고 하니까, 그렇게 보이기도 할 거예요. 지금까지 모르고 있던 다른 세상이 보이는 거 같겠죠. 그치만, 성이란 걸 포르노랑 같은 거라고 생각하고, 드럽구 상종 못할 거라구 생각할 필요는 없는 거예요. 충격은 시간이 지나면 사라질 거구요. 모든 성이 다 그렇게 드럽구 짐승 같은 건 아니라구요, 포르노는 많은 걸 왜곡시키고 있어요.

글구, 포르노 쫌 보구서… '난 섹스에 대해선 다 알어… 모르는 거 없어…'라고 착각하지도 말아줘요. 포르노에서 보여 주는 건 진짜 섹스에 관한 모든 것 중에서 아주 쬐끔, 꽤 부분적이고 편파적인 한 부분에 불과할 수도 있다구요. 하하~, 물론 섹스가 어떻게 이루어지는지 – 남자의 성기는 이렇고, 여자의 성기는 이렇고, 어떤 체위로 어떻게 하더라… 이런 거랑, 테크닉… 그런 건 쫌 알게 되겠지만요(일종의 시청각 교육이니까요).

그리고, 포르노를 섭렵하다 보면, 성적인 것에 대해 민감해지고 다른 사람보다 더 자주, 강하게 성충동을 느끼게 될 수 있어요. 계속 성적인 자극을 받는 것이고, 어떤 성적인 느낌을 받았을 때, 그걸 포르노에서 본, 구체적인 육체적 관계의 장면에 연결시키게 되거든요. 그래서 포르노를 자주, 많이 보게 되면, 한동안 굉장히 강한 성적인 욕구를 느끼게 될 수도 있어요. 참을 수 없을 정도로요… 한동안은 계속 성적인 상상들만 하게 되고, 어떻게든 그 성적인 욕구를 채우고 싶다는 생각이 머릿속을 지배하게 되요.

포르노에 반대하는 사람들, 특히 여성 운동가들은 '포르노는 교과서고, 강간은 그 실천이다'란 말로 포르노를 강하게 비판해요. 무슨 말이냐 하면, 대개 포르노들은 여성을 그저 남성의 거대한 성기가 들어갈 수 있는 구멍 – 여성의 성기로만 생각하게 하고, 상황이야 어찌 됐든, 그저 남성의 성기가 들어가기만 하면 좋아서 죽을 거 같아 하는 것처럼 보여 주잖아요.

이런 걸 어려운 말로는 '남성 중심적'이고 '남성 지배적'인 성관계라고 해요. 포르노에서는 여성들을 남성들의 성적인 대상물, 그러니

까 남자의 성적인 욕구를 채우기 위해 존재하는 하나의 물건이나 무
슨 노예인 것처럼 다루고 있다는 거죠. 그러면 그런 포르노를 본 남
자들은 그 포르노에 담긴 메시지 그대로, 여성을 그저 성적인 도구로
만 보고 여성에 대한 성적인 폭력을 아주 쉽게 생각하고 그대로 따라
한다는 거구요.

앞에서 한 친구가 봤다는 포르노에서는, 두 남자와 한 여자가 나오
는데, 처음엔 여자가 반항하는 척하다가 나중에는 괴기한 도구까지
이용하더라고 했었죠… 이런 포르노는, 여자가 반항하는 건 정말 싫
어서가 아니라, 좋은 데 처음에 괜히 싫은 척 빼는 거다는 잘못된 생
각을 하게 할 수 있거든요. 이건 정말 틀린 건데… 누구든, 아주 어린
꼬마라도, 상대방이 좋은데도 싫다고 하는 것과 싫으니까 싫다고 말
하는 것 정도는 구별할 수 있다구요.

그리고, 포르노를 좀 보고 나면 '나도 해보고 싶다'는 생각이 드는
건, 사실 누구나 마찬가지일 거라고 생각해요… 그건 여자나 남자나
마찬가지이거든요. 성적 충동이나 욕구는 성별에 따라 남자는 강하
고 여자는 약하고 그런 게 아니라, 누가 더 성적인 것에 자주 접촉해
보았고, 그런 성적인 욕구들을 충족시켜도 좋도록 장려받느냐 하는
거에 따라 많이 좌우된다고 봐요.

그러니까, 여자가 포르노를 보고 성적인 자극을 받고 성적으로 흥
분하게 되는 것도 이상한 건 아니구요… 남자는 포르노 같은 걸 보면
자기도 모르게 성적으로 흥분되서 무슨 일을 저지를지 알 수 없다는
것도 다 틀린 말이지요. 포르노를 본 모든 남자들이 '강간'을 하는 건
아니구, 또 포르노를 보고 강한 성적인 욕구를 느끼는 여자들도 많은

데, '강간' 같은 것 안 저지르고 어쨌든, 그럭저럭 참아 내잖아요.

포르노를 보든 안 보든… 그건 개인의 자유라고 생각해요. 여러분 나이 또래든, 나이 든 어른들이든… 자기가 보려고만 하면 얼마든지 볼 수 있는 게 포르노잖아요… 보지 못하게 막으면 또 어떻게든 몰래 몰래 볼 거구요. 포르노를 볼 때 보더라도, 위에서 말한 것들만큼은 알고 생각하면서 봤으면 좋겠어요. "포르노 = 섹스의 모든 것', "포르노 = 섹스의 진실"은 아니라는 거요. 그건 섹스를 특정한 하나의 관점에서 왜곡해낸 것들이라는 거요.

또, 포르노는 그 특성상 사람을 쉽게 빨아들여요. 그래서, 한컨 푹 빠지면 한동안 거기서 빠져나오기 힘들지도 몰라요. 그렇지만 시간이 좀 지나면, 그것도 그냥 한때뿐이라는 걸 알게 될 거예요. 포르노에 좀 익숙해지고 나면 거기서 빠져 나오는 것도 그렇게 어렵지 않아요. 포르노라는 게 뭔지 알게 되면, 그 다음엔 자기가 컨트롤할 수 있게 되죠. 근까, 자기가 보고 싶으면 보고, 안 보고 싶으면 또 계속 안 보고 그럴 수 있다구요. 그러니, 지금 빠져 있다 해도 그건 별거 아니에요. 너무 놀라거나 걱정 안해도 돼요.

만약, 스스로가 무슨 중독이라도 돼 있다 싶을 때, 꼭 명심할 건요, 자기가 그 상황에서 벗어나지 못할 거라고 생각하는 거, 자기 힘으로는 정말 어떻게 안된다고 생각하는 거예요. 하지만, 어떤 상황에서고 할 수 있다구요. '나도 모르게'라든지, '내 힘으론 안돼'라고 생각하지 말구요. 그냥 '이렇겐 하지 말고, 이렇게 이렇게 해야겠다'고 생각드는 대로 해봐요.

음, 그래서, 거기서 자기가 빠져 나오고 싶다면요, 바로 지금요, 그럼 어떻게 하면 될까요? 우선은 자기가 가지고 있는 포르노 테이프를 다시는 못 가져올 곳에다 갖다 버리구요. 그리고 집에 혼자 있는 시간보다는, 친구들과 열심히 이거저거 할 일을 찾는 거구요. 친구들이 모여서 그런 야한 거 보자고 하면 차라리 옷 구경하러 나가자고 해봐요. 아님, 무슨 팬클럽이라도 만들든지요. 글구, 집에서는 항상 바쁘신 엄마, 아빠한테 좀더 관심을 갖고 따뜻하게 대해 볼래요? 그리고, 만약, 학구적인 거 좋아한다면, 근처 도서관에 친구랑 같이 공부하러 가든가요?

뭐라도 해봐요, 신나는 거, 재밌는 거, 보람 있는 일. 어두운 구석에 웅크리고 앉아서 남들 '헥헥' 대는 거만 훔쳐보고 있지 말구요.

자, 이렇게 포르노를 건너뛰고…
이번에는 로맨스와 '야한 것들'의 세계로 가볼까요?

2 · 로맨스 / '야한 거'

음, 사실 말이죠… 난, 포르노보다는 그냥 '야한 거' 그런 거 훨씬 좋아하거든요. '하이틴 로맨스' 같은 거나 찐한 연애 소설 그런 거 있잖아요. 포르노보다는 이게 훨씬 재미있는데. 글구, 그런 거 아니어두, 일부러 그런 부분 아주 자세히, 야하게 쓰는 소설들두 있잖아요. 작품을 위해선지, 상업성을 위해선지… 어쩜, 포르노 같은 건 한 번두 안 봤더래두, 누구나 이런 건 한두 번 정도 봤을 거 같은데…요.

문제는 책에 있었다

문제는 책에 있었다. 중 3학년 때부터 애정 소설을 읽게 되었는데 책에 나오는 섬세하게 표현된 정사나 키스 장면을 읽고 차츰 그런 책을 찾아 읽게 되었다. 내용이 재밌기도 하지만, 야한 장면들에 이끌렸고 책을 다 본 후에 야한 부분만 한번쯤 더 읽어 보기도 했다. 그런 부분을 읽을 때 표현 못하게 아래 부분이 찌릿찌릿했다. 나는 차츰 그런 게 정서 생활에 전혀 도움이 되지 않는다고 생각했고 왠지 나의 그런 느낌이 지저분하게 생각되었다. 그래서 그런 책을 안 읽고 있고 또 안 읽으려고 한다. 하지만 가끔씩 책방에서 하이틴 소설을 보면 왠지 보고 싶다. 내용도 재미있고 항상 해피 엔딩이고 (또 야하고) 해서. 하지만 한 3달간 나는 에로물 소설을 읽지 않고 있다. 그것이 나쁜 것인가 의문이 간다.

왜 읽지 말라고 하는지 이해가 되지 않았다

우선 '성'에 관한 것을 접한 것(?)은 하이틴 문고, 로맨스 소설 등이었다. 중/ 때, 친구들이 재미있다길래 저게 무슨 내용이길래 그렇게 재미있게 읽을까? 하다가 빌려 보았는데 재미있어서 계속 읽게 되었다. 이런 책들도 '중독 현상'이 있나 한번 읽다 보니 점차 빠져들게 되었다. '꼬리가 길면 잡힌다.' 역시 그러다 엄마에게 들키게 되었고 많이 혼났다. 엄마에게 혼이 났지만 나는 아랑곳하지 않고 읽기를 그만두지 않았다. 엄마가 왜 읽지 말라고 하는지 이해되지가 않았다. 그래서 계속 읽어 나가다가 이런 책을 읽다 보니 공부와는 점차 멀어지게 되었고 고등학교에 와서는 결심을 단단히 하고 읽지 않고 있다.

'시드니 셀던'/왠지 모를 '쾌감'

'시드니 셀던'이라는 사람의 책들이 있다. 이 책들도 친구를 통해서 알게 되었다. 처음에는 내용이 흥미진진해서 읽기 시작했는데 군데군데 야한 곳이 있었다. 그런 것들을 볼 때마다 왠지 모를 '쾌감' 같은 것이 느껴졌다. 그리고 다음부터는 골라 읽기 시작했다. 읽을 때마다 이상야릇한 기분이 들었다. 처음엔 나도 모르게 느껴지는 이런 감정들이 창피하게 생각되었다. 그런데 나말고 다른 친구들도 그런 아이들이 꽤 있었다. '성욕'이 인간의 본능이라서 그런가? 지금도 고민스럽다.

포르노랑은 틀리지만, 이런 로맨스 소설도 섹스의 여러 가지를 보여 주고, 또 그걸 소재삼아 보는 사람을 성적으로 흥분시키죠. 섹스의 과정, 구체적인 행동들, 느낌들이 아주 세밀히 묘사되어 있고, 때로는 '음~, 음~', '아~. 아~' 이런 의성어들도 간혹 나오고… 근데요… 이건 포르노처럼 그렇게 충격적이거나 처음 봤을 때 더럽다거나 그런 느낌이 들진 않죠. 읽는 사람의 성적 상상력을 한껏 자극하고, 강하게 빨아들이긴 하지만요….

이런 걸 보면요… 대개 그래요… 대부분의 사람들이 다 성적으로 자극을 받아요. 그래서 나도 하고 싶다고 생각하게 되구 또 계속 그 야한 장면을 상상하기도 하구 그게 꿈으로 나타나기도 하구 그렇죠.

그럼, 비디오는 어때요? 야한 비디오들 말예요… 어쨌든 그냥 영화만 봐도 그런 장면이 한두 장면씩은 나오죠. 글구, 특히 그런 장면만 많이 넣어가지고 만든 야한 영화들이나 비디오들두 있구요. 이런 것도 흔히 보게 돼죠? 그쵸?

비디오 '뽕'

우연히 비디오 '뽕'을 보게 되었다. 처음으로 빨간 띠를 보게 된 나는 그것을 보면서 섹스가 어떻게 하는 줄 알게 되었다. 진짜 그 비디오만 한번 보면 성교육이 따로 없었다. 난 좀 놀랐다. 그 주인공이 너무 한심해 보였다. 왜 이런 삼류 영화를 찍었는지, 그리고 그 여주인공은 지금 TV에 나오는 탤런트라서 더 한심해 보였다. 학교 애들이 야한 얘기를 하면 이해가 더 빨랐고 역시 그 비디오의 영향이 컸다. 그래서 어른들이 왜 이런 야한 비디오를 보지 말라고 했는지 조금 이해가 갔다. 그렇지만 우리 엄마는 오히려 권장하신다. '뽕'도 엄마랑 같이 본 것이다. 우리 엄마는 숨기는 것보다는 낫다고 볼 거 있으면 말하라고 하신다.

보면 나도 하고 싶다

요즘 비디오들을 보면 잠깐일지라도 성적 자극(?)을 주는 장면이 나온다. 특히 요즘 제작된 우리나라의 영화들을 보면 흔한 장면처럼 나온다. 이런 장면들을 볼 때 나도 하고 싶다는 생각이 들 때가 많다. 요즘, 내 또래 아이들 중에서도 성행위를 하는 애들도 많은데 나라고 못하겠냐 하는 생각이 들 때가 많다. 그러나 이런 충동적인 나의 생각을 행동으로 옮기지 못하게 방해하는 무언가가 있는 것 같다.

하지만 나는 가끔 비디오의 그 성행위하던 장면이 떠오를 때가 많다. 또 꿈속에서 (여자가 아닌 남자의 모습을 한) 성행위를 하는 나를 발견할 때가 있다.

나는 이런 것이 나만 갖고 있는 이상한 현상일 줄로 알고 있었는데. 반장이 읽어준 내용을 보니 '아! 내가 생각한 게 잘못된 것이 아니었구나!' 하는 안도의 한숨이 (속으로) 나왔다. 처음에는 속으로 무척이나 불안했는데….

그래요, 이번에는 로맨틱하고 에로틱하고, 포르노랑은 아주 틀리지만, 그런 식으로 우리를 자극!시키고 또 꿈꾸게 만드는 그런 것들에 관해 얘길 해보자구요.

로맨스 뜯어보기

달콤하고 황홀한 꿈

영화를 보고 잠을 자면 내 꿈속엔 어느새 그 영화가 다시 상영된다. 물론 주인공은 내가 된다. 그것도 특히 베드 신 영화를 보는 동안 그 부분의 시간은 내 몸을 전율하게 만든다. 온몸에 전기가 통하는 것 같기도 하고, 누군가 간지럼을 태우는 것 같기도 하다. 야한 장면은 금세 내 머리 속 창고 깊은 곳에 지워지지 않게 저장된다. 그리고 특히 내가 좋아하는 연예인, 영화배우의 키스 신 내지 베드 신은 잊을 수 없다. 밤에 잠자리에 누워 그 장견을 다시 떠올린다. 가끔은 내가 좋아했던 남자 친구들이 꿈에 나타나 나를 행복하게 해준다. 내 손을 꼭 잡든지, 날 안아 주든지, 키스를 해준다. 아마도 내가 그런 것을 바랐기 때문에 그런 꿈을 꾸겠지?

또 어떤 때 밤에 잠이 안 오면 상상을 한다. 나의 신혼 첫날밤을 그 사람과 나의 단 둘만의 PARTY. 아침이 올 때까지 PARTY를 즐기는 상상. 그리고 상상하는 동안의 황홀감 이는 말할 수 없을 정도로 뿌듯하며 행복하고, 눈물이 날 듯하다 가끔은 진짜 섹스를 해보고 싶을 때도 있다. 하지만 주변 환경과 여건의 부족, 그리고 나의 용기 부족과 두려움, 걱정… 때문에 행하지는 않는다. 다만 상상 속에서만 즐길 뿐이다. 내 상상 속에서 난 마돈나, 샤론 스톤보다 더 섹시하고, 요염하고, 매력적이다. 음, 오늘 밤에도 그런 상상을 할 것이다. 그리고 꿈속에 내가 좋아한 남자 친구가 나타나 다정하게 사랑 고백하는 것을, 바라며 이만 펜을 놓는다.

삼류 연애 소설 속에 있는 꿈과 희망, 사랑…

중 2, 3 때쯤에는 잠들기 전이나 또는 휴일의 한가한 오후가 되면 행복한 상상에 빠져들곤 했다. 그 상상들이란 삼류 연애 소설이라고 이야기할 수 있는 하이틴 로맨스 종류였다. 나는 아름답고 능력 있는 여성, 그는 주로 돈 많고 능력 있는 잘생긴 사업가, 이야기 끝은 최고의 해피 엔딩…

내 이런 은밀하고 욕구 충족적인 상상에 대한 나의 견해는 솔직히 긍정적인 편이다. 처음 그런 진한 상상을 시작했을 때에는 약간의 꺼림칙함이 있었던 것 같다. 그때는 상상 속 남녀의 성행위가 찐하면 찐할수록 그 꺼림칙함의 정도가 커졌다. 약간의 가책이라고나 할까?

그런데 이제는 그런 상상을 해도 별 가책이 느껴지지 않는다. 의연해졌다고나 할까? 그냥 자연스럽게 그럴 수도 있다고 받아들이고 있다. 그게 나쁘다는 생각이 들지 않는다. 이런 내 성윤리란에 문제가 있는 건가? 아니 그렇게는 생각지 않는다. 난 완전하지는 않지만 어느 정도 성장을 이루었고 그러는 동안에 내가 무의식중에 결정한 어떤 내 삶의 규칙이 만들어졌다. 난 거기에 대해 스스로 어느 정도 확신을 갖고 있기 때문에 나 자신을 믿는다. 내 성윤리까지도… 내 결정이니만큼 후회는 없을 것이라 믿는다.

요즘도 가끔 그런 상상을 한다. 그것들은 비록 현실은 아니지만 날 편안하고 행복하게 해주며 생활의 긴장을 풀어준다. 그런 상상들은 더 구체화되어 내 미래에 대한 꿈과 결부되었고, 때문에 가끔 힘들 때면 내게 위로가 되어 준다. 따스한 봄날, 내 소중한 누군가와 햇빛 비치는 창가에서 녹차를 마시는 꿈, 그가 날 사랑해 주는 꿈, 눈 내리는 겨울에 그와 함께 길을 걷는 꿈, 그와 함께 어디론가 여행을 가는 꿈, 현실로 이루어지지 않을 수도 있다. 하지만 내게는 작은 꿈일 수도 있다.

음… 이런 얘기를 들으니까 왠지 나도, 누군가 내 몸을 간지르고 있는 거 같은 느낌이에요. 따뜻하고, 행복하고, 굉장히 멋질 거 같은 느낌….

「바람과 함께 사라지다」라는 영화 본 적 있어요? 비비안 리, 클라크 게이블이 나오고… 미국 남북 전쟁을 배경으로, 화려했던 미국 남부의 몰락과, 야성적이고 강한 생명력을 지닌 '스칼렛'이라는 여자의 사랑과 삶을 보여 주는, 고전 중의 고전으로 꼽히는 영화. 그래서 명절이나 공휴일 TV 특선 프로 단골이구요. 고전인 만큼 여러 장면들이 감동적이지만, 이 영화에서 가장 기억에 남고 또 그만큼 유명한 장면은 아마도… 주인공인 스칼렛과 레트 버틀러의 열정적인 키스 장면이 아닐까 해요. 그 영화 포스터에는 레트 버틀러가 스칼렛을 안아서 들어올린 모습이 나오죠.

어렸을 때(?) 그걸 봤을 때는 나도 나중에 저렇게 정열적인 사랑을 하고, 으~, 내가 사랑하는 남자와 저렇게 격렬한 키스를 나누리라… 하는 그런 꿈을 꿨구… 이상하게 그 키스하는 장면은 머리에 아주 강하게 남더라구요. 너무 열심히 뚫어져라 봐서 그런지… 글구, 나중에 그 장면을 다시 떠올려 보면 왠지 알 수 없는 전율과 흥분이 느껴지고 그랬어요.

얼마 전에 TV에서 이 영화를 다시 봤는데 역시 비슷한 느낌이었어요. 그 장면 - 키스하는 장면은 역시 멋있고, 가슴 떨리게 하고, 그 순간, 내가 '스칼렛 오하라'가 되어 레트 버틀러의 품에 안겨서 저런 열정적인 키스를 받는다면… 하는 간절한(?) 상상도 하게 되고….

하이틴 소설이나 로맨스 소설을 보면 이보다 더하죠. '중독' 현상이 있다는 말 맞을 거예요. 되게 야하면서, 또 환상적(!)이죠. 아주 매력적인 남녀 주인공에, 아주 매력적인 상황들… 한번 보면, 머리가 '띵~' 해지면서 완전히 거기 사로잡히게 되는 거 같애요. 순정 만화들에도, 키스하는 장면이나 섹스하게 되는 걸 암시하는 장면들이 나오는데… 이것도 꽤 매력적이긴 하지만… 보는 사람한테 야한 느낌을 주는 걸로 치면 소설이 더한 거 같애요(아주 적나라하게 야한 성인용 만화 말구요. 이런 건 아주 직접적으로 사람의 성충동을 자극하는 거구요.) 소설에서는 아주 '자세히' 한 동작 한 동작이 묘사되고,

또 그때의 느낌들을 써 주면서, 사람의 상상력을 자극하죠.

　로맨스 소설이나 영화의 매력은 바로 그런 데 있는 거 같애요. 야한 거(에로틱한 분위기)랑 로맨틱한(낭만적인) 분위기를 합쳐 놓는 거죠. 이 둘이 합쳐지면서 서로의 느낌들을 더 강하게 만드는 거예요. 그리고, 섹스… 성… 육체적인 접촉의 느낌들을 아주 아름답고 멋진 것으로 만들죠. 반면에 이 로맨틱한 분위기들은 에로틱한 것과 합쳐져서 더욱 환상적이고 강력한 매력을 가진 것으로 보이게 되구요.

　솔직히 이런 장면들을 보고도 가슴 설레지 않는 사람이 있다면 이상한 거죠. 그리구, 보통 그런 장면은 기억에 오래 남는 거구, 계속 머리 속에서 리플레이시켜서 생각하게 되는 거구요. 어떨 땐 공부가 안 되고 그 생각만 들죠. 멋지잖아요. 내가 그 주인공이 돼서 그 멋진 남자의 뜨거운 키스를 받는다면… 그리고 같은 상황인데, 그 남자 주인공이 지금 내가 좋아하는 남자 애라면… 그리고 너무나 행복한 분위기 속에서 그애와 내가 단 둘이서… 꼴깍!?

　여러분들 나이 또래에 꿀 만한 꿈이죠. 글구, 나이 많은 아줌마들도 아직도 버리지 못하는 꿈이구요. 무드 없고 목석 같은 남편 만나서 그냥 지지구 볶구 사는 거지… 우리 엄만들 그런 꿈을 안 꾸셨겠어요? 그리고, 지금도 혹시 모르죠? 그런 소설이나 영화 같은 거 보시면, 우리들 모르게 혼자 맘 설레고 계신지두요….

　어쨌든, 이건 포르노랑은 다르게, 아주 다르게 우리에게 환상적이고 아름다운 성적인 분위기, 그런 섹스를 꿈꾸게 해주죠. 또, 워낙 학교에서 집에서, 다른 거 꿈꿀 수도 없게 공부다 시험이다 볶아치고 있는 상황에서, 여러분들이 스트레스 해소용이나 아님, 먼 훗날에 이런 힘든 공부 같은 거 안해도 되는 때를 생각하며 그려볼 수 있는 부드럽고 아름다운 꿈들이구요. 쩝쩝, 그런 거 누가 모르겠어요.

여러분은 그런 달콤한 환상들 속에서 여러분의 성적인 욕망들과 만나게 되는 거구요. 사랑하는 그 사람과 단 둘이서, 아주 아늑하고 편안한 곳에서 더할 나위 없이 아름다운 사랑의 하룻밤을 나눈다… 그게 바로 여러분이 꿈꾸는 성적인 분위기 아닌가요? 뭔진 잘 모르겠지만, 그게 아마 여러분이 꿈꾸는 자신의 성적인 즐거움이거나 섹스겠죠? 글구, 여러분이 꿈꾸는 그 성적인 기쁨들은 바로 사랑이라는 아름다운 감정을 바탕으로 하고 있는 걸테구요?

여학생들이나 젊은 여자들한테 "당신의 이상형은?" 하는 질문으로 앙케이트를 돌려보면, "나만을 사랑해 주는 남자", "나를 사랑하기 때문에 나를 위해 모든 것을 해줄 수 있는 남자" 같은 답들이 많이 나오죠. 어떤 타입의 남자를 좋아하냐고 물었는데… 자신만을 사랑해 주고, 자신을 위해서 모든 걸 해줄 수 있는 남자면 된다고 하는 걸 보면… 사랑에 대해, 혹은 자신을 사랑할 남자에 대해… 너무 많은 로맨틱한 기대와 환상을 갖고 있는 거 아닌가 하는 생각이 드네요.

그저 그 남자가 당신을 위해 모든 걸 바칠 정도로 당신만을 사랑한다면, 그걸로, 모든 게 해결되는 건가요? 글구, 그 남자가 당신을 사랑한다구, 당신을 위해 모든 걸 해야 한다니요… 혹시 요새 유행하는 불치병 - 공주병 아니에요? 넘, 자기 중심적이란 생각 안 들어요?

음, 음, 어쨌든 말이죠, 사랑이 당신 인생의 모든 걸 해결해 주지 않는다…는 걸 알고 있을 거구요. 그리고. 이런 말 해도… 나 욕 안 먹을

까요? 사랑은 그다지 로맨틱하지도, 낭만적이지도 않다는 거요. 사
랑하는 남자와 키스하면… 진짜루, 정말루, 소설이나 비디오에서처
럼 '뿅' 갈까요? 소설이나 비디오에서처럼 주변에 하얀 안개가 뿌옇
게 피어올라 당신들 두 사람을 감싸고, 키스를 하는 두 사람은 마치
천국에 온 기분, 하늘 위로 두둥실 떠오르는 기분을 느낄까요?

다음 장에서 계속 보게 되겠지만요, '비디오에서처럼 멋질 것'이
라고 생각했던, 대다수의 여러분 친구들은 실망했다고 하네요… '생
각보다 별루'였다구요.

근데요, 근데요… 때로 우리는 사랑하는 사람과 육체적인 접촉을
하고 싶어지기도 하잖아요. 손을 잡고 싶고, 뺨을 쓰다듬어 주고 싶
고, 안아 주고 싶고… 키스하고 싶구요… 아님, 자신은 별로 생각지
않았지만, 상대방이 그런 육체적인 접촉을 원할 수도 있구요. 어쨌
든, 그건 사랑을 표현하는 하나의 방법이고, 그 안에서 사랑하는 사
람간의 좀더 친밀한 감정의 교류가 가능하구요.

그래서, 우리는 그런 행동을 할 때, "걔를 사랑해서야…"라고 스스
로에게, 또 남들에게 말하죠. 자신이 가진 사랑의 느낌을 표현하는 –
가장 강하고 친밀한 – 방법이라고 생각하니까요. 근데, 이건 사랑이
나, 육체적인 접촉에 대한 대책 없이 너무 낭만적이기만 한 생각일
수 있다구요.

우리가 상상하는 육체적인 접촉의 과정이나 느낌들은, 대개 로맨
스 소설이나 비디오에서 본 것들을 통해서 생각하게 된 것들이잖아
요, 근데… 반면에 현실은 '꿈 깨는' 것일 때가 많다는 거예요… 먼저,
육체적인 느낌을 놓고 보면, 그건 그다지 멋지거나, 좋거나, 환상적

이지 않을 수 있구, 또, 육체적인 접촉을 갖게 되는 과정들도 그다지 좋은 기분과 분위기 속에서 이루어지지 않을 수 있구요.

거기에는 두 가지 이유가 있을 수 있는데… 하나는요… 당신의 남자 친구, 혹은 연인은 사랑의 느낌이나 육체적인 접촉에 대해 당신과는 다른 태도, 생각을 갖고 있을 수 있기 때문이에요. 어떤 사람들에게 육체적인 접촉은 육체적인 쾌감을 위한 것, 또는 단지 성적 욕구를 채우기 위한 행동일 뿐, 거기에 사랑 같은 감정들이나 낭만적인 분위기 같은 것은 중요하지 않게 여겨질 수 있거든요. 사랑하는 사람과의 섹스라도, 그건 섹스하고 싶은 육체적인 욕구를 채우기 위한 것이지, 사랑 그 자체를 위해서가 아니라고 생각하는 사람들도 많아서, 혹 당신 남자 친구나 연인도 그런 생각을 갖고 있는 사람일 수 있구요.

이렇게 생각하니까 상대방과의 육체적인 접촉을 원할 때도 아주 일방적이거나 자기중심적이 될 수 있어요. 서로간의 충분한 대화나 양해를 구하지도 않고 갑작스럽게 육체적인 접촉을 해오는 거죠. 이럴 때, 그 상대방은 당연히 놀라고 거북스러워하게 되는 거구… 만약… 여러분이 그 상대방이고… 이런 육체적인 접촉들을 로맨틱하고 낭만적인 분위기 안에서만 이루어지는 것으로 생각해 왔다면… 더욱 당황할 수밖에 없겠죠.

이것과 연결해서 두 번째 이유에 대해 얘길 해보죠. 두 번째는 이런 거예요. 포르노가 가짜인 것과 마찬가지로, 로맨스 / 에로틱한 것 역시 가짜라는 거요… 현실의 특정한 한 부분만이 과장된 거구요, 여러 가지 예쁜 색들로 치장된 거예요. 야한 거 /에로틱한 느낌들 /육체적인 접촉이 로맨틱한 분위기와 항상 같이 오는 건 아니에요. 로맨스 소설을 보면서 느끼는 짜릿짜릿한 전율감은 이 둘이 같이 올 때 느껴지는 거구, 어느 한쪽만 올 때보다 더 멋진 감정인 건 분명해요… 서로가 서로를 증폭시키죠….

하지만 이런 식의 사랑, 이런 느낌들이 현실 속에 존재하는 건 거의 불가능하다는 거… 물론, 있을 수는 있어요… 그치만 그건 당신이 너무너무 멋진 사람을 만나더라도 아주 잠깐 동안만 실현되고, 아주 잠깐 동안만 느낄 수 있는 거라구 생각해요. 그런 행복한 느낌들이 꽤 오랫동안 지속될 수 있다면… 혹은 그런 경험이 있다면… 그건 정말 '행복' 그 자체겠죠. 하지만 대개는 서로 착각하고 있는 것이기 쉬워요.

근까요, 포르노에서 성적인 관계나 느낌들을 왜곡하거나 과장하는 것처럼요, 이런 로맨틱하고 에로틱한 것들두, 성적인 것들을 왜곡하거나 과장하고 있는 부분들이 있다구요. 그치만, 포르노보다는 그 과장이 덜 심하니까, 그리구, 폭력적이거나 끔찍하게 느껴지게 하는 게 없구, 보통 꽤 아름답구, 또 기분 좋은 정도로 짜릿하게 해주니까, 별로 사람들이 싫어하지 않고 받아들이고 있는 거구… 오히려 좋아하죠. 그게 바로 일반적인 성적인 분위기나 느낌들이라고도 생각하구요.

글구, 보통은 여자들이 남자들보다 이런 걸 좋아하구 더 즐기죠. 로맨틱하게 야한 거 말이에요. 나중엔 자기도 이렇게 해야지 하고 그거 보구 성관계를 어떻게 할지 생각해 놓는 거구요.

근까요… 이런 비디오나 소설을 보면 우리 여자들은(글구 사실 상당수의 남자들도) 자기도 모르게 "사랑한다면 ○○쯤은 할 수 있지",

"사랑하는 사람과 ○ ○ 하면 넘 멋질 거야" 하는 생각을 갖게 되는데요.(○ ○ 안에 들어갈 말은 마음대로 넣어 보세요!) 이게 현실하고는 엄청 동떨어진 것일 수 있구, 꽤나 골치 아픈 걸 수도 있다구요.

상대방은 전혀 딴 생각 하는데, 나만 혼자 로맨틱한 상상 속에서 모든 걸 받아들이면서 오해하고 있는 것일 수 있구요. 또, 사랑이 모든 걸 해결해 주지는 않거든요. 사랑한다고 모든 육체적인 접촉기 기분 좋게 느껴지는 건 아니구… 싫을 때도 있구, 또 별루일 때도 있어요… 싫을 때는, 굳이 '사랑한다'는 이유만으로 그런 육체적인 접촉을 할 필요도 없는 거구.

"내가 누군가를 만나서 사랑에 빠지고, 그래서 서로 열정적인 키스를 하고…" 그러면 엄청 행복해질 것 같죠? 모든 다른 걱정들기 잊히고 마냥 행복해기만 할 것 같죠? 그치만, 안 그렇다고 말해야겠네요… 이렇게 말하는 나도… 마음이 쓰리긴 하지만요….

글구, 그런 육체적인 접촉들이 사랑의 표현이긴 하지만, '사랑의 확인' 뭐, 그런 건 될 수 없다는 거요. 사랑은 쉽게 변하는 불안정한 감정이잖아요. 그러니까, 키스를 열 번을 했건, 백 번을 했건… 그런다구 감정이 변하지 않는 건 아니구, 변할 건 변한다구요. 그걸 막을 수도 없고, 무엇인가로 잡아 둘 수도 없구요….

(* 네 번째 장의 두 번째 세 번째 절에서 이 얘길 더 하고 있으니까, 여기 관심 있는 사람들은 그리로 먼저 넘어가도 좋구요, 거기 가서 좀더 얘길 해보도록 합시다.)

야한 장면을 보면 성적 자극을 받는다, 당연.

어떻게 생각해요? 당연…한 건가요?

성적인 자극에 의연하게 대처하지 못한다…

나의 인내력은 과연 어느 정도일까? 지금까지 나는 내가 진짜 여자일까 하는 질문을 나 자신에게 수차례 던져 보았다. 왜냐하면 성적인 자극에 의연하게 대처하지 못한다는 느낌이 들었기 때문이다. 물론 다른 아이들도 야한 비디오 같은 것을 보면 소름 돋고, 화장실도 가고 싶다고 한다. 솔직히 말해 나와 같은 반응을 보이는 아이들이 있다는 게 또 그게 정상이라는 사실이 나를 내심 안심시켜 주는 듯했다. 그렇지만 나의 경우는 좀더 비극적이다. 남성이나 보일 것 같은 반응이 내게서 느껴지는 것은 왜일까? 그런 영화나 사진 등을 보면 성적 충동이 느껴진다.

여자임에도 불구하고…

세상 사람들 사이에서 개인차가 나는 것은 매우 많이 있다. 그 중에는 성적 욕구도 포함될 것이다. 난 내 자신이 성적 욕구가 좀 강한 편에 속한다고 생각한다. 비디오에서 야한 장면을 보면 남자들은 흥분하고, 사정이 되고 발기까지 된다고 들었다. 반면에 여자들은 신체적으로 그런 반응까지 나오지는 않는다고 들었다. 여자들이 내숭을 떠느라고 그렇게 말한 건지 아니면 진짜 그런지는 모르겠지만 난 여자임에도 불구하고 야한 장면을 보면 이상한 느낌을 받고, 냉 같은 것이 나온다. 한때는 내가 혹시 중성은 아닌가 생각했다. 그 냉 같은 게 나오는 것을 사정하는 것과 연관지었을 때 말이다. 하지만 지금은 나 자신이 성적 욕구가 강한 사람 중의 하나일 뿐이라고 생각한다.

야한 장면을 보면 성적으로 흥분하는 거… 이건, 당연한 일인 거 같구요. 문제는 이런 거 같애요. 남자는 그렇다치고… 여자도 그렇게 성적인 자극을 받고 흥분하게 되는 건지… 보통 여자들은 잘 안 그런다고 하잖아요.

근데요, 위에 친구가 말한 것처럼 거기에는 남자냐, 여자냐 하는 것보다는 개인차가 많은 거 같애요. 선천적으로 성적으로 덜 민감한 사람이 있는가 하면, 꽤 민감하고 성욕이 강한 사람이 있는 거 같구요.

또 후천적인 요소도 있는데, 야한 걸 좀 많이 보고, 야한 느낌에 친숙한 사람은… 또, 꽤 민감하게 성적 자극을 받는 거 같애요. '아는 만큼 느낀다(?)'고도 말할 수 있겠는데요. 포르노를 본 적이 있든지, 야한 성인 만화를 본 적이 있다든지… 하이틴 로맨스에 나오는 섹스 장면을 항상 아주 꼼꼼히 읽어서… 자주 성적 공상을 하고, 성적인 자극들을 받았다면… 그럼, 더 성적으로 민감해지는 거 같구. 혹, 육체적인 접촉의 경험이 있어서 직접 그 야한 느낌들이 어떤 건지 처험해 봤다면… 아마 더 야한 장면들에 대해서 민감해질 거구요.

근까, 여자는 아무리 야한 걸 봐도 성적으로 흥분하거나 하지 않는다고 하면 틀린 말이에요. 흥분하거나 흥분하지 않거나, 혹은 흥분의 정도두… 성별차라기보다는 개인차가 많은 건데요. 보통, 남자들이 성적으로 더 잘 흥분한다고 알려져 있는 건, 아마, 위에서 말한 후천적인 조건들 때문이 강한 거 같애요. 남자들은 야한 걸 더 빨리 보기 시작하고, 더 자주 접하고, 자기가 그런 거 보고 성욕을 느끼는 거에 대해 여자들보다는 상대적으로 덜 죄의식을 느끼잖아요. 그런 게 아주 당연하게 받아들여지죠, 남자들한텐… 글구, 그렇게 야한 거 보고 즐기는 게 자기네들끼리 거의 공공연한 얘깃거리구, 놀이거리잖아요.

글구, 흥분하면 몸에서 냉 같은 게 나온다구 그랬는데요, 어때요? 여러분들 중에도 그런 거 경험해본 적 있는 사람… 있어요? 그래요, 여자두 성적으로 흥분하면 성기에서 무슨 액체 같은 게 나와서 팬티가 젖게 돼요. 뒤에(네 번째 장의 네 번째 절에 「그냥 해버릴까」)도 나오는 얘긴데요, 여자가 성적으로 흥분하면, 여성의 성기인 질 내부에서 약간 끈끈한 액체가 나오게 되거든요, 그래서 팬티가 젖게 되지요.

이건 남자들이 사정하는 거랑은 조금 달라서요. 그건, 남자들이 성적으로 최고조에 오르면 나오게 되는 반면, 이건, 그냥 성적으로 흥분하면 나오게 되는 거예요. 그래서 남성의 성기가 여성의 성기에 들어왔을 때, 뻑뻑하거나 아프지 않게 윤활유 같은 역할을 하는 거거든요. 근데, 남자들도 성적으로 흥분하면 발기될 뿐만 아니라, 어떨 땐 정액이 한두 방울 밖으로 나와서 팬티가 살짝 젖거나 하기도 한데요.

어쨌든, 또, 대개 야한 것들 보면 그걸 볼 대상을 '남자'라고 생각하고, 대개 남자의 성욕을 자극할 만한 장면들을 쓰잖아요. 대개, 여자가 아주 야한 포즈나 표정으로 나오구, 여자의 벗은 몸을 보여 주구, 베드신에서도 대개 여자의 몸, 표정만 강조돼잖아요(특히 한국 영화…).

근까, 그런 걸로 자극을 받는다면, 남자가 더 많이 받을 테구, 또 그래서 여자들이 그걸 보구 성욕을 느낄 때, 마치 자신을 남자처럼 느끼면서, 남자의 시선으로 여자를 탐하고, 욕구하게 되고 그렇기두 한 거구요. 그래서 영화의 야한 장면 같은 걸 보고, 나중에 그걸 꿈으로 꿀 때, 마치 자기가 남자가 돼서 꿈에 나오거나 그렇게도 돼요.

근데, 그건 실제로 같은 여자를 대상으로 성적인 욕구를 느끼는

우리를 유혹하는 것들

- 인터넷을 하는 어느 남자 아이의 생각

거하고는 다른데요… 그건, 그 영화의 장면이 암시하고 있는 성적인
분위기, 성적인 욕망과 느낌들이 우리에게 전해져서 우리의 성욕을
자극하는 거지… 그 자체의 대상으로 여자를 성적으로 욕망하는 거
랑은 좀 다르죠… 그래서, 야한 여자 사진을 보면서 여자도 성적인
자극을 받는 거죠. 거기 나온 여자 때문이 아니라, 그 여자를 통해서
그 사진에서 전달하는, 무의식적이고 의식적인, 성적인 욕망의 분위
기 때문에요.

　글구, 여러분은 야한 남자 사진을 보면… 자극 받아요? 별루 안 그
렇지 않나요. 아주 야한 사진들에 비교해 보면. 물론, 안 그런 사람들
도 있을 테지만, 만약, 야한 남자 사진은 무덤덤한데, 야한 여자 사진
을 보면 더 야하게 느껴진다면, 그건 야한 여자 사진을 보면서 성적인
자극을 받는 데 우리가 좀더 익숙해져 있기 때문이라고 할 수 있죠.

　성적인 대상으로 여자들을 쓰고, 또 그 이미지나 욕망들을 전달하
는 게 더 보편적이기 때문에, 같은 여자라도 그 여자들이 표현하고
있는 성적인 메시지들에 더 익숙하게 되죠. 근까, 우리가 그런 야한
장면들에서 보게 되는 건, 단순히 '야한 여자', '섹시한 여자'가 아니
라 '섹스', 혹은 '성적인 욕구'라는 시각적이고 청각적으로 표현된 메
시지들이고… 그 메시지들로 우리의 의식, 무의식의 욕구들이 자극
을 받게 되는 거라고 봐요.

　남자들이 여자들을 볼 때는 일반적으로 얼마나 '야해' 보이는가를
중심으로 보죠. 남자 친구랑 길 가다가도 쫌 야해 보이는 여자가 지
나가면 눈이 바로 돌아가잖아요. 그래서 남자들이 여자들의 외모나
매력을 말할 때는 이런 말들을 많이 쓰잖아요. 섹시하다, 쫙 빠졌다,

죽인다, 가슴이 어쩌구, 다리가 어쩌구, 엉덩이가 어쩌구, 저쩌구…

근데, 여자들은 어때요? 요새 우리나라에서 인기 최정상을 듣리는 '레오나르도 디카프리오' 생각해 봐요? 뭐라고 우린 보통 많이 얘기하나요? '귀엽다, 분위기 있다, 사랑스럽다, 멋지다, 너무 착하다' 그리고 그 담에 나오는 말이 '그리고 어떨 땐 넘 섹시하구' 이런 거죠.

그래서 보통 남자 태우의 경우에는 그냥 섹시해 보이는 걸로만 밀어붙여서는 별로 인기를 못 끌죠. 좀 분위기가 있다든지, 웃긴다든지, 귀엽다든지, 뭔가 다른 게 같이 있어야지 되죠. 근데, 여자 배우들 같은 경우에는, 정말 연기랑 분위기랑 안 따라줘도, 사실 몸매 섹시하고 죽인다 싶으면, 영화사에서 엄청 밀어 주기도 하고, 또 인기도 쉽게 얻죠.

근까 상대적으로 이 '야하다'는 느낌도 남자들의 감성이나 관점에 맞춘 게 많다는 말이구요. 보통 요즘은 '브래드 피트' 정도 배우를 섹시한 남자 배우로 생각하는데, 그렇다고 브래드 피트가 거의 옷 벗고 섹시한 포즈로 서 있거나 한, 그런 사진이나 포스터들 만들진 않잖아요. 그냥, 영화 같은 데서 나오는 평범한 장면들에서 보고 그냥 좋아하는 정도죠.

이렇게 야한 것들이 남자들 느낌을 중심으로 만들어지고, 또 남자들 느낌에 야해야만 야한 거라고 취급되는 그런 면이 있죠. 그리고, 그런 야한 걸 '이게 야한 거다' 하고 누구나 다 받아들이게 되니까, 여러분도 그런 거 보면서 야하게 느끼고, 흥분하고 그러는 거구요. 그래서, 자기도 그런 사진 같은 데 나오는 여자처럼 야한 포즈를 취해 본다든가, 꽤 야해 보이는 미니스커트 같은 걸 입으면 자기도 도르게 성적으로 흥분하는 그런 느낌을 느끼게 되기도 하구요.

　글구, 포르노처럼, 이렇게 야한 비디오나 사진, 야한 묘사가 많이 나오는 로맨스 소설 같은 건 한번 보면 자꾸 보게 되는 그런 게 있죠. 그치만, 그런 건 역시 '한때'일 뿐이라고 생각해요. 막, 거기 빠져서 헤어 나오지 못할 것처럼 느껴지는 건요. 보통은 좀 보다가도 자기가 알아서 끊어버리거나, 잊어버리거나 하죠. 글구 자기가 거기 완전히 빠져 있는 거 아니라면, 어쩌다 한두 번씩 우연히 보게 되거나 그런 건 괜찮죠, 뭐. 아님, 아주 그 방면의 전문가로 나서는 애들도 있는데, 얘네들도 그걸로 취미 활동하듯이 즐기는 거지, 거기 빠져서 헤어 나오지 못하거나 그런 건 아니죠.

　근데, 친구들끼리 자꾸 돌려가며 보고, 같이 얘기하고, 같이 돌아다니며 보면 아무래도 더 자주, 그리고 자꾸 보게 될 텐데 말예요. 웬만하면, 딴 거 하고 놀면 어때요? 사실, 그거 몇 번 보고 나면 별 거 없잖아요? 몇 번 보고 나면 뻔한 거고, 사실 뭐 그렇게 재미있는 것도 아닌데, 이왕이면 친구들이랑, 더 재밌고 신나는 일 하고 놀면 좋겠어요. 이런 것보담은….

3 · 자위는···

경험···

중학교 때 한 친구가 나에게 섹스 경험이 있다고 자랑스럽게 얘기하면서 섹스를 하고 싶은데 하지 못할 때에 자신은 자위행위를 한다고 스스럼없이 말했다. 난 그때 자위행위가 뭔지도 몰랐다. 내가 모른다니까 그 친구는 자세히 설명해 주면서 나보고도 해보라는 것이었다. 그래서 정말 난 집에서 아무도 없을 때 해봤는데 사실 기분은 좋았다.

그러나 그 후에는 내가 뭐 큰 죄라도 지은 것 같아서 참을 수가 없었다. 내가 그런 짓을 왜 했을까 후회스럽고 다시는 안하겠다고 다짐했다. 그리고 그 후로는 성적인 공상들을 자주 하게 되었다. 길거리에서 그런 생각들이 떠오르면 머릿속을 떠나지 않았다. 그래서 사람들이 모두 나만 쳐다보는 것 같은 생각이 들어서 괜히 얼굴이 빨개지기도 했다. 그러나 후에는 그런 것이 아주 자연스러운 현상이라는 것을 알게 되었다. 그리고 직접 섹스나 자위행위를 하는 것보다는 차라리 성적인 공상을 해서 성적 욕구를 만족시키는 것이 더 낫다고 생각된다. 하지만 그것도 너무 심하다면 문제가 될 테니까 내 자신이 그런 것들을 좀더 자제하고 통제할 수 있어야겠다는 생각이 든다.

'자위행위'라… 무지 생소한 말이네요. '자위'라는 한자어의 뜻은 대충 '스스로를 위로한다?' 뭐, 이런 거 같구… 보통 땐 잘 안 쓰는 말이잖아요. 음, 근데 이게 무슨 말인지는… 대충 알죠? 남자들이 자위하는 걸 묘사한, 그런 소설 같은 건 읽어본 기억이 있는 거 같은데, 여자가 자위하는 모습을 세세하게 그린 소설은 아직 읽어본 적이 없네요. 아마도 게으르기 때문이거나, 양서만 골라 읽기 때문? 하하…

음, 음… 어쨌든… '자위'라는 이 말은 아주 광범위하게 쓰인데요. 스스로 성기/성감대를 자극함으로써 성적인 쾌감을 느끼는 그런 모든 행동을 포함하는 말이구요. 그래서 자면서 자기 가슴을 만진다든지, 성기 주위를 비비거나 문지르는 거… 이런 것도 '자위'라구 할 수가 있고, 성기에 손가락이나 다른 걸 집어넣어서 성기를 직접 자극하는 거… 이런 걸 말하기도 해요.

근데, 성기에 손가락이나 다른 걸 집어넣어 자극하는 거, 이런 건 어떻게 봄 처음부터 '이건 자위다'하고 알고 하는 경우고 포르노나 책이나 그런 걸 보고 '저렇게 하는 거구나', '저기가 여자 성기고 저기다 집어넣음 되는구나' 하고 알게 되는 과정을 통해서 하게 되는 거 같애요, 근까, 다분히 의식적일 수 있죠.

근데, 그런 거 말고, 의자에 앉아서 성기 쪽을 의자에 비빈다든지 손으로 성기 주위를 살살 긁는다든지 하는 그런 행동들은 다분히 무의식적… 음, 근까 그런 건 어렸을 때부터 자기도 모르게 하게 된다든가… 그래요.

자위에 대해서라면 먼저, 이런 것들을 생각해볼 수 있을 거 같애요. 그걸요, 어떻게 받아들이면 좋은가 하는 거요. 자연스러운 건가 아닌가 하는 문제는, 글쎄요, 별로 생각해 볼 필요없는 문제… 아닐까요? 대충 여러분들쯤 나이가 돼서 그런 걸 한번도 안해 본 사람은 거의 없을 것 같구요. 아니라구요? 여기 있다구요… 그런 사람… 그럼, 잠~깐만 기다려 보세요. 여러분보다 나이 많은 어른들 중에서 '자위'를 안해 본 사람, 안하는 사람 역시 극히 드물 거 같거든요. 난 자위를 안한다구요? 해본 적 없다구요? 억울하다구요?

근데요, 의식적으론 아니지만, 무의식적인 행동들… 그런 거 하고 있거나, 했었던 적이 있었을 거 같애요. 그게 아님… 그래요, 전혀 안 했을 수도 있겠죠. 뭐… 쩝.

'자위' 였구나…

TV에서 조금이라도 야한 장면이 나오거나, 포스터를 볼 때면 얼굴이 화끈하게 달아오르곤 했습니다. 밤에 잠자리에 들 때는 저도 모르게 그런 장면들이 떠올라서 손가락으로 성기를 자극하는, 그런 행위를 했었습니다. 그렇게 할 땐, 마치 제가 꼭 그 영화나 포스터의 주인공이 된 듯한 느낌에 취해 잠이 들고 그랬습니다.

한동안은 저의 이런 행동이 저뿐만 아니라 모든 제 또래의 학생이면 다 하는 그런 과정이라고 생각했습니다. 물론 '자위' 라는 것 또한 몰랐습니다. 그런데 시간이 지나고, 선생님께서 들려주시는 이야기를 듣고는 가슴이 덜컹 내려앉는 것만 같았습니다. 자위였구나…

그래서 이 행위를 하지 않으려고 노력했습니다. 되도록이면 공상을 하지 않고, 아침에 이불 속에도 오래 누워 있지 않았습니다. 잠이 깨자마자 일어나도록 했습니

자위는… 111

다. 덕분에, 전처럼 의도적으로 노력하지 않아도 이젠 자연스럽게 자위 행위를 하지 않게 되었습니다. 때때로, 하고 싶은 충동도 일지만, 견뎌야겠습니다. 왜냐면, 자위를 하고 있는 순간은 황홀하지만, 그 후엔 후회가 되니까요. 왜 그랬을까!!! 하는…

그래요, 자위였군요. '야한 걸' 보고 성적인 자극을 받고, 성적인 공상을 하고… 그리고 자위를 하게 되구요. 자위는 섹스랑 틀리지만, 자위 역시 일종의 성적 행동/행위라고 할 수 있겠죠. 대개의 경우, 이런 거 같애요, 자기가 하는 행동이 '자위'인 줄 몰랐다가 나중에 성교육 시간이나 책 같은 걸 통해 알게 되는 거요… 근데요, 선생님께 무슨 얘길 들었는지는 잘 모르겠지만, 자위란 거, 그런 행동, 여러분 또래의 학생이면 '누구나 다 하는' 그런 과정이란 거 맞거든요.

보통, 남자들의 자위가 더 자주 얘기되고 보편적인 것으로 다루어지긴 하지만… 여자들도 자위를 해요. 그쵸? 남자들처럼 직접적이고, 의식적으로 이루어지지 않거나, 덜 보편적일 수도 있단 건 인정할 수 있지만… '여자들도 자위를 한단 말이에요?' 하고 눈을 똥그랗게 뜨고 물어온다면, '여자도 사람이다'라고 힘주어 대답해 주고 싶은데요. 뭔 말이냐구요? 여자도 사람인 이상, 남자와 똑같이(?) 성욕이 있고, 성욕이 있는 이상, 성적 행동 즉, 자위를 하는 건 당연하다구요.

아! 그치만요, 이건, 윽~, 여자마저… 그렇게 더러운 동물이라니… 이렇게 받아들일 문제는 아니에요. 아마도, 이런 생각은… 성욕이란 걸… 성이란 거 자체를 드럽게 보구 있어서, 이런 생각을 하게 되는 거 같은데… 성＝드러운 거, 그러니까 성욕을 느끼는 것두 드럽구, 모든 성적 행동두 드럽고, 그런 짓을 하는 사람은 동물 같구, 이렇게 생각하는 건데… 성 그 자체는 절대적으로 드럽고 악한 것도, 절대적으로 신성하고 아름다운 것도 아니다… 이렇게 말하고 싶어요. 난, 그 어느 쪽에두 찬성할 수가 없네요.

성을 동물적이고 드러운 걸루 생각하거나, 신성하고 아름다운 걸루 생각하지 않으면… 자기가 '자위'라는 성적 행동을 한대서, 그게 자기 자신을 더럽히는 거라고는 생각할 수가 없죠.

남자를 돌로 보는, 모범생인 내가…

친구들라 같이 야한 비디오를 보고, 책을 보면서 자위행위를 하게 됐다. 난 처음에 내가 하는 행동이 자위행위라는 걸 꿈에도 몰랐었다. 이렇게 하는 게 나쁜 줄 알면서두 난 점점 심해졌다. 며칠 동안 고민한 끝에 난 더 이상 하면 안 되겠다는 생각이 들었다. 그렇지만 난 쉽게 그만두지 못했다. 이런 내가 정말 싫었다. 남들이 생각하기엔 자위행위 같은 것을 하는 걸 보면 남자 애들이 껴안거나 키스를 하려고 하면 좋아서 덩달아 할 거라 생각하지만 난 그것두 아니다.

나는 남자 애들이 어깨에 손만 올려도 짜증을 내는 성격이다. 괜히 여자를 우습게 보는 것 같아서 짜증이 난다. 그래서 난 남자 애들을 알게 되면 절대 사귀지 않는다. 편안한 친구로 지내자구 한다. 남자 애들은 한 여자 애랑 사귀면 자기 것으로 만들기 위해 성경험을 한다구 한다. 난 그 말이 너무 웃겨서 할 말을 잃었다. 똑같은 인간이면서 왜 여자는 그렇게 당해야만 하는가? 정말 열 받는다.

이렇게 남자를 돌로 보는 내가 그런 자위행위를 한다는 걸 아무도 모를 것이다. 난 반에서두 공부는 항상 상위권이구 남자 친구들도 많다. 이런 내가 자위행위를 하는 게 너무 싫다. 그것을 참아보려 해도 잘 안 된다. 이럴 때면 점점 내 자신이 싫어진다. 어떻게든 내가 스스로 극복해야 되는데….

자위는… 113

순진한 아이… 깨끗하고 싶어요…

전 어렸을 때 어떤 행동을 하면 기분이 묘해진다는 사실을 알았습니다. 아마 국민학교 5, 6학년 경이었습니다. 그냥 기분이 좋았기 때문에 전 뭔지도 모르고 한 주에 한 번 한 달에 한 번 생각날 때 그런 행동을 했습니다.

전 중학교에 입학하고 시간이 흐르고 나서야 그것이 자위행위라는 것을 알았습니다. 전 십대들이 써낸 어떤 책에서 자위행위를 하는 어떤 남학생이 쓴 글을 읽었습니다. 물론 저는 일종의 자위행위지만 책에 나오는 그런 류의 행동은 아니었습니다. 책 속의 남자 아이는 수치스러워하고 창피해했습니다. 전 그 사실을 알고 그 이후로 그런 행동을 하지 않으려고 노력했습니다.

그리고 시간이 흐르고 전 이제 그런 행동을 하지 않게 되었습니다. 전 이런 얘기를 그 누구에게도 해보지 않았습니다. 저는 친구들 사이에서 굉장히 아니 어느 정도는 순진한 아이로 생각되고 있기 때문입니다. 그렇다고 제가 순진하지 않다는 것은 아닙니다. 아직도 성에 대한 조그만 이야기에도 전 가슴이 설레고 기분이 이상하니까요. 전 저의 이런 체험을 부끄럽게 생각합니다. 그리고 어렸을 때 철모르고 한 짓들이기 때문에 그리고 후회를 하고 있기에 전 깨끗하고 싶습니다.

이젠 좀 더 본격적으로 자위라는 성적 행동을 어떻게 받아들일 것인가를 얘기해 보도록 하죠. 이런 친구들이 있어요, 위에서 본 것처럼, 난 모범생인데… 난 남자 따위에 쩔쩔매는 그런 애는 아닌데… 근데, 그런 내가 자위행위를 한다는 걸 받아들일 수가 없고, 그래서 안 하려고 하는데… 그건 잘 되지가 않고… 에이~, 근데 그건 그렇게 혼자 자학할 이유가 없어요.

'모범생도 자위를 할 수 있다' 이렇게 말할 수도 있겠지만요, 더 정확히는 꽹장히 많은 사람들이(거의 대다수의 사람들이) 자위를 하구, 또 그 중엔 모범생도 있구, 날라리도 있고, 평범한 애들도 있구… 그런 거라구요.

음, 보통 모범생이라고 하면, 모든 질서, 규범 이런 걸 다 잘 지키구, 그러니까 성적인 문제에도 무관심하고 몰라야 되고, 성적인 행동은 전혀 안할 것이다… 그래요, 그렇게 여겨질 수 있겠죠. 만약, 자기가 스스로를 모범생이라고 생각한다면, 스스로 그래야 한다고 생각할 수도 있구요. 근데요, 성적인 관심이 없고, 성적인 행동을 안해야… 모범적인 인간일까요? 그러면, 성적인 공상을 하고… 자우를 하는… 대다수의 사람들… 섹스를 하면서 사는 여러분 주위의 대다수의 사람들…은 어떻게 생각해야 되는 걸까요?

'근엄한 척'하고 말해 볼게요. '인간은 성적인 존재'라구요. 그래서, 진짜루, 정말루, 모범적인 인간이라면, 자기 성을, 자기가 성적 존재라는 걸 받아들이고, 그걸 통해서 자기 인생을 기쁘게 만들어 갈 줄 아는 사람… 일 거예요.

글구, 자기가 자위행위를 한다구 해서, 남자를 밝히는 애가 아닌가… 성적인 거, 성적인 유혹에 너무 약한 애 아닌가… 그렇게는 생각 안해도 되요. 자기의 성적인 욕구를 인정한다구 해서 그게 무조건 성적인 거에 취약한 그런 건 아니구요, 오히려 더 당당해질 수 있다고 봐요. 그래, 난, 자위도 하구, 분명히 가끔 성적인 욕구도 느낀다! 그치만, 성경험을 해서 여자를 자기 걸로 만드느니 어쩌느니 하는 니들하고는 상종도 안한다! 니들은 증말 성에 대해 뭘 아냐? 이 무지한 것들… 이런 식으로 말이죠.

자위는… 115

음, 그리고, 또, 순진한 아이라구요? 호호~ 지금도 순진혀요… 자위를 했다고 해서, 지금 또 하고 있다고 해서 때묻거나 드러워진 거 아니에요. 아까 얘기했지만요, 성에 대해서 알고 있으면… 성적 행동을 하면 드러워지구, 안 그러구 모르면, 성적인 거랑 완전히 상관없으면 깨끗한 거… 그런 거 아니라구 했죠?

헤헤~, 또 여기서 강의 한 판 하고 가야겠네요. 성이란 거… 인간이 가진 본성 중 한 가지구요… 사람들이 어떻게 만들어 가냐에 따라 좋은 것두 되고, 나쁜 것두 되지요. 글구, 각각의 시대나 사회에 따라 성에 대한 사회적 관습들이 많이 달라요. 음, 근까, 각각 시대나 사회별로 성에 대해서 생각하는 게 많이 틀렸구요, 또 사람들이 자기 성에 관해 이러이렇게 만들어 가야 된다… 하는 생각들도 많이 틀렸어요.

음, 눈치가 빠르면, 혹, 원래 사회적인 데 좀 눈이 뜨였던 친구라면… 이걸 눈치챘을 거 같은데… 성은 인간의 본성이면서 또 그 존재양식에 있어서는 상당 부분 사회적으로 만들어진 거라는 거… 그래서… 성은 무지 더럽고, 동물적인 거고, 그러니까 개인의 성은 엄격히 통제되어야 한다는 생각도 어떤 특정한 시대와 사회에서 만들어진 것이지, 그 자체로 절대적인 것은 아니란 거요.

근까 말이죠, 어떤 시대나 사회에서는 이런 성교육에 대한 책 같은 게 완전히 필요 없기도 했는데요, 왜냐면, 성에 대해 그다지 심각하게 많이 생각할 필요가 없었던 거죠. 그냥 자신이 원하는 때 즐길 수 있는 것이 성이었기 때문이에요. 그리고 어떤 시대에는 특히, 기독교적인 전통이 강했던 시기에는, '금욕'이라는 말이 갖는 영향력이 무지 컸잖아요. 성적인 것이 인간을 더럽히고 신의 뜻을 거스르는 거라고 생각했죠. 단지 결혼한 부부 사이에서만 아이를 낳기 위한 숭스러운 도구로 사용될 수 있는 거라고 여겨졌던 거예요.

또 지금 같은 시대를 놓고 봐두요, 어떤 나라들에서는 결혼 못지않게 동거가 흔하기도 하죠. 무슨 말이냐 하면 결혼한 사람들만의 성관계만 인정되는 게 아니라는 거죠. 성과 결혼이 서로 꼭 연결되지 않고 그냥 느슨하게 연결되어 있는 거예요.

하지만, 성에 대한 특정한 생각들이 한번 만들어지면, 그 영향력이 무지 커서… 꽤 오래 가요. 시간이 지나면서 바뀌기는 하지만… 사회적으로 제도화되기도 하고, 법이나 관습 같은 걸로 만들어지기도 하니까요. 그래서, 여러분들의 의식, 무의식에 그런 생각이 들어가 있게 되는 거예요. 그치만, 그게 성에 대한 절대적이고 유일한 기준은… 될 수 없는 거죠.

자위에 대해서두… 오랜 세월에 걸쳐… 참 여러 가지 논란들이 많았드랬어요. 지금도 아주 없는 건 아니구요. 옛날에는 뭐라구들 했냐면요, 자위를 하면 머리가 나빠진다거나 성기에 이상이 생기고 성불능이 된다거나… 그런 얘기들이 많았고… 청소년들이 자위 행위를 하지 못하게 철저히 감시해야 한다고도 하구… 근데, 지금에 와서 여러가지 의학적인 연구 결과 밝혀진 사실은, 자위를 함으로써 어떤 신체적, 정신적인 장애를 가져오는 것은 아니라는 것… 그러나 자위를 할 때는 손을 깨끗이 씻고, 불결한 도구를 쓰지 않는다든지… 위생적인 면에 신경을 써야 한다는 거죠.

그리고, 자위는 혼자서 스스로 성욕을 해소하는 거잖아요. 그런 식으로 성욕을 해소하는 게 나쁘다고도 하는데… 글쎄요, 난 꼭 그렇게만은 생각 안해요. 성적인 자극을 받고, 극도로 성적으로 긴장해 있어서… 다른 일을 할 수 없게 되는 거보다는… 스스로 성적인 긴장을 다소 풀어줄 수 있으면 오히려 좋지 않을까 싶어요. 그러고 나면, 그 다음에는 성적인 생각에서 좀 풀려나서 맘 편하게 다른 일에 열중할 수 있지 않을까요.

또, 갑자기 성욕이 치밀어 오르는 바람에… 참을 수 없어서… 다른 사람을 성폭행했다… 요렇게 변명하는 사람들이 있는데요. 말이 된다고 생각해요? 이거? 자기의 성적 욕구가 너무 강해져서 참을 수 없을 것같이 느껴지는 거까지는… 요거까지는 가능하고, 그럴 수 있다고 봐요, 나두요.

근데, 실제 상황에서, '참을 수 없어서' 그랬다고 하는 거… 이건 분명 '거짓말'이거나 '자기 정당화 논리'에 불과하거든요. 참을 수 없다고 느끼는 거랑, 실제로 그렇게 하는 거랑은 진짜, 별개의 문제예요. 자기가 그렇게 할 수 있는 상황(사회적인 관계, 권력, 힘)이 있으니까, 그렇게 했던 거라구요. 그런 면에서 성폭행은 다른 '폭력'들과 같은 논리를 따르죠… 힘이 있으니까, 사회적인 힘이든, 물리적인 힘이든요, 그렇게… 자기 욕구대로… 다른 사람의 의지에 반해서… 폭력을 휘두를 수 있는 거죠.

음, 얘기가 쫌 멀리까지 나가 버렸는데… 많은 남자분들이 '성폭행'에 관련한 얘기에서 다들 그러더군요, 정말 못 참겠으면 자위로 해결하라고요. 자기 성욕 하나도 자제하지 못하는 놈은 사람도 아니라고… 한마디로 짐승이라고… 저도, 이 말엔 동의해요. 동의하는데,

얘기의 초점이 좀 빗나가 버렸다고 생각이 돼요. 왜냐면요, 성폭행은 성욕을 참지 못해 하는 게 아니고… 일종의 의도된 폭력이기 때문이죠. 그리고 짐승만도 못한 놈이라는 건… 바로 이 의도된 폭력성에 맞춰져야 한다는 거죠. 성욕을 느낀다고, 성욕을 못 참을 거 같다고 느낀다고 해서… 스스로를 짐승스럽게 여겨야 한다는 게 아니구요. 정말 못 참겠다고 느껴지면… 자위가 그 해결책이 될 수 있어요. 그치만, '성폭행'은 그것과는 완전히 다른 차원의 얘기라는 거… 그건 '성'이 아니라 '폭력'의 문제라는 거… 잊지 마세용!

(* 네 번째 장의 세 번째 절에서 이 얘길 더 하고 있으니까, 여기 관심 있는 사람들은 그리로 먼저 넘어가도 좋구요, 거기 가서 좀 더 얘길 해보도록 합시다.)

음, 근데, 자위를 좋게만, 완전한 해결책으로만 생각할 수 없게 하는 그런 문제들도 짚고 넘어가지 않을 수 없죠. 성에 대해 더 민감해지고… 더 탐닉할 수도 있어요. 자신이 이걸 원한다면 상관없지만, 자신의 성적인 느낌에 대해 아는 것도 중요하니까요 말이에요. 근데, 자신이 별로 그러고 싶지 않다면, 안하는 게 좋은데 하고 생각하면서도 하게 된다면 말이죠… 이것도 '중독'이랑 비슷한 건가… 자위를 넘 많이 하게 될 수도 있고… 또 하나, 더 나쁜 건… 자위에 대해서 죄의식을 느끼면서도 이걸 계속하게 될 때, 자기 자신에 실망해서 스스로를 자책, 자학하게 되는 거예요.

자책감

언제부터인지 난 성에 대해 관심이 많았던 것 같다. 남들이 흔히 말하는 자위행위도 난 해보았다. 아주 꽤 오래 전부터였던 것 같다. 그게 자위행위란 걸 알게된 건 고1 때 애들이 말하는 걸 듣고 난 후였다. 그때 난 나도 모르는 이상한 기분을 느끼게 되었다. 난 당시 가끔가다 남녀의 야한 성행위 장면을 떠올리며 그것을 하곤 했다. 그냥 기분이 좋고 흥분되고 온몸에 전율이 흐르고 그런 느낌이 좋았다. 그게 자위행위란 걸 알게 된 후에도 가끔 하곤 했다. 난 그게 남들이 생각하는 그런 나쁜 것이라 생각하진 않았다. 하지만 자위행위가 어떤 건지 알게 될수록 점점 불안해져 갔다. 친구들이 자위행위에 대해 키득키득 웃고 있을 때 난 그냥 옆에서 가만히 듣고 있을 따름이었다. 거긴 내가 낄 자리가 없었기 때문이었다.

난 어느 샌가 자책감에 빠지게 되었다. 내가 그런 것을 남들이 안다면 날 어떻게 생각할까 하는 남들의 시선이 두려웠던 것이었다. 사실 남들의 시선은 그리 중요한 게 아니었다. 중요한 건 내 자신이었다. 어떻게든 이겨내고 싶었다. 이 글을 통해서 난 자위행위를 한다는 걸 밝혔다. 전에 난 스스로 알면서도 그것 자체를 부정해 왔다. 하지만 지금은 인정하고 있다. 그리고 지금은 그것을 될 수 있음 피하려고 노력하고 있다.

수치스럽지 않다

난 이런 행동이 별로 수치스럽다 생각지 않는다. 그 행동은 바로 자위행위이다. 이것을 언제부터 시작했나는 알 수 없다. 가끔 포르노라는 것을 보면 충동이 일어난다. 난 옷을 입은 상태로 비비곤 했다. 가끔 자위행위에 대한 아이들의 이야기를 들으면 더럽고, 그것을 한 자신도 부끄럽게 생각하고 있었다. 그러나 나는 좀 다르다. 자위행위는 다른 아이들보다 좀더 성적 충동을 적극적으로 해결하는 거라고 말이다.

나는 자주 하지는 않는다. 1년에 2 - 3번 정도이다. 전에는 좀 자주 했던 것 같다. 그러나, 나는 가급적 그것을 하지 않는다. 이제는 거의 하지 않는다. 별로 좋지도 않기 때문이다. 만약 자위행위를 하는 사람이 있다면 후회할 마음이 든다면 하지 않는 것이 더 좋다고 말하고 싶다. 후회하며 자신을 비하시키는 것은 좋지 않다고 생각된다.

자위에 대한 이러저러한 얘기는 위에서 할 만큼 했고 하니… 이제 그만 얘기를 접도록 하죠.

마지막으로, 이젠, 여러분들이 자기 생각을 세우는 게 중요하다고 봐요. 자위 자체는 물론 나쁜 게 아니에요. 그치만, 여러분이 그거에 대해 죄책감을 느낀다면… 죄책감이란 거 별로 기분 좋은 감정이 아니죠. 자위란 걸 그만두거나, 줄이거나 할 수 있어야겠고… 자위란 게 수치스럽거나 나쁜 게 아니란 걸 알았다면… 그런 경우라도 거기 '중독'되지 않고, 자유로울 수 있어야겠죠. 그래요, 어떤 방향이든 좋거든요, 여러분이 원하는 방향을 택하구요, 그 방향을 택했다면… 이 젠 밀구 나가봐요. 자기가 원하는 대로 하는 거예요.

가장 나쁜 건… '이건 아닌데' 하고 후회하면서 질질 끌려가는 거 죠. 자신을 비하하면서요… 부디, 그러진 말아요. 그럼, 정말 슬퍼질 거예요.

4 · 이번 얘깃거리는… 게~임~!

담배로 하는 게임, 제로 게임

중학교 때 나는 소위 '나쁜 애들'이라 불리는 애들과 어울려 다녔다. 담배 피고 술 마시고 처음에는 이 정도인 줄 알았다. 중3이 되어 우리는 남자를 만나러 신촌으로 갔다. 처음에는 그냥 노래방엘 가서 노래를 부르다 해가 좀 지려고 하자 우리는 호프집엘 갔다. 어리다는 이유로 빤찌(쫓겨남)를 먹었다. 그래서 우리는 좀더 골목에 있는 한 소주방엘 갔다. 그곳 주인아줌마는 우리를 반갑게 맞이해 주시며 소파가 있는 테이블로 안내를 해주셨다. 그 테이블은 대나무로 된 발로 사방이 막혀 있었다. 소주를 시키고 몇 잔을 돌려 마셨다.

그때 한 남자애가 심심하다면서 게임을 하자고 하였다. 그러더니 담배 한 개비를 꺼내 불을 붙인 후 이걸 돌려가며 피고 재를 떨어뜨리는 사람이 마음에 드는 남자랑 키스를 하자는 것이었다. 나는 담배를 피우지 못해 게임을 하지 않았다. 나는 정말 애들이든 어른이든 실제로 키스하는 모습을 그렇게 가까이서 본 건 처음이었다. 시간을 재며 *10분 20분* 이렇게 늘려가며 계속했다. 그런데 키스를 하던 남자 애가 여자 애 스커트 속으로 손을 넣고는 그 안에서 막 움직이더니 손을 다시 웃옷 속으로 넣고는 가슴을 막 만졌다. 나에게는 정말 엄청난 충격이었다. 나도 키스 정도는 해볼까 하는 생각이 들 정도로 너무너무 애들이 하루종일 키스랑 몸만 서로 만졌다.

그 다음에 '담배로 하는 게임'을 그만 한 후 '제로'라는 게임을 했다. 이것 역시 마찬가지다. 술래인 사람이 손가락을 들거나 안 들고 손을 옆으로 하는 등 4가지 중 한 가지를 고르면서 키스, 뽀뽀, 반콩, 콩이라는 4가지를 선택해 하는 것이다. 나는 아직 키스 경험이 한 번도 없어서 뽀뽀에만 계속 들었고 걸려도 하지 않았다. 하지만 나랑 가장 친한 여자애도 경험이 전혀 없었는데도 키스를 하고 반콩드 계속했다. 그날 밤 나는 정말 속이 너무 상했다. 내 친한 친구가 그렇게 된 것이.

게임들─나에겐 새롭고 재미있는 놀이였다

중학교에 입학하고, 어느 날 선배들이 '모게임'을 알려 주었다. 대표를 뽑아 남녀 쌍쌍으로 홀짝 번호를 대표 몰래 정한 후 그 대표가 홀수 하나 짝수 하나를 부르면 걸린 사람들끼리 나와 키스를 하는 것이었다. 솔직히 할 자신은 없었지만 호기심에 빈 집에 모인 애들에게 "우리 모게임하자"고 권했다. 주위 아이들은 그래도 싫다고는 안하고 괜히 웃었다. 그래서 우리는 대표를 뽑아 그 게임을 진행시 켰다. 처음 내 차례가 되었을 때… 참 떨렸다. 키스법은 이론은 빵빵했지만 실전 이 없었다. 그래도 자신을 갖고 나는 열심히 혀를 굴려 보았다. 10초라는 정해진 시간 안에 몇 번의 혀가 오가고 침이 교환되고… 그밖에 별다른 느낌은 없었다. 그때가 중1에서 중2 사이였다.

중2가 되어 그래도 좀 크자 우리는 '만지기 놀이'를 했다. 가위 바위 보를 해 서 여자는 남자의 페니스를 남자는 우리의 가슴을 만지기였다. 가위는 5번, 바위는 20번, 보는 10번이었다. 그 게임을 하고 나면 남자 아이들 페니스는 딱딱한 빗자루로 되었고 여자 애들은 "짝가슴 됐어"라며 웃곤 했다. 그밖에 '고스톱 쳐서 옷 벗기 게임'도 있었다. 이러한 게임들은 우리의 모교에 꾸준히 전수되고 있다는 소문이 있다. 그런 경험들은 나에겐 모두 새롭고 재미있는 놀이였다. 그리고 어른들이 하는 행위는 빨리 크기를 바라는 우리에겐 자신감마저 주었다.

① 이런 게임 해본 사람… ② 한두 번 해본 사람… ③ 들어본 적은 있지만 해본 적 없는 사람… ④ 듣도 보도 못했던 사람…

솔직히, 난… ④번… 여러분은? 몇 번? 혹시 ①번이나 ②번에 속한다면… 한번 말해 볼래요. 이거, 하면… 재미있어요? 또 한번… 솔직히… 음, 난 조금쯤은 재미있을 거 같단 생각이 들어요. 남들 다 보는 앞에서, 글구, 자기가 좋아하는 사람하고 하는 게 아니라… 좀 덜 설레겠지만… 조금쯤은 키스해 보고 싶은 마음이 있었다면… 이런 기회에 '게임'이라는 형식을 빌어 그 호기심을 해결해 볼 수 있지 않을까… 하는 생각이 들거든요.

어때요? 조금쯤은 여러분도 유혹(?)을 느끼지 않나요? 이렇게 다 같이 하는 게임이란 형식으로 하게 되면… 별로 쪽팔려 하지 않고, 약간은 강제적인 힘을 이용해서 해볼 수 있을 테니깐.

그치만요, 이건 넘 유치해~‥요. 이걸 보니까, 왜, 갓 결혼식을 마친 신혼부부들한테 친구들이 피로연에서 온갖 야하고 저질스러운 게임을 시키잖아요. 그게 생각나걸랑요. 날계란 노른자를 신랑 입에서 신부 입으로, 노른자가 깨지지 않게 왔다갔다하게 시키거나, 신부 옷 속에 아주 찾기 힘든, 작은 걸 집어넣고, 신랑이 더듬어서 찾아내게 하는 거… 뭐 그런 것들이요. 뭐, 더 지저분하고… 야한(?) 아이템들이 있는 걸루 알지만… 여기서 그걸 굳이 다 설명할 필요는 없겠죠.

그런 거 보고 있음… 그걸 시키는 친구들이나, 그걸 하고 있는 신랑 신부나 진짜루 한심하고 유치해 보이거든요. 그 친구들 보면… 진짜 야한 거… 섹시한 거에 굶주린 사람들인 거 같애요. 사실은 자기들이 해보고 싶은데, 게임이란 형식을 빌어서 신랑 신부가 하는 걸 보고 거기서 대리 만족을 얻는 거 같거든요.

좀 다른 경우긴 하지만, 위에서 본, 뭐, 무슨 게임이요? 모게임? 제로 게임이요. 이런 게임들도 결국 마찬가지 아닐까요? 해보고 싶은 마음은 있었는데, 한편으론 하면 안된다는 생각이 머리에 꽉 잡혀 있지, 그걸 깰 용기는 없지, 상대도 없지… 그러니까 궁여지책으로… 하게 되는 거 아니에요?

글구, 자위행위할 때랑은 다른 게… 이런 게임을 통해서 친구들이랑 키스하거나 애무하거나 하면… 죄책감이 덜한 거 같거든요. 어때요? 만약 그렇다치면요, 그건 이런 게임을 했던 친구들이 좀 까진 친구들이거나, 막 나가고 있기 때문이라기보담은, 이 게임이란 방법의 특징인 거 같거든요. 근까, 게임으로… 놀이로 하는 거니까 일단 부담감이 덜 생기구요, 또, 다른 친구들이랑 다 같이 하는 거니까… 별로 나쁜 거 같은 생각도 안 들고, 걸려서 키스하고 애무하고 그런 거는… 자기 의지나 자기 생각에 의한 게 아니라, 걸려서 어쩔 수 없이 그렇게 된 거다 치면… 전적으로 자기 책임이거나 자기 탓인 게 아니니까… 좀더 맘이 편해지고 대담해질 수 있게 되는 거죠. 대중 심리에 편승한다고 할까… 그런 거죠.

이런 거… 좀 재미있을 수야 있겠죠. 그치만… 좀 비겁하단 생각

안 들어요? 자기 혼자서는 할 용기가, 책임질 용기가 없으니까. 이런 분위기를 만들어서 '남들 다 하는데… 어때…' 하고 그냥 따라가는 것 아니냐고요? 자기 생각을, 자기가 원하는 바를 상대방에게 솔직하게 얘기하고 상대방의 동의를 얻을 용기가 없는 거 아니에요? 그렇게 솔직히 서로에게 원하는 바를 얘기하고 서로를 배려할 수 있는, 따뜻하고 진실된 관계를 만들 줄도 모르는 거구… 말예요.

글구, 게임으로 하다 보면, 자기가 별로 맘에 안 드는 애하고도… 해야 되잖아요. 내가 좋아하는 애만 걸리란 법도 없고… 나 같으면 그런 거 너무 싫을 거 같은데… 으~, 얼굴만 봐도 소름끼치게 싫은 애랑 이런 걸 해야 된다면… 생각만 해도 끔찍한대요. 그런 걸 어떻게 참고 견디죠? 키스만 할 수 있다면… Everybody O.K.인가요? 으~, 난 싫은데요. 차라리 안하고 말겠어요… 차라리… 내가 맘에 드는 애랑… 참한 분위기에서… 서로 맘이 통해서 할 수 있을 때까지… 기둘리겠어요.

5 · 「야반가성」: 순결의 문제(나, 여기선 반말로 썼닭!)

여러분들 꼭 야한 거 아니라도 비디오 많이 보죠? 여기서는요, 여러분이 쉽게 볼 수 있을 만한 비디오 한 편을 갖고, 그 안에 들어가 있는 순결에 관한 얘기를 해보려고 해요. 그냥 우리가 평소에 재미로 보는 비디오두요, 이렇게 생각해 가면서 볼 수 있단 걸 얘기하구 싶었구요. 특히 성이란 문제에서두 이런 걸 좀 생각하면서 봄 어떨까 해서요.

단원: 「야반가성」*

1. 장르 : 멜로 영화, 일종의 액자 소설
2. 시대적 배경 : 1920 - 30년대
3. 공간적 배경 : 중국

4. 등장 인물 :

송단평(장국영) : 모든 여성들의 사랑을 한 몸에 받는 오페라단의 일류 가수 겸 배우다.

유엔(오천련) : 대지주의 딸로서 송단평과 사랑하는 사이다.

위청(황뢰) : 북경 한 가극단의 단원으로, 과거 송단평이 공연했던 오페라 하우스에서 송단평을 만나, 그와 유엔의 슬픈 사랑 얘기를 듣고, 송단평을 대신해 유엔을 향한 사랑의 노래를 불러준다.

5. 줄거리 : 1920년대 오페라 가수 송단평과 대지주의 딸 유엔은 사랑하는 사이다. 그러나 유엔의 부모는 유엔을 돈 많은 재력가의 아들과 정략 결혼시키려 한다. 사정이 급박해지자 유엔은 송단평과 도망치려고 하나 발각되어 잡히고, 송단평의 오페라 하우스는 누군가 지른 불로 화염에 휩싸이게 된다. 결국, 유엔은 억지로 결혼을 하게 되고, 그녀의 남편이 된 재력가의 아들은 탐욕스럽고 잔인하며 다소 멍청한 인물로, 유엔이 처녀가 아님을 알고 그녀에게 폭력을 휘두른 후, 그녀를 내쫓는다. 유엔의 부모는 이를 창피하게 여겨 짐을 싸서 그 지방을 떠나면서 그녀를 내버리고 간다. 결국, 모두에게서 버림받은 유엔은 미치고, 이미 폐허가 된 오페라 극장 주위를 배회한다.

  그렇게 세월이 흘러, 1936년 북경의 한 가극단이 이 오페라 하우스를 다시 꾸며 공연을 하려 하고, 이 극단 단원인 위청은, 화상으로 인해 얼굴이 완전히 일그러져 버린 송단평을 만나게 된다. 그는 이 오페라 하우스 안에 숨어 살면서, 유엔을 위한 노래들을 작곡해 왔던 것. 그의 부탁을 받은 위청은 이 노래를 대신 불러주고, 그 노래를 들은 유엔은 위청을 송단평으로 착각하여 위청을 따라다닌다.

유엔이 위청을 따라다니는 모습을 본, 과거의 재력가의 아들 - 그는 이제 그 지역 고위직에 올라 있다 - 은, 거리에서 사람들이 모두 보는 앞에서 그녀에게 다시 폭력을 휘두르고, 그 가극단의 공연을 제지하려 한다.

그러나, 그가 공연을 저지하려, 그 오페라 하우스에 나타나는 순간, 송단평이 나타나 그의 죄목(옛날에 극장에 불 지르고 송단평을 죽이려고 했던 게 누구겠어?)을 고발하고, 유엔은 다시 제정신으로 돌아와, 흉칙해진 자신의 얼굴 때문에 그때까지 그녀의 앞에 나타나지 않았던, 송단평과의 사랑을 되찾는다는 얘기.

6. 특징 : 1936년이라는 시점에서, 위청이라는 제3자의 시선을 통혜, 과거 얘기들의 실마리를 맞춰 가는 식의 이야기 구조와 장국영이 부르는 아름다운 사랑의 아리아가 들어줄 만하다. '오페라의 유령'과 '로기오와 줄리엣'에서 중요 모티브를 빌려 왔다.

7. 연구 과제 : 1920년대, 중국에서의 여성의 순결이라는 문제와 1990년대, 그리고 앞으로의 2000년대, 우리 사회에서 여성의 순결과 성의 개방이라는 문제에 대해 고찰해 본다.

* 이 영화는 1996년에 우리나라에서 개봉했고, 비디오로 출시되어 있습니다.

그앤 이런 얘기를 했어…

요 근래에 본 「야반가성」은 가족의 반대로 사랑하는 두 남녀가 헤어지게 되는데 끝내 여자는 미치고 남자는 자신의 일을 포기하게 된다. 그렇지만 운명도 그들을 갈라놓지 못한 채 끝이 난다. 이 비디오에서 주인공 여자의 지키지 못한 정절이 나타난다. 한 남자를 사랑하기에 그에게 자신이 갖고 있는 모든 것을 주고 싶다, 하지만 정절을 못 지킨 행위는 바람직하지 못하다고 여겨진다. 사랑하기에 하는 성행위는 사회적으로 허용 한도 내에서 이루어져야 한다고 생각한다. 성행위는 순결하고 고귀하기 때문이다.

이 얘길 듣고, 비디오를 빌려서 다시 봤어…

지난번에 봤을 땐, 그저 국영이 오빠가 넘 멋있구, 파란 색 색조의 화면들이 무지 멋지다구 생각했고, 걘, 못된 애 있잖아, 걘 너무 멍청하구, 혐오스럽구, 잔인하다구… 생각했어. 근데, 이 얘길 듣고 다시 봤거든. '순결'이란 문제를 생각하면서… 그랬더니… 넘 무서웠어….

내 첫번째 느낌 : 무서워…

세 군데 장면에서 진짜루 겁이 났었어…
하나는, 두운연(오천련)이랑 그 멍청한 애(극중에 얘 이름이 나오는지두 잘 모르겠어…)가 첫날밤에… 두운연은 넋나간 표정으로 모든 걸 포기한 채 죽은 듯이 누워 있구, 그 멍청한 애가 혼자서 성기 운동을 하는 거 같더니… 피가 안 묻어나오니까, "나쁜 년, 죽어라." 하면서 두운연을 마구 때리잖아… 일부러 더 무섭고 끔찍해 보이게 찍은 거겠지만… 진짜루… 무섭드라….

그리구, 또 하나는 그 멍청한 애 아버지가 두운연의 부모에게 와서 혼인을 무효로 하자고 한 다음에, 걔네 아버지, 어머니가 두운연만 남겨 두고 그 지방을 떠날 때, 두운연을 두고 가는 걸 못내 애처로워 하는 어머니한테, 두운연의 아버지가 이러잖아… "돌아볼 것 없어. 우리에겐 저런 딸 없어…." 그 장면에서 부모에게서도 버림받아야 한다는 게 무지 슬펐거든… 글구, 한편으로는 겁났어… 저렇게 돋, 가장 가까운 사람들(부모, 형제, 자매, 친척들)도 인연을 끊어 버리고 날 버릴지도 모르는구나…해서…말야….

마지막으루… 아마 이때가 가장 무섭구, 외롭구, 버림받는다는 느낌이었던 거 같은데… 두운연이 시내에 나가서 화장품 가게에서 립스틱을 고르구, 길에 나와서 송단평을 계속 부르잖아. 그때, 인게 좀 늙은, 그 멍청한 애가 나타나서, 두운연을 길거리에서 마구 때리면서 "이 년은 미친년을 위장한 창녀야… 송단평과 놀아나면서 순결을 잃었어…"라고 고함을 치구, 그 주위엔 그렇게 많은 사람들이 있는데도, 쳐다만 보고… 아무도 도와주지 않잖아. 이 장면도 섬뜩하더라… 그 멍청한 애가 무섭기도 했겠지만, 그때 다른 마을 사람들, '저 여자는 순결을 못 지킨 여자니까, 남편한테 맞아도 싸…' 이렇게 생각하고 있는 듯한… 그걸 인정하는 듯한 분위기….

그래서, 그애가 왜 그런 얘기를 했는지, 왜 그런 생각이 들었는지 이해가 됐어…

그애는 정절을 지키지 못한 행위가 바람직하지 못한 거 같다고 했고, 사랑하기에 이루어지는 성행위는 사회의 허용 한도 내에서 이루어져야 한다고 했었어… 그래, 이 비디오에서 봄, 두운연은 순결을 지키지 않았다는 이유로, 직접적이고 원초적인 폭력에 바로 노출되지, 부모에게 버림받지… 이건, 자신이 갖고 있던 사회적인 관계, 인간적인 관계들이 모두 파괴되어 버린다는 거지… 그리고, 마을 사람들 모두 두운연이 잘못했고, 그렇게 당해도 싸다고 생각하는 거… 이건, 사회적인 규범을 어겼기 때문에 사회적으로 처벌받고, 또, 완전히 소외되는 거라고 할 수 있잖아.

누구도 자기가 그렇게 되길, 그렇게 살길 바라진 않을 거란 생각이 들었어. 넘 끔찍하잖아… 그러니까 이 비디오의 진짜 주제는 '누구도 갈라놓을 수 없는 아름다운 사랑'이지만, '순결'이란 문제를 놓고 보면, 꼭 이렇게 '협박'하고 있는 거 같아… "조심해! 순결을 안 지키면, 너도 저렇게 되는 거야! 나중에 후회하지 말고 내 말 명심해!"

그래도, 난 그렇게 겁이 났던 가슴을, 안도의 한숨을 내쉬며 쓸어내릴 수 있었다, 왜냐? 이건 옛날 얘기잖아… 아마, 1930년대인가, 40년대인가를 배경으로 했을 걸… 지금은… 바야흐로, 21세기를 목전에 두고 있는 90년대 말이고 말이야.

왜 열 받았냐 하면… 아직도 이런 걸로 이렇게 치사한 위협을 해대고 있다는 거… 그거 꽴에 화났어.

그래, 어쩜 1930년대쯤이면 홍콩(이 영화 배경이잖아)이나, 우리나라나 대부분의 사람들이 순결에 대해서, 그것도 특히 '여자의 순결'에 대해서, 이 영화에서 보여준 것 같은 그런 생각들을 가지고 있었는지도 모르겠어… 나, 그땐 안 살아 봐서… 확실한 건 모르겠구, 지금은… 우린 여기 이 시대에 살구 있으니까, 지금 현재 '우리' 시대에 대해서 말해 보자구.

지금은 많은 사람들이 옛날처럼은 생각 안하는 거 같구, 특히, 젊은 사람들 생각은 무지 다르다고 하잖아…왜, 종종 10대나 20대의 성가치관… 이런 거에 대한 여론 조사에서 보면, 대다수가 '혼전 성관계 가능하다'고 답했다고 하고… 그 결과를 놓고 10대, 20대는 '성개방적인 사고방식을 갖고 있다'고 신문이나, 잡지 같은 데 종종 나오잖아.

시대가 바뀌고, 사람들의 삶의 양식이 바뀌고, 성에 대한 생각이 바뀌고… 이런 거 사실… 당연하다고 생각되는데… 이런 기사들이 애써 흥분해서 열 올리고 있는 거 보면… 어떨 땐 그게 더 답답하게 느껴져… 그렇게 흥분해서 다루고 또 한편으론 일부러 자극적으로 말하잖아… 그렇게 바뀌면 안되는데… 마치 나쁜 방향으로 바뀌고 있는 것처럼 말야.

어쨌든… 이제 사람들 생각이 많이 바뀌었고, 바뀌고 있는 건 사실이구… 근데, 이런 기사들에서 더 유심히 봐야 될 건 뭐냐 하면… '왜

혼전 순결을 지켜야 하냐?'는 질문에 어떻게들 답하고 있는가 하는 거야… 또, 자기가 굳이 순결을 지켜야 할 필요가 없다고 생각할 때와 자기는 꼭 순결을 지켜야 한다고 생각할 때, 자기와 결혼할 사람의 순결에 관해 어떤 태도를 갖고 있느냐 하는 걸 찬찬히 훑어보는 거야. 연령별로, 성별로 어떻게 대답했나도 유심히 봐야 되고….

옛날에 비해, 남자와 여자의 차이가 많이 줄어들었을 거고, 자기는 순결하지 못하면서, 여자만이 순결하기를 바라는 남자들의 이기적인 태도들도 많이 사라졌을 거구… 아직두 아주 없어지진 않았지만….

특히 중요한 건, 순결에 대한 사람들의 태도가 변화했다는 걸 보는 게 아니라, 옛날에 비해 순결에 대한 사람들의 태도가 다양해졌고, 자신의 태도에 대한 합리적인 생각과 일관된 가치관을 가지고 있다는 거… 이걸 보는 거야.

옛날엔 '무조건 안된다'고, 왜 그러냐 하면 '당연히 그러는 걸로 알고 있다'였지만… 지금은, '지키고 싶다', 또는 '지킬 필요가 없다고 생각한다'이고, 왜 그러냐 하면 '종교적인 이유로', '결혼하는 사람과 가장 소중한 것을 나누고 싶어서'이거나, '결혼과 상관없이 사랑하는 사람과 할 수 있다고 생각하기 때문' 등등의 여러 가지 '개인적인' 대답들이 나오거든….

이젠, 순결에 대한 태도나 성에 대한 생각들이 누군가에 의해 일방적으로 주어지지도 않고, 주어질 수도 없다는 걸 보여 주는 거고, 자기 스스로 생각하고 고민하고… 만들어 가야 하는 때인 거지.

옛날 한국 영화나 드라마들… 본 적 있어?

「야반가성」을 보니까, 옛날 한국 영화들이나 드라마들이 금세 떠오르더라… 지금도 이런 얘기들이 있나 모르겠는데, 옛날 멜로 영화나 드라마들은… 여자의 순결 문제를 얘기의 주된 테마로 많이 다뤘지… 순결을 잃은(??? ; 옛날 식 표현을 그냥 써봤어… 웃기지? 옛날 얘기들 설명하려니깐, 자동적으로 이런 표현들이 따라오네…) 여자가 그걸 숨기다가 들킨다든지… 순결을 뺏은(???) 남자한테 버림(???)을 받아서 불행하게 된다든지…하는 거… 거의「야반가성」수준의 순결 문제로 한 여자의 일생이 완전히 불행해져 버리는 얘기들… 그래, 그걸 보면서… 어린 나이에도, 꽤나 불안했던 거 같애… 혹시나 나도 저렇게 되면 어쩌나 해서….

그리고, 지금도 왠지… 그게 공공연하게 말해지지는 않지만 무언의 압력으로, 무언의 협박으로 남아 있는 게 느껴져. 어른들, 나이 많은 사람들이 가끔 한마디씩 툭툭 던질 때 보면 말야… "여자는 유리니까, 깨지지 않도록 항상 아주 조심해서 다뤄져야 한다"든지, "돈단속 잘해야지, 안 그러면 여자만 손해 본다" 그런 말 들을 때면, 화가 나… 화가 난다는 건, 그 말을 듣고 어떤 두려움 같은 게 느껴지고, 내가 두려움을 느끼고 있다는 자체가 불쾌해지기 땜에… 그런 거지… 내 잠재의식 속에, 정말 그럴지도 모른다는 두려움이 살아 있기 때문일 거야.

현실은… 어떤 걸까?

그런 두려움 느껴본 적 있어?… 좀 덜할지도 모르겠어… 이런 느낌… 아무래도 난 쪼끔 더 오래된 시대에서 자랐고, 또 쫌더 오래된 사람들 속에서 살고 있으니까… 그치만, 한 중학교 때부턴가… 성에 대해 생각할 때, '뭐, 사랑하면 할 수 있는 거 아냐?' 이런 생각을 줄곧 갖고 있었어. 근데, 그런 생각 저 너머엔, 아까 말했던 그런 두려움들 역시 아주 강하고 무겁게 내 의식, 무의식 속에 자리 잡고 있었던 거야.

그리고, 현실… 내가 보고 싶지 않아도, 내 눈에 자꾸 보이는, 내 귀에 자꾸 들리는 얘기들 – 소설, 드라마, 영화, 스캔들, 어른들이 이러쿵저러쿵 하면서 쑥덕거리는 딴 사람들 얘기 – 이 영 사람을 불안하게 하구… 임신, 낙태에 대한 얘기들, '누가 누구 애를 가졌다더라', '누가 애를 뗐다더라'… '옛날에 남자 있던 게 들통나서 남편한테 맞고 산다더라', '시집에서 쫓겨났다더라' 등등의 얘기들… 현실이란 건… 바로 이런 걸까?

만약 현실이 그렇다치면…

만약 현실이 이렇다면 우린 꽤나 '나쁜' 현실 속에 살고 있는 거야… 왜냐면, 이건, 여자에게만 일방적으로 성적인 무지와 무경험을 강요하는 성차별이고… 음, 여자든, 남자든, 사람은 누구나 자기의 성에 대한 나름의 태도와 가치관을 가질 권리가 있고, 자기가 갖고 있는 성적 가치관에 따라 행동할 수 있는 자유가… 있다고 생각하거든….

왠지 사회 교과서 같은 데서 많이 보던 말 같지? 맞어! '성적 자기 결정권'도 인간의 기본권에 들어가야 될 것 같지 않어? 근데, 여자한테만 이런 권리를 인정하지 않으려는 거… 이건… 남성이 성적으로 여성을 지배하려고 하는 거라고 볼 수 있지.

성적인 무지에 대한 것도 그래… '아는 것이 힘이다'란 말 있잖아… 남자만 알고, 여자는 모르고, 그럼, 누가 더 힘이 세지겠어?(물론, 사회적인 힘을 말하는 거야) 그리고, 알면… 스스로 여러 가지 가능성들을 예측해 볼 수 있고, 자기가 원하는 방향으로 가려면 어떻게 해야 할까를 생각해 볼 수 있잖어… 자율적으로 행동할 수 있는 가능성이 높아진다는 얘기지… 근데, 남자는 너무 아는데, 여자는 전혀 몰라… 그렇게 됨… 남자만 성적인 행동에 대한 자율권을 갖는 게 가능할 거구, 아울러 여자의 성적 행동에 대한 통제력까지 갖게 되는 거 아닐까?

음음, 그럼 남자도 결혼 전까지 순결을 지키면…되는 거 아니냐구?

단순하게 생각해 보면… 그럴 수도 있지… 남자는 순결을 안 지켜도 되고, 여자는 순결을 지켜야만 하는 게 불공평하다면, 그럼 양쪽 다 지키면 되지 않나? 하고 말이야….

근데, 그건 말야, 결론적으로 말해, 남자는 안 지켜도 되고, 여자는 지켜야만 한다고 할 때와 별로 다르지 않게 된다… 왜냐면 '남자는… 되고, 여자는… 안된다'의 또 다른 나쁜 점은… 하나의 성적인 태도를 모든 사람들에게 강요(?)하고 있다는 거거든… 그 사람들이 어떻게 생각하건, 어떻게 느끼건 간에 똑같이 행동하도록 일방적으로 강요하고… '말 안 들으면 때려! 시키는 대로 해!' 하는 자세를 취하고 있걸랑… 이것도 꽤나 '나쁜' 거 아닐까?

근데, '남자, 여자 모두 지켜야 한다'고 해도, 그런 문제가 상기잖어… 그런 건 누구에게 강요하거나 강권할 수 없는 문제인데 말야…
여자가 그걸 강요당한다구, 남자에게도 그걸 강요할 순 없잖아… 이
럼 어떨까? 그런 문제쯤은 각자의 생각과 책임에 맡기면… 대신, 그
사람이 남자인가, 여자인가 하는 거 땜에 차별을 두진 말구.

그럼, 순결은 별 거 아니냐구?

생각하기에 따라, 중요한 거일 수도 있구… 아닐 수도 있구… 내
대답이 다소 맥 빠져 보일진 몰라두… 이런 문제엔… 정답이 없어…
그건, 니가 더 잘 알잖아?

음, 가끔 보면, 정신적 순결과 육체적 순결을 구분해서… 정신적
순결이 육체적 순결보다 더 중요하지 않냐고 하는데… 그렇게 정신
적 순결과 육체적 순결을 구분지어서, 정신적으로라도 꼭 순결해야
한다고 말할 필요가 있을까? 그건 순결에 대한 일종의 보상 심리이
거나, 육체적 순결을 안 지켜도 된다는 걸… 실제로는 순결에 대한
콤플렉스를 버리지 못하면서… 정당화하는 거처럼 느껴져.

정신적 순결이란 건… 뭐다? 혹, 정신적으로는 한 사람만 사랑한
다거나, 다른 사람과의 육체적 관계를 꿈꾸지 않는다거나… 뭐, 그런
거야? 음, 뭔 말인지도 잘 모르겠지만… 그럼, 정신적인 순결을 지키
려면… 그 전에는 딴 사람은 전혀 사랑하지 않아야 되거나… 평생 한
사람만 사랑해야 하는 거야? 혹시… 그럼… 이게 더 힘든 거네… 난
솔직히 평생 한 사람만 사랑하고 그런 건 자신 없는데… 벌써 좋아하
는 사람이 몇 번 바뀌었는데… 그럼… 안되는 거야? 정신적으로 순결

하려면… 하하, 이제 나 어쩌면 좋~지? 하하하하….

　정답은 없어… 하지만, 너 자신을 믿고 사랑할 수 있었으면… 마음을 열고 사람들과 얘기할 수 있었으면… 그럼 좋겠어…

　우린, '좋은' 현실과 '나쁜' 현실… 두 곳을 다 살고 있다고 해두 될 거야… '좋은' 현실은 조금씩 세상이 바뀌고 있다는 거… 적어두, 「야반가성」 때보다는 훨 좋아졌다는 거… 글구, 우리들, 젊은 사람들의 생각이 많이 달라졌구, 우리는 이 젊은 사람들이랑 살 시간이 ㄷ 많을 거구, 나이 드신 분들도 조금씩은 이런 변화를 받아들이고 있다는 거… 좀더 개방적이고, 자유롭고, 다양하고, 합리적이 되어 가는 거… 성에 대해, 사회적으로 뭔가를 일방적으로 강요해야 한다고는 덜 생각하는 거… 이런 거구….
　'나쁜' 현실은 앞에서 얘기한 것들… 지난 시대의 유물인데… 아직도 우리 마음속에 무시무시한 괴물로 살아남아서 우리를 겁먹고 주눅들게 하는 것들… 그리고, 자기가 갖고 있는 성에 대한 태도, 생각만 옳다고 생각하고, 그걸 다른 사람에게 강요하려고 하는 사람들… 그래서 아직 많은 갈등이 있고, 고민이 있고, 때론 상처 입을 수도 있다는 거….

성에 관해 생각할 때(특히 '순결'에 대해 생각할 때) 내가 권하고 싶은 건…
　1. 현명해질 것(약아지라는 건 아니야…)

2. 현실의 관계를 분명하게 알 것

3. 마음을 열고…

4. 한번쯤은 진지하게 생각할 것

5. 자기 생각을 분명하게 말하고…

6. 다른 사람의 생각도 귀기울여 들을 것

7. 가능한 합리적인 태도를 취할 것

8. 자기가 원하는가 원하지 않는가를 기준으로 할 것

9. 조금 상처받더라도, 툭 털고 일어날 것(별거 아니니까…)

10. 자신의 생각과 느낌을 존중하고 자신을 사랑할 것… (성, 혹은 섹스가 니 인생의 전부는 아니니까, 그거 때문에 너무 상처받을 필요도, 너무 거기에 빠져들 필요도 없는 거 아닐까?)

이런 거야… 후후, 쓰고 나니 약간 부끄러워…

진짜루, 꼭, 하고 싶은 말이었나봐…

(* 뒤에 네 번째 장은 사실 위에 쓴 이런 얘기들을 더 하고 싶어서 쓴 거야. 꼭 순결에 관한 문제가 아니더라도, 실제로 네가 남자 친구랑 사귈 때 어떤 일을 겪을 수 있는지, 그리고 어떻게 하면 좋을지에 대해 얘기하고 있거든. 지금 네가 남자 친구를 당장 사귈 생각이 없더라도, 미리 봐두고, 생각해 두면, 나중에 네게 도움이 될 거야. 그런 얘기들 꼭 들어보고 싶으면, 다음 장으로 계속 가 봐…)

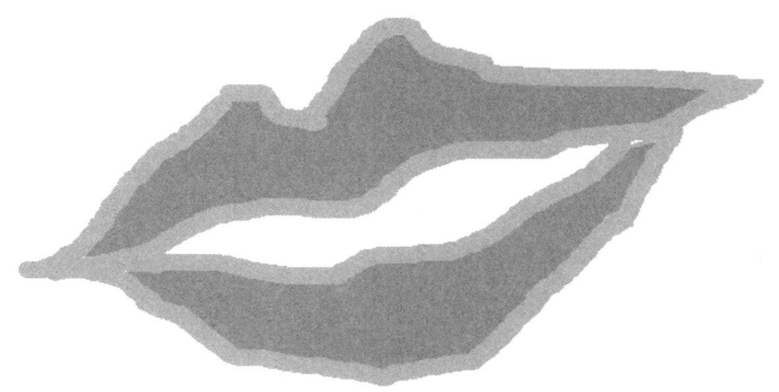

우리가 성에 관해 알고 싶은 것
그러나 하이틴 로맨스에도, 포르노에도,
나와 있지 않은 것

섹스란 건, 단지 남자의 성기가
여자의 성기에 들어가는 거,
그것뿐인 게 아니라, 거기에는,
여러 가지 심리적이고 사회적인 규칙이나
압력들이 같이 얽혀 있는 거라는 얘기요…
그래서 그런 게 뭔지 아는 게,
섹스할 때 체위는 어떻게 하고,
테크닉이 좋아야 되고… 어딜 애무하면 좋아하고…
이런 거보다 훨씬 중요하다구요…
섹스가 두 사람 사이의 관계나
자기 자신의 심리적, 정서적, 사회적 생활에
어떤 영향을 미칠 건지 아는 거요…
이게 진짜 '성에 대해 안다는 거'죠.

11 • 성에 관한 짧은 생각

성이란 뭐지? 뭘까?

성에 대한 정의를 내리기가 힘들어서 사전을 찾아보았더니,

성이란? 사람의 본바탕 / 남성 여성 중성을 구분하는 것 / 성욕의 준말 등이라고 나와 있었다.

나는 이제까지 성이란 것에 대한 편견을 가지고 살아온 것 같다. 단지 성욕에 대한 생각뿐으로 성이란 단지 영화에서 본 그런 것들, 예를 들면 키스, 남녀가 잠자리를 같이 하는 것이나 서로에 대해 궁금해 하는 것, 육체적 성 등…

이런 것들에 대해 궁금하기도 하고 진정으로 사랑하는 사람들의 사랑 표현이란 점에서 동경(?)하기도 했지만, 그 뒤에는 지저분하다든가 징그럽다는 생각이 많이 들었다. 내가 태어나게 된 과정에 대해서도 징그러웠고, 내가 커서 그렇게 할지도 모른다는 생각에 소름이 끼치기도 했다. 어휴~

또 다른 성에 대한 생각은~ 글쎄~ 남녀의 차이점이라고 해야 할까? 남녀의 신체적인 특성에 대한 생각이었다. 남녀를 결정짓는 요건들… 당연한 것들이라고 생각하면서도 말로 표현하기엔 부끄러웠고 당황스러웠다. 지금 이 글을 쓰면서도 쑥스러운 이유는 무엇일까? 체험한 것은 어떤 것이 있을까? 글쎄, 성은 사람 사물의

본바탕이라 했으니 난 성적 존재이겠지?

결혼한 아저씨, 아줌마들이 다 이상하게 보인다

고등학생이 되면서 알게 된 성관계에 대해 생각해 보면 징그럽기도 하고 아이들을 데리고 다니는 아줌마 아저씨들, 결혼한 모든 부부들을 보면 왠지 모르게 이상하게 보인다. 그리고 나도 언젠가는 살아가면서 어떤 사람과 누군지는 모르지만 하여튼 성관계를 맺게 될 생각을 하니 쑥스럽고 징그럽고 또 더러울 것 같다는 생각이 든다. 결론적으로 성은 종족 번식을 위해 없어서는 안될 것이기도 하고 또 다른 면에서는 그냥 서로의 쾌락을 위해 존재하는 것 같기도 하다.

성에 대한 나의 체험은… 나이도 나이니만큼 직접적인 체험보다는 비디오나 또는 서적, 학교에서의 교육, 주위에서 들은 얘기 등 간접 체험이 대부분이다. 먼저 요즈음 손쉽게 볼 수 있는 외설 비디오를 보면 여자와 남자가 침대에서 알몸으로 키스하고 하여튼 말로 표현하기는 쑥스러운 행동 등을 하며 침대를 누비며 다닌다. 이것도 체험이라면 체험이라고 생각한다. 또 남자 애들이 많이 가지고 오는 누드집을 보면 여자 남자의 신체를 자세하게 볼 수 있다.

성이란 무엇인가요???? 이런 질문… 으아~ 진짜 어려운 질문이네요. 나로서도. 근데, 솔직히, 우리가 관심을 갖는 건, 성의 어원이나 정의가 아니라 우리가 성에 대해 어떻게 느끼고 생각하는지, 왜 그렇게 생각하게 됐고, 또 어떻게 생각하면 좋은지… 그리고 그 생각들이 우리 행동에 어떤 영향을 미치는지, 어떤 행동을 하게 하고, 또 어떤 행동은 못하게 하는지… 왜 생각과 행동은 일치하지 않는지… 뭐 그런 것들이죠.

144 우리가 성에 관해 알고 싶은 것…

우리도 모르게 깊숙이 내재되어 있던 무의식이 어떤 특정한 관계나 행동에 직면하면 왜 갑자기 밖으로 나타나 버리고 마는 건지… 그런 것들이 우리에겐 더 중요한 거죠.

도대체 성이란 뭐죠? 뭘까~요?

성적 욕구? 성관계? 음, 내 생각엔 이래요. 쉽게 말해, 성적 느낌, 성적 욕구, 키스, 애무, 그리고 성관계를 포함해서 우리가 성에 대해 갖게 되는 태도, 의식, 행동 양식, 성과 관련된 사회적인 제도와 규칙들 등등까지 해서 성이란 아주 많은 것들을 포함하고 있는 거라그요.

글구, 어쨌든, 가장 우리 관심을 끄는 부분은 아마도 구체적인 성관계에 관한 것들이겠죠. 보통 우리가 섹스라고 하는 거요. 근데, 어떤 친구들은 이렇게 구체적인 성관계를 상상하면, 성이 뭔가 되게 부끄럽고 징그럽고 꺼림칙한 느낌으로 다가온대요. 특히 우리 엄마가? 우리 아빠랑? 그리고 앞으로는 나…도… 성관계를 가져야만 하다니… 으악 !!

근데, 왜 그렇게 징그러운 거죠, 성관계가? 왜 그렇게 느껴지는 걸까요?

난 고등학교 때 가사 선생님 말씀을 듣고 잘 이해가 안돼서 한참 생각해 볼 수밖에 없었거든요. 선생님 말씀이 여자 몸 아래쪽에는 구멍이 세 개가 있다는 거예요. 그리고 보다 위생적이기 위해서는, 대변을 본 후에 뒤쪽에서 앞쪽으로가 아니라, 앞쪽에서 뒤쪽으로 닦아야 한다는 거예요. 그렇지 않으면 나쁜 균이, 항문보다 조금 앞쪽에 있는 질이라는 중요한 구멍에 들어갈 수 있다구요.

난, 그 말을 듣구, 그게 뭔가, 도대체 그게 어디쯤인가 해서 한참 머리를 굴리지 않을 수가 없었는데요… 그게 고1 때였걸랑요… 몰라도 넘 몰랐죠? 여러분은 나보다 훨씬 빨리 이런 걸 알았길 바라구요. 진짜로 나보다 먼저 알 수 있었다면 그건 여러분들의 행운이라고 생각해요.

세상에, 생리를 시작한 지 몇 년이 지났는데도, 나는 그 피들이 어디에서 나오는 것인지, 질이라는 명칭에 대해서는 중학교 가정 시간에 이미 달달 외워서 시험도 봤는데, 그런데도, 정작 내 몸에서는 그게 어디 있는 것인지, 어떻게 생긴 것인지, 그게 오줌이 나오는 데와는 다른 데라는 것도… 몰랐던 거예요.

내가 몰랐던 것처럼 아직도 잘 모르겠는 사람들이 있으면, 여자의 성기 주변의 그림이 또렷이 나와 있고, 설명도 자세히 되어 있는 그런 책들을 좀 찾아봐요. 이 책 뒤의 부록에 그런 책들 목록이 나와 있어요. 그리고, 그게 자기 몸에서 어딘가도 살펴보라구요. 어떻게 우리는 이토록 우리 몸에 대해 모를 수 있죠? 네?

막연히 남자의 아랫쪽에 달린 성기가 여자의 몸 아랫쪽(오줌 누는 부분 어디쯤) 어딘가에 들어간다는 건 알고 있었지만, 남자의 성기가 어떻게 생겼고, 여자의 몸 어느 부분에 어떻게 들어가는지를 알게 된 것은 그로부터 꽤 오랜 시간이 지난 후였어요. 내가 너무 순진해서 (?), 또, 여자여서, 그런 게 다 적나라하게 나오는 누드집이나, 포르노 비디오를 볼 기회가 없었기 때문에, 이런 것들을 아는 데 그렇게 오랜 시간이 걸렸을 거라구 생각해요.

그치만, 여러분들이 나보다 그런 거에 대해서 더 빨리 알구, 더 잘 알구 있다구 해도, 정말 자기 몸에서 어디가 어딘지는 알고 있나요? 여러분들이 자신있게 '알아요'라고 대답해 줬으면 좋겠는데, 글쎄요, 지금 내 귀에는 여러분들 대답 소리가 잘 안 들리는 걸 보니, 잘 모르고 있는 거 아녜요?

음, 그래서요, 우리가 정확히 '그게 뭔지' 알기 전에도, 이미 성관계 하면 왠지 징그럽고 더럽고 그럴 거같이 생각되는 거, 그건 말이죠, 우리가 처음에 이 '성'이란 친구를 어떻게 만나냐 하는 그 첫인상에 달려 있단 생각이 들어요.

예를 들어 말이죠, 장롱 속에서 훔쳐 본 이상한 포르노가 이 '성'이란 친구와 우리와의 첫대면일 수도 있구요, 성행위를 찐하게 묘사해 놓은 소설책일 수도 있구, 요상한 포즈의 벌거벗은 여자 사진… 아님, 보통 '슈퍼맨'이라고 부르는 아저씨들 있잖아요, 학교나 동네 주변에… 자기 성기를 사람들 앞에 내놓고 다니는 그런 사람들요, 그 아저씨들을 본 기억일 수도 있구, 아님, 더 나쁘게는 사촌이나 이웃의 오빠, 삼촌 이런 사람들이 몰래 내 몸을 더듬던 꺼림칙한 기억들이 우리가 '성'에 관해 간직한 첫번째 기억일 수도 있구요. 게다가 엄마나 주위 사람들, 그리고 TV 등을 통해 성관계의 위험성을 숱하게 들어왔거든요. 잘못해서 **'몸 버리면 / 몸 더럽히면 안된다**'느니, '**누구한테 당했다**'느니, 그런 말들이요.

그런 모든 게 성에 대한 내 생각을 구성하고 있던 거겠죠. 나도 모르게….

이처럼 징그럽고 싫고 꺼림칙한 느낌은 구체적인 경험을 통해 형성된 거였지만, 사랑의 표현으로서의 성에 대해선 어때요? 느껴본

적 있는가요? 내가 알고 있는 따뜻한 접촉, 그걸 성이라고 부른다
면…그러면 좋을 텐데… 싫고, 무섭고, 왠지 더러운 거 같은…그런
느낌을 주는 성이라는 거, 그런 성적인 행위를 다른 사람 아닌, 내가
할 수도 있다니, 해야만 한다니… 정말 소름이 끼치는 거죠.

　성이란 건요, 그래요, 그냥 그것 자체만으로 징그럽고 더러운 것
도, 그렇다고 깨끗하고 더없이 성스러운 그런 것도 아니구요. 또, '뿅'
갈 만큼 그렇게 좋은 것만도, 또, 사람을 완전히 타락시키는 그렇게
나쁜 것만도 아니라구 봐요. 사람들 각자에게, 성이란 게 어떻게 받아
들여지고, 어떻게 느껴지느냐 하는 건, 그 사람들이 '성'이란 걸 이해
하고 경험하고 또 받아들이는 방식과 상황에 따라 달라지니까요.
　글구, 성은 개인에 따라 다를 뿐만 아니라, 각각의 사회가 성에 대해
어떤 태도를 취하고 있느냐에 따라서 또 달라지죠. 왜냐면, 어떤 사회
에서는 성을 부정적인 것으로 규정하고 엄격히 통제하려고도 하구요.
또, 어떤 곳은 성에 대해 개방적이고 관대하기도 하구요. 앞에서 말했
듯이, 역사적으로 보더라도, 어떤 시대에는 성을 극히 자연스러운 것
으로 받아들여서요, 억압하거나 통제하기보다는 그냥 자연스러운 즐
거움이라고 생각하는가 하면, 어떤 시대에는 성을 죄악시하면서 성
을 아주 꼭꼭 가둬 두고 엄격하게 통제하려고 하기도 했거든요.
　이렇게 '성'이란 게, 시대에 따라, 사회와 개인에 따라 다르게 생각
될 수 있다는 건 말이죠, '성'이란 게 원래 신성하고 아름다운 것이라
거나, 원래 불결하고 더러운 것이라고 정해져 있지 않단 말이구요,
또 '성'이란 본래 이런 것이야 하고 정의 내릴 수도 없단 얘기죠.

그럼, 인간은 성적인 존재라는 말은 또 어떻게 생각할 수 있을까~
요? 인간은 누구나 성적인 본능을 갖고 있기 때문이라구요? 누구나
성적인 행동을 하도록 되어 있기 때문이라구요? 뭐가 정답이죠?

근데, 인간이 참 복잡한 존재라는 게 여기서도 나타나는데요, 인
간은 그래요, 본능적인 면에서 분명 성적인 본능 갖고 있죠… 그치
만, 또 자연적인 본능대로만 사는 게 아니고, 사회에서 정해 주는 사
회적 규칙에 따라, 자신의 본능을 어떻게 받아들이고 어떻게 표현할
것인가가 결정되는, 제2의 본능을 갖고 있죠. 그래서 그 사회에서 정
해진 방식대로 자기 본능과 욕망을 표현한다구요.

그러면, 지금 여기, 여러분과 내가 살고 있는, 지금 우리 사회에서
는 어떤가요? 그리고 현재 우리 사회 속에 살고 있는 여러분들의 성
에 대한 태도와 생각은요? 지금 우리 사회에는요, 성에 대한 개방적
인 태도랑 폐쇄적인 태도, 근까, 성을 긍정적인 것으로 보는 면이랑
부정적인 것으로 보는 면이 뒤섞여 있어요.

사회 전체를 봐도 그렇고, 어른들을 봐도 그렇고, 여러분들 개개
인을 살펴봐도, 성은 아름답고 좋은 것이라고 생각하면서, 한편으론
두렵거나 아주 추악한 거 같은 느낌을 동시에 갖고 있지 않나요? 어
쩜, 여러분 친구들 사이에서 얘기해 봐두요, 친구들간에 '성'에 대한
생각이 꽤 다르다는 거 발견할 수 있을 걸요.

자신에게 부끄럽지 않은 성관계라면…

요즘은 성경험이 한번 정도 있는 것은 흔한 일이다. 나의 지식으로는 그런 성경
험들이 싫고 결혼 전의 성경험은 잘못된 것이라고 생각하지만 그것은 생각뿐 난

성을 즐기고 싶다. 그렇지만 섹스를 할 때는 즐겁지만 손해를 보는 것은 여자 쪽이라는 생각이 나의 행동을 억제하게 만든다. 성은 나이를 떠나 정직하고, 자신에게 부끄럽다고 생각되지 않는 성관계라면 깨끗한 것이고 해도 좋다고 생각한다.

순결을 지키는 것은 상대방에 대한 최소한의 예의가 아닐까

정말 충격이었다. 가장 순수할 나이인데… 그런 모든 걸 해본 아이들이 부럽기는커녕 불쌍하고 안타깝다. 생전 처음 들어 보는 이상한 게임에 더욱 놀랐다. 난 아직 비디오방은 한 번도 가보지 않았다. 그런데 모든 일들이 비디오방에서 발생했다. 어떤 곳일까? 조금 궁금하긴 하지만 5개월 후에 친구들과 가볼 생각이다. 그리고 난 결혼 전까지는 절대로 성관계를 맺지 않을 것이다. 그래야 나의 상대자도 그런 사람을 만날 수 있을 테니까… 순결을 지키는 것은 상대방에 대한 최소한의 예의가 아닐까.

성경험~?

어떤 선까지가 성경험을 했다고 하는 것일까? 단순한 피부 접촉? 키스?? 섹스???

단순한 피부 접촉, 쉽게 말해서 손잡고 팔짱끼고 어깨동무하고 포옹 등등~ 이것이 성경험이라면 고등학교 2학년 18세 여학생이라면 정말 남자한테 관심이 없거나 어딘가 이상하지 않은 이상 다수가 경험했을 것이고 물론 나도 해봤다. 그냥 같이 걸으면서 멀뚱이 떨어져 걷는 건 너무 웃기지 않는가? 하지만 이런 단순 접촉은 결코 성경험은 아닐 것이다. 여자 친구들과도 흔히 있는 일이니까.

키스~~ 이건? 수는 전자보다 많이 줄 것이다. 하지만 남자 친구와 100일 이상 갔다면 역시 피할 수 없는 과정이었을 것이다. 요즘 들어 친구들의 첫키스 얘기를 접한다. 모두 예쁜 추억으로 갖고 있는 것 같다….

　대표적으로 순결이라는 문제를 놓고 얘기해 볼까요? 어때요? 위에 나온 어떤 친구랑 자기 생각이 비슷한 거 같애요? 여러분들 사이에서도 서로 의견이 많이 다를 거라 생각하는데요.
　결혼 전까지는 순결을 지키는 게 서로에 대한 최소한의 예의라고 생각하는 친구도 있을 거구, 자기가 책임지고, 자신에게 부끄럽지 않다고 생각하는 성관계라면 괜찮다는 친구도 있을 거구 말예요. 아님, 요새는 많이들 이성과 육체적인 접촉을 하게 되고, 누구나 그 정도는 하니까, 고 수준 정도까지면 괜찮다… 이런 생각들도 할 거구요. 또, 요새는 사랑하는 사이면 괜찮다는 친구들도 많을 테구요. 그것도 아니라면… 아니라면 말이죠… 한편으론 그럭하면 안되는 거지 하고 생각하면서도, 어차피 표만 안 나면 되잖아? 좀 즐기면서 살면 어때… 하는 생각을 갖고 있는 사람들도 많을 것 같은데… 여러분은 어느 쪽?
　여러분들만 아니라요, 사실 대부분의 어른들도 성에 대해서는 어떻게 생각하는 게 옳다… 이런 확신 같은 거 갖고 있지 않지요. 겉으론 그렇지 않게 보여도 말예요… 아니, 분명한 확신을 갖고 계신 분들이 있드래두요, 그냥 진짜 그냥, 어렸을 때부터 그렇게 배워 왔고 또 그게 맞다고 믿으면서 살아왔으니까, 그러니까 그게 맞다고 생각하시는 거지, 정말 진지하게 자신이 성에 대해 어떤 태도를 취해야 할까 하고 고민하고 생각해 보고… 그 결과로 그런 생각 갖게 된 분들은 극히 적을 거라구요. 글구, 어른들이라고 평소 남한테 말하던 대로 행동하시진 않죠. 어른들도 역시, 자기 안에 서로 반대되는 다른 생각을 갖고 행동하는 경우가 많은 거죠.

보통 우리 사회의 성의식이나 성과 관련된 현실을 말할 때 다음에 나오는 세 가지 특징을 들어 말하거든요. 첫째는 이중적이라는 거구, 둘째는 성차별적, 셋째는 폐쇄적이라는 거예요. 물론, 이 세 가지 특징은 따로따로 떨어져 있는 게 아니라 서로 연결돼 있는 거구요. 다 알아들었어요? 쫌 어렵죠… 다시 하나씩 천천히 설명해 볼게요.

먼저, 이중적이라는 거요, 이건 우리가 보통 '이중인격자'란 말 쓰는데, 그 말을 어떨 때 쓰는지 생각해 보세요. 말이랑 행동이 다를 때 쓰는 말이죠. 그거랑 비슷해요. 성에 대해서 사람들 생각(말)이랑 행동이 다르다는 거예요. 또, 일반적인 사회의 공식 규범(도덕, 법, 사회 규칙… 뭐, 그런 것들이요)이랑, 사람들이 보통 갖고 있는 성에 대한 통념이 서로 분리돼 있다는 거구요.

그래서요, 공식적인 방송이나 언론 같은 데서 보면, 어른들은 마치, 결혼한 사람들만 성관계를 할 수 있고, 이미 결혼한 사람이 다른 사람과 성관계를 가져서도 안 된다는 듯이 맨날 '근엄한 척'하면서 그렇게 말하고 있지만요, 진짜, 실제로, 그래요? 그렇지 않죠… 히히, 만약, 진짜 사람들이 다 그렇게 산다면, 우리나라 여성 잡지들은 뭐 먹고 살겠어요? 누가 누구랑 바람피운다느니 이런 기사들 하나도 못 쓸 텐데요….

음음, 어쨌든, 실제 현실이 그렇지 않다는 건, 어리다곤 해도, 여러분들도 아마 너무 잘 알고 있을 거라 생각해요. 근데, 이렇게만 말하면, 이건 단지 사람들이 정해진 사회적 규범을 안 지키고 그걸 어기는 거다… 이렇게 끝나 버릴 수 있는데… 근데, 거기 더 중요한 게 있죠. 뭐냐면, 한편으론 말이죠, 결혼 전의 성관계나 결혼한 후에 다른 사람과의 성관계를 용납하는, 바로 그런, 현실 속의 또 다른 사적 규범이 있다는 거죠.

아까 거는 공식적으로 인정을 받는 거니까 '공적 규범'이라고 한다면요, 이건, 공식적으로 인정을 받진 못하지만, 보통 사람들이 다 그럴 수 있지… 하고 생각하는 그런 규범을 말해요. 근까, '사적 규범'이라고 하는 거구요. 그래서 보통 생활 속에서는 이 사적 규범에 따른 생각들을 사람들이 더 존중하는 경우들이 많거든요.

예를 들어, 남편이 부인 말고 다른 여자랑 성관계를 갖는 거요, 이거 사실 법적으로 따지면 간통죄에 속하고, 도덕적으로 보면 불륜이죠. 그치만, 실제론 어때요? 이런 일 무~지~ 흔하죠… 또, 사람들도 남자가 살다 보면 한두 번은 그럴 수도 있지… 하고 봐주고 말이에요.

이렇게요, 공식적 규범이, 사람들이 보통 갖고 있고, 그냥 실생활에서 통하는 그런, 성에 대한 가치관과 태도랑 동떨어져 존재한다는 거죠. 사람들두, 겉으로는 다 안 그런 척하지만, 실제로 자기 경우에는 그냥 보통 통하는 사적인 가치관을 적용시킨다는 거죠.

두 번째로, 우리 사회에서 성과 관련된 현실이 성차별적이라는 거 말이죠, 이건요, 남녀에게 적용되는 성적인 태도랑 기준이 완전히 다른 거, 그리구, 이렇게 남녀에 서로 다른 성적인 규범을 적용해 가지구, 여성이 남성에 비해 상대적으로 불리하고 취약한 성적인 우치에 놓여 있다는 말이여요. 아까 말이 나왔던, 순결 같은 게 대표적인 예죠, 남자는 안 지켜도 되는데, 여자는 무조건 지켜야 한다는, 아주 말도 안되는, 성에 대한 이런 생각이 얼마 전까지도 어른들 머리 속에 아주 뿌리깊게 박혀 있었다는 거 알고 있나요? 물론, 지금도 아주 없어진 건 아니구요….

또, 여성들은 보통 남성에 비해 자신의 성에 대해 알 기회가 적고, 혹은 아예 성과는 무관한 존재로 길러지잖아요. 근까, 여자는 무조건 성에 대해서는 몰라야 되고, 모르는 게 당연하고, 아무런 성적인 욕망이 없는 존재처럼 보여야 된다는 거죠. 그래서겠죠, 그래서, 우리는 다 크도록 우리 몸에 성기가 어디 있는지조차 모르고 살았던 것일 테구요.

성에 관련된 거라면 그건 남성의 영역에 속한 거고, 마치 남성만의 것처럼 여겨지니까, 자신에게도 성적인 느낌이나 욕구, 혹은 앞으로 성관계를 해야만 할지도 모른다는 생각이 들면, 당황하고, 자신이 더러운 존재로 느껴지고, 두려워지구요.

성관계를 하더라도 거의 남자에 의해 일방적으로 이루어지는 경우들이 많구, 음, 이런 경우의 가장 나쁜 점은 미리 피임에 관해 충분히 고민하고 준비하기가 힘들다는 거죠. 또, 서로의 동의하에 성관계를 갖게 되더라도, 아직은, 그래요, 아직은 여자가 상대적으로 불리한 게 사실이죠. 피임에 관한 정확한 지식이나 정보 얻기가 어렵구요, 피임 기구나 피임약을 어떻게 구해야 하는 건지도 잘 모르고, 임신하면 신세 망칠지 모른다는 두려움을 벗어나기도 어렵구요. 또, 다음에 결혼했을 때 남편과의 사이에서 문제는 안 생길까 하는 두려움도 짊어지구 살아야 되구요.

글구, 위에 든 예를 한번 더 든다면, 남편은 한두 번 바람필 수 있다
고 그 정도는 눈 감아줘야 한다고 하지만, 부인이 만약에, 그냥 바람
피워도 문제지만, 정말 자신을 사랑해 주는 남자를 만나서 딱 한번
성관계를 가졌다… 그래도 이건 '용서받을 수 없는 죄'로 취급되죠.
성적인 면에서 남자한테는 한없이 너그럽고, 여자한테는 가차없이
비난을 가하구요. 이런 게 공평하단 생각은 안 들겠죠?

세 번째로, 성에 관해 폐쇄적이라는 거요, 이건, 우선은, 성에 대한
통제가 많고 엄격한 규범을 가지고 있다는 건데요, 단지 그것만이 아
니라 성에 대해 말하거나 드러내지 못하도록 되어 있다는 거예요. 사
실, 요새 우리 사회를 한번 생각해 보면요, 너무 성적으로 문란하다
고 개탄하는 사람들이 있을 정도로 성관계에 대해 자유로운 사람들
이 많고, 성을 상업적으로 이용하는 경우도 허다하죠.
그치만, 그것만 갖고 성에 대해 이제 우리 사회도 개방적이다… 라
고 그렇게 말할 순 없거든요. 왜냐면요, 아직두요, 성에 대해 자유롭
게 생각하거나 대화하는 건 상당히 금기시되구 있잖아요. 자신의 성
경험에 대해 자연스럽게 말할 수도 없구, 성적인 태도에 대해 토론해
볼 수도 없구요.
또, 성에 관한, 다양한 가치관들 역시 인정받고 있지 못한 상태구
요. 그러니까 지금의 상황은 성적으로 개방적인 게 아니라, 여전히
성에 대해서는 폐쇄적인 가운데, 그냥 쉬쉬하면서, 물밑에서만 부자
연스럽게 성이 넘쳐나고 있는 상황이라고 할 수 있겠죠.
이런 상황에서 중요한 건, 성은 이런 거다, 저런 거다라고 주장하

는 게 아니라, 먼저 자기에게 좋은 성이란 어떤 것일까 생각하는 게 아닐까요? 어떻게 하면 성이 자신에게 좋은 것일 수 있을까를 말이에요.

좋은 성? 나쁜 성?

내가 겪은 바에 의하면 이성을 좋아한다, 사랑한다는 것은 정말 묘한 감정이다. 7살 때 우리 아파트 같은 동의 남자 또래가 있었다. 서로 좋아했기 때문에 자주 같이 놀았다. 유치원도 같은 곳이었다. 내가 그애에게 몇 대 맞고 울었다. 분명 다른 친구한테 맞았으면 엄마한테 일러서 그앨 혼나게 했었을 텐데 그애에게는 그런 생각도 들지 않았고 서럽거나 억울한 감정이 전혀 없었다. 그리고 놀이터에서 그애와 뽀뽀를 했을 때 나는 묘한 기분과 콩콩콩 뛰는 가슴을 어쩔 줄 몰랐다. 지금 생각해 보면 그것이 바로 황홀감이 아닌가 싶다. 9살 때 같은 아파트에 살던 3살 연하인 남자애가 소파에서 뛰어 내려서 내 입술을 빼앗은 적이 있었다. 난 그애를 좋아하지 않았고 그애 형을 좋아했다. 그래서 그런지 그애가 내 입술을 빼앗은 후에 난 그만 울어버렸다. 옆에서 계속 달랬으나 듣지도 않고 울기만 했다. 가슴이 콩콩콩 뛰긴 했으나 조금 더 빠르고 억울하고 서럽기까지 했다. 그리고 그애가 왜 그리 못된 사람, 늑대처럼 보이던지….

그래요, 성이 우리에게 좋은 것일 수 있는 한 가지 방식은 우리가 좋아하는 사람과 그것을 나눌 수 있다는 거죠. 성이란 건, 우리 감정과 완전히 분리되어 존재하는 그런 게 아니기 땜에, 내가 사랑하는 사람과 손잡았을 때의 느낌은, 그렇지 않은 사람과 손을 잡았을 때의 느낌과 다르구요, 또, 똑같은 키스라도 누구와 어떤 상황에서 하느냐에 따라 무척 느낌이 달라지죠.

난 이렇게 생각해요. 성관계란 아주 싫고 재미없는 것일 수도 있지만, 아주 즐거운 삶의 한 부분일 수도 있다구요. 누구와 어떤 상황에서 경험하느냐에 따라 달라지는 거지요. 성은 단순히 종족 번식을 위한 의무적인 것도, 쾌락만을 쫓는 탐닉적인 것만도 아니라는 거구요. 그건 내가 아닌 다른 사람들과 맺을 수 있는 여러 관계들 중의 하나일 거고, 그 중에서도 좀더 특별하고 좋은 관계일 수 있지 않을까요?

성이라는 건, 내가 좋아하는 사람과 껴안고, 쓰다듬어 주고, 몸으로도 사랑할 수 있다는 것… 이라고 하면 어떤가요?

성은 깨끗한 거야? 더러운 거야?

중2 때의 일이었다. 지금은 이사왔지만 바로 전의 집에서 살 때였다. 한여름이라 너무 더워서 창문을 무심코 열었다. 그때는 늦은 밤이었다. 우리집이 ㄷ자 골목 중간에 있어서 그리 좋은 장소는 아니었다. 골목은 매우 좁았고 깜깜했다. 창문을 열자 밖에서 이상한 그림자가 보였다. 어떤 모를 남녀가 지나가다 벽에 기대어 키스를 하고 있었다. 난 호기심에 보게 되었다. 한참을 하다가 남자의 손이 점점 아래로 내려가 여자의 다리에서부터 더 위쪽으로 올라갔다. 그리곤 이상한 무슨 짓인가를 하는 것이었다. 한참을 서로 붙어서 하다가 어디론가 가버렸다. 난 그것을 보고 창문을 닫아 버렸다. 혹시 누가 안봤을까 하고 궁금하기도 했다. 그 일은 내 머리 속에 계속 맴돌았다. 또한 잠도 잘 오지 않았다. 그리고 가끔씩 무심코 창문을 열어 보기도 했다. 그리고 무엇을 했을지 궁금했다. 만약 그것을 했다면 눕지도 않고 벗지도 않고 어떻게 했을까? 또 길에서 그런 짓을 할만큼 급했나? 하는 생각도 없지 않아 들었다. 그때 그 남자는 술에 취해 있어 보였고 여자는 짧은 치마에 몸을 거의 노출하고 있었다. 무엇보다도 의아한 것은 여자도 그리 싫어하는 것 같아 보이지 않았다는 것이다. 아무리 골목이라도 사람이 지나가다가 봤으면 어쩌려고 그랬을지 이해가 안 된다. 왜 성에 대해 개방적이고 아니 수치심이 없어졌고 더러워지게 되었는지 도무지 이해할 수가 없었다. 예전에 엄마한테 "엄마 성은 깨끗한 거야, 드러운 거야" 하고 물었을 때 엄마는 내게 "그것은 사람이 만드는 거야" 하셨는데 사실 이해가 안되었다. 하지만 지금은 알 것도 같다. 사람이 어떻게 행동하느냐에 따라 더러워질 수도 있고 깨끗해질 수도 있는 것 같다. 나는 성을 깨끗하다고 생각하려고 한다. 나는 그들처럼 더럽지 않으니까…

그래요, 성이 깨끗하거나 드럽거나 하는 건, 사람이 만드는 거라는 어머니 말씀이 맞아요. 100% 동감이에요. 그건 자신이 어떻게 행동하느냐에 따라 달라지겠지요.

그치만… 깨끗하냐, 더럽냐는 기준만으로 성을 나누려는 건 별로 좋은 방식이 아닌 거 같애요. 만약, 내가 성을 깨끗한 것이라고 그렇게 생각하고 싶다면, 내가 성에서 더럽다고 생각하는 요소들은 모두 부정적인 것이라고 그렇게 생각하는 거랑 같은 거겠죠?

근까, 예를 들어서요, 결혼 전에는 성관계를 갖지 않고 결혼한 후에 그 결혼한 사람과만 성관계를 갖겠다, 그리고 성은 깨끗한 것이니까 그래야만 한다고 여러분이, 성에 대해 생각하기로 결정했다 쳐봐요, 그러면, 자동적으로, 결혼하지 않은 상태에서 사랑하는 두 사람이 갖게 되는 성관계는 더럽고 추악한 것이라고 결정해 버리는 것이 된단 말이죠.

그렇게 생각하게 되면, 우리는 『베르사이유의 장미』에서 '오스칼'

과 '앙드레'가 나누는 사랑의 행위도 불결하고 더러운 것이라고 욕해야 할 거구요. 「타이타닉」에서의 '디카프리오'와 '케이트 윈슬켓'의 사랑의 행위도 더럽고 추한 것이라고 해야 하겠죠. 글구, 그렇게 불결하고 추악한 성이라면 그런 건 모두 이 세상에서 없어져야 해! 이렇게 말해야 하겠죠?

어때요? 여러분의 생각을 넘 혼란스럽게 했나요? 음, 어쨌든, 그렇게 생각한단 이유로 여러분을 비난하려는 건 아니구요. 지금까지 우리 사회에서 성은 아주 성스럽고 아름다운 고결한 것 아니면, 아주 더럽고 추악하고 불결한 것으로 여겨져 왔으니까, 여러분들도 그런 틀 안에서 성을 생각한다는 게, 지금 이 시점에서 보면, 당연한 일일 수 있죠.

어쨌든, 내가 하고 싶은 얘기는 성에 대한 이런 이분법은 마치 동전의 양면과도 같은 것이라는 얘기예요. 뭔가를 깨끗한 것이라고 얘기할 때, 우리는 그것과 대비되는 불결한 무엇인가를 이미 다른 한쪽에 만들어 놓고 있는 거니까요. 그렇기 땜에, 뭐가 깨끗하고 뭐가 더러운가를 결정할 땐… 뭐는 깨끗하다고 하고 뭐는 더럽다고 할 건가 하고 그 내용을, 과연, 누가! 어떻게! 결정할 수 있을 건가 하는 문제랑, 만약, 그렇게 정하더라도, 더럽다고 나쁘다고 정한 쪽은 온전히 사라지는 거냐 하면, 그렇지 않고, 계속 깨끗하고 좋다고 하는 쪽의 옆에 놓여 있게 된다는 문제가 제기되는 거죠.

음, 얘기가 좀 어려워졌나요? 예를 들어서요, 결혼 전의 순결 문제를 갖고 다시 한번 얘기해 볼게요. 한때는 우리 사회에서도 여자는 결혼 전에는 꼭 순결을 지켜야만 한다고 그렇게 정해지다시피한 그런 때가 있었죠. 그런 때는, '여자가 몸을 더럽혔다'느니 그런 말을 썼는데, 그 말은 곧 결혼 전에 이 여자가 맺은 성관계가 더러운 것이 었단 거죠. 근데, 지금은 어때요? 지금은, '그거 개인들이 알아서 할 문제 아냐' 이런 말들 많이 하죠. 근까, 예전처럼, 결혼 전의 성관계가 드럽고, 나쁜 성으로만 생각되진 않는다는 거구요.

근데, 문제는 아직 이런 생각을 모든 사람들이 똑같이 갖고 있진 않다는 거죠. 특히, 나이 드신 분들이나, 좀 보수적인 남자들은 옛날 생각이 맞다고 믿고 있는 경우들이 많구요. 이럴 때, 만약, 우리 엄마 도 그런 생각을 갖고 계신 분이어서, 여러분이 "엄마, 성은 드러운 거야? 깨끗한 거야?" 하구 물었을 때, "응, 결혼한 부부들 사이에서의 성은 깨끗한 거지만, 결혼도 안한 사람들끼리의 성은 드러운 거야" 이런 식으로 대답을 해주신다면… 그리고 그 생각을 여러분들이 그 대로 받아들이고 믿는다면, 그런 사람들한테 결혼 전 성관계는 드러 운 성에 속하는 거겠죠….

이번에는 여러분이 아는 어떤 대학생 언니한테 똑같은 걸 물어봤 다고 해봐요. 근데, 그 언니는 "성은 상황에 따라 깨끗할 수도 있고, 드러울 수도 있는 거야. 자기가 하기 나름이야" 이렇게 대답을 했 고… 그래서 여러분은 또 묻는 거예요. "그러면, 언니, 결혼 전에 사랑 하는 사람이랑 자는 건 어떤 거야? 그럴 때는?" 글구, 이 언니의 대답 은 "기본적으로 두 사람이 믿고 사랑하고 그런 거면 괜찮은 거 같애. 그런 건 드럽다구 할 수 없지"였다면요… 그럼, 여러분은 '그래, 그런 건 괜찮은 거구나…' 이렇게 생각할 테죠.

이럴 땐, 누구 말이 맞는 거예요? 글구, 전체 사회로 보면, 굉장히 서로 다른 생각들을 가진 사람들이 많이 있는데, 그런 걸 누가 정할 수 있죠? 뭐는 깨끗하고, 뭐는 드러운 거라고… 보통은 나이 많은 분들 얘기가 더 힘을 갖지만, 위에서 봤듯이, 그게 절대적으로, 그것만 맞는 건 될 수 없잖아요. 글구, 특히, 사회적으로 힘을 갖고 있는 사람들이 결혼 전의 성관계는 안 되는 거라고 못 박아 놓는다고 해도, 그게 실제로 없어지거나 완전히 사라지진 않죠.

고결한 척하는 성은 그 엄격함과 성스러움 때문에 아주 손쉽게 더럽고 불결한 성 쪽으로 미끄러져 내릴 수 있고, 불결하고 더럽다고 여겨지는 쪽의 성은 성스러움에 대한 컴플렉스 때문에 자신의 성이 갖는 진정한 의미와 위치에 대해 자신감을 얻기 어려워요.

우리가 '성'하면 동물적이다, 더럽다는 생각을 하게 되거나, 성을 '밝히는' 자기 자신을 학대하면서 '천박하고 더러운 계집애'라그 생각하게 되는 건, 바로 이런 성에 대한 이분법(깨끗하다 /더럽다의 기준으로만 성을 나누는 것) 때문이라고 할 수 있죠.

위의 얘기에 나오는 남녀의 경우를 보면, 남들이 다 볼지도 모르는 골목길에서 그런 행동을 했다는 건 그래요, 좀 문제가 있죠. 그치만요, 그런 면에선 문제가 좀 있지만, 그들의 성이 더럽다고 얘기할 수는 없을 것 같애요.

글구 그런 골목길에서 그런 행동을 했다고 해서 그들이 성에 대해 개방적이라고 얘기할 수는 없다구 봐요. 성에 대해 개방적이라는 거 있잖아요, 이건, 그렇게 아무데서나 아무하고나 성행위를 할 수 있다는 게 아니라고 생각하거든요. 그런 거보다는, 이런 거… 자신의 성에 대해 자유롭게 성찰하고 얘기하고, 또, 자신과는 성에 대해 다른 태도를 가진 사람들과 대화하고 토론할 수 있다는 거거든요.

글구, '무엇보다도 의아한 것은 여자도 그리 싫어하는 것 같지 않았다'라는 얘기를 했는데요. 저는 이렇게 얘기해 주고 싶어요. 여자도 좋으니까 둘이 그렇게 할 수 있었던 거라구요…. 어떤 경우든, 성적인 관계가 이루어질 때는 '여자도 좋아야' 할 수 있는 거잖아요. 여자는 싫은데 하는 성적인 관계라면 얼마나 나쁜 거겠어요? 아니, 그건 성관계라고 할 게 아니라, 폭력이라고 해야겠죠…. 남의 몸을 그 사람의 의지와는 상관없이 자기 맘대로 하는 거니까요, 힘이나 권력으로 위협해서… 아마 그 폭력 중에서도 가장 나쁜 형태가 '강간'일 거구요.

근까, 여자가 좋아해야만 할 수 있는 게 성관계란 말이구요. 그렇지 않다면, 그건 성관계라고 할 수도 없다구요. 또, 여자는 성을 즐기거나 누리지 않는다는 건 굉장히 큰 편견이자 오해라구요. 물론, 성에 대해 무지하도록 사회적으로 길들여지는 경향이 있지만, 여자는 사람이 아닌가요, 뭐?

음, 그래도, 성관계를 상상하면 아직도 징그럽고 끔찍하고 이상한가요?

성관계를, 무섭고 두려운 남자의 그 거대하고 딱딱한 성기가 여자의 몸으로 밀고 들어오는 것, 그렇게 생각하지 않으면 어때요? 내가 좋아하는 남자의 성기는 귀엽고 사랑스러운 그 몸의 일부일 뿐인 거 아닐까요? 그들 남자들이 우리의 성기를 축축하고 지저분하고 음탕한 하나의 구멍이라고만 생각한다면… 그거야말로 끔찍하고 싫은

거잖아요. 난 내 몸이 — 아름답고 봉긋한 가슴뿐만 아니라 비밀스
러운 듯하면서도 따뜻한 성기가 — 자랑스럽고 귀중하게 느껴지는
데요.

2 · kissxxxx

첫 키스

중2 때 난 처음으로 키스란 걸 해봤다. 하지만 환상적이고 아름답고… 그럴 거라는 나의 환상은 깨졌다. 내가 한 첫 키스의 기분은 더럽고 기분도 별루고 하여튼 표현할 수 없을 만큼 기분이 좋지 않았다. 그애가 내가 좋아했던 애였음에도 불구하고… 그리고 또 그와 동시에 남자에 대한 환상도 깨져 버렸다. 그런 행동들이 너무 마음에 들지 않았다.

뽀뽀와 키스의 차이

중학교 3학년 때이다. 한 살 위의 오빠를 소개받았다. 처음엔 전화만 했는데 서로 궁금했는지 만나기로 했다. 그와 술도 마시고 맛있는 것도 사먹고 같이 노래방도 갔었다. 매일매일 전화도 자주하고 만나고 그랬다. 그런데 한번은 둘이 노래방엘 갔다. 내가 열심히 노래 부르고 있는데 오빠가 날 뚫어져라 쳐다보고 있는 것이었다. 난 기분이 좀 이상했지만 그냥 웃으면서 '왜 뭐 묻었어?' 라고 했다. 오빠는 날 계속 쳐다보면서 눈을 감으라고 했다. 난 왜 그러냐고 싫다고 했다. 그래도 오빤 계속 잠깐만 감아 보라고 졸랐다. 솔직히 조금 무서웠지만 난 오빠를 좋아했기 때문에 그냥 눈을 감았다. 그러자 오빠가 나한테 키스를 했다. 난 그때까지만 해도 키스를 어떻게 하는지 몰랐다. 그냥 뽀뽀나 키스나 똑같은 것인 줄 알았다. 그런데 오빠가 내 입을 벌리려고 하는 거다. 난 너무 놀랐지만 그렇게 했다. 한 4-5분 정도 한 것 같다. 내가 그때까지 영화나 TV에서 본 키스는 너무 멋있고 황홀하고 환상적인 것이었는데…, 막상 해보고 나니 별로 좋진 않았다. 지금 생각해 보면 너무 더러웠던 것 같다. 그 후에도 난 몇 명의 남자를 더 사귀었고 그 남자 애들도 마찬가지로 노래방이나 비디오방에 가게 되면 다 하려고 했다. 거절하긴 미안해서— 어쩌면 나도 하고 싶었는지도 모르겠다 — 하긴 했지만 그게 잘한 건지 모르겠다.

뽀뽀와 키스의 차이는? 뭐죠? 뭘까요? '뽀뽀'라는 말의 어원은 잘 모르겠지만, 키스나 입맞춤을 어린애들이 귀엽게 할 때, 그걸 두고 '뽀뽀'라고 하죠. 아님, 이 말을 키스와 구분해 쓸 땐, 뽀뽀는 입술을 상대방의 입술이 아닌 다른 곳에 살짝 갖다 대거나, 상대방의 입술에 갖다 대더라도 살짝 '쪽' 소리가 나게 입술을 오무려서 부딪치는 것 정도의 입맞춤을 가리킬 때 쓰곤 하죠. 반면에 키스라는 말을 쓸 때는, 상대방의 몸의 한 부분에 아주 정성스럽고 찐하게 입술을 갖다 대거나, 입술과 입술이 아주 감각적으로 닿아서 서로의 입술의 느낌을 탐닉하거나, 입을 열고 '설왕설래' 혀가 오가는 것을 말하죠. 이렇게 혀와 혀가 맞닿아 서로의 입을 넘나드는 키스를 '프렌치 키스'라고도 부르지요.

하지만, 이런 구분들 절대적인 건 아니죠. 그래서 키스를 할 때는 으레 입을 벌려 혀와 혀가 오가게 하는 것이라거나 하는 그런 법은 없거든요. 자기 기분에 맞게 하면 된다고 봐요.

첫

아니야! 이건 내가 상상
하던 첫키스와 달라!
정말 실망이야!

글구, 키스할 때는 반드시 아주 격렬하게 입술을 부벼야만 좋다거나, 입을 벌려 혀가 맞닿게 해야만 좋다거나… 그렇지 않거든요. 왜 옛날 흑백 영화들 보면, 결정적인 순간에 남녀가 아주 격렬하게 입술을 맞닥뜨리는 장면이 많이 나오죠. 그렇게 키스를 하면 어떤 느낌일까 늘 궁금했었는데… 근데여, 그저 입술과 입술을 격렬하게 부비는 것으로는 키스의 좋은 느낌을 느낄 수 없다구요. 오히려 부드럽게 자신의 감정을 실어서 하는 느낌이 더 좋다고 할까요? 음, 어쨌든, 이런 부분에 대해서는 사람들마다 각자가 느끼는 느낌들이 아주 미묘하게 다를 것이어서, 이렇다 저렇다 말하긴 어렵지만요….

근데, 여러분은 '키스하는 법'을 배울 필요가 있다고 생각해요? 음, 배울 필요가 있다고까진 할 수 없지만 말예요, 만약 여러분이 실전에 들어가게 된다면, 조금, 자신의 느낌과 자신의 키스하는 법에 대해 연구(?)할 필요는 있다고 생각해요.

어쩜, 가장 하기 어려운 게 '키스'일지도 모르걸랑요. 키스란 게 여러분도 잘 알고 있듯이, 서로의 감정이나 사랑을 전달하는 하나의 언어라고 한다면… 이 언어는 우리 몸에서 가장 감각이 예민하다는 입술이라는 부분의 느낌을 통해 전달되는 거니까, 자신의 감정을 그대로 싣기가 그렇게 쉽지만은 않답니다.

또, 어떤 식으로 하느냐에 따라 느낌이 무척 많이 달라지거든요. 상대방의 느낌에 대한 아무 고려없이 하는 키스는, 상대방에게 기쁨을 주기보다는 모욕적인 느낌이나 불쾌한 느낌을 줄 수 있거든요. 그래서 어떤 식으로 키스할 때 자신의 느낌이 가장 좋은지, 또 상대방이 어떤 식으로 해줄 때의 느낌이 좋은지에 대해 생각해 보고, 상대방과 함께 조정해 나가야 한다고 할까요?

만화에선 곱게들 하더구만…

지금 나에겐 남자 친구가 한 명 있다. 그 아인 잘 생기지도 키가 크지도 않다. 나의 이상형과는 완전히 동떨어진 아이다. 그러나 우연한 기회로 서로 알게 되었고 맞는지 틀리는지 모르지만 사랑이라 말하는 감정을 가지게 되었다. 그 아인 굉장히 순진한 아이다. 착하고 또 숫기 없고 그냥 평범하게 사는 한 남학생이다.

그 아이와 첫 키스를 한 기억을 더듬어 보면 늦은 밤 기찻길 위에서였다. 헤어질 때에는 잠시 포옹을 하는 게 일상화되어 있었기 때문에 그애와 안는 건 그다지 어색한 일이 아니었다. 그런데 그날은 단둘이서 아무도 없는 기찻길을 걸어가니까 내가 왠지 욕심이 생기기 시작했고 키스를 해주기를 바랐던 것 같다. 나는 바람이 분다는 핑계로 안아 달라고 했고 그는 나를 꽉 끌어안아 주었다. 언제나 안을 때마다 느끼는 거지만 그 아인 참 따뜻했다. 그는 헤어지기 싫다며 이대로 있고 싶다고 매우 진지하게 이야기했다. 난 잘 분위기를 못 맞추는 성격이기 때문에 그냥 웃으면서 그 아일 바라보았다. 그리고 서로 입을 맞추었다. 그 아이는 키스가 처음이라 그랬는지 원래 키스할 때 그런지 모르겠는데 처음부터 과격하게 혀를 내 입안으로 밀어 넣었다. 영화에서 수많은 키스신을 볼 때면 언제나 매우 부드럽고 유연한 포즈로 키스를 했고 또 입술을 맞대는 것이라 당연히 입술 감촉이 느껴지겠거니 하고 생각했었다. 그런데 보는 것하고 하는 것하고 이렇게 차이가 날 수 있을까.

키스는 입술 느낌이 아니라 무지막지하게 밀고 들어오는 그의 혀의 감촉밖에 느껴지는 것이 없었고 부드럽지도 유연하지도 않았다. 오히려 힘들었다. 키스에 대한 나의 환상이 무너지는 순간이었다. '만화에선 곱게들 하더구만 얘는 왜 이러지?' 하는 생각도 들었다. 키스를 한 뒤 그 아이는 나에게 미안했는지 집에 도착

할 때까지 계속 괜찮냐고 물었다. 나는 아무 대답도 하지 않았지만 솔직히 기분은 좋았다. 한참 성적 호기심이 왕성할 이 나이의 여학생들이 가장 하고 싶은 것 중 하나일 남자 친구와의 첫 키스를 했다는 게 왠지 뿌듯하게 느껴졌다.

아아~, 어쩌면 좋아요~, 실망, 실망했어요? 키스를 하면 무턱대고 아름답고 환상적일 거 같지만요, 그게… 그게… 불행히도 현실에서는 그렇지가 않다구요. 만화나 영화나 그런 데서 하는 키스를 보면 넘 멋질 때가 많지만, 그건 정말 너무 멋지고 환상적으로 그 안에서 그려져서 그런 거지, 막상 우리가 키스를 해보면 그런 좋은 느낌을 느낄 수 있는 경우는 극히, 극히 드물지요.

'온몸이 녹아내리는 것 같았다'거나, '온몸에서 모든 기운이 빠져 나가 정신을 차릴 수 없었다'든가 하는 말들이 만화책이나 소설책 같은 데 나와가지고, 우리더러 키스에 대한 온갖 환상과 기대를 키워주긴… 하는데… 근데, 실제로 우리가 키스를 하면서 느끼는 건, '얘는 왜 이렇게 하는 거야?', '너무 아픈데, 좀 살살하지?', '다른 사람이 보면 어떻게 하려고 이렇게 오래 하는 거야?' 등등 그냥 그런 딴 생각들 일지 몰라요….

키스는요, 그냥 그 자체로 우리를 몰입시키거나 더할 수 없이 황홀한 느낌을 주거나 그러진 못한단 얘기죠. 물론, 우리가 좀더 연구하고 상대방과 조정해 가면서 키스를 하게 되면, 느낌들이 훨씬 좋아질 수는 있겠지만, 그것이 어떤 절대적인 황홀함의 순간이 되리라고는 여전히 기대할 수 없거든요. 그렇다고 키스가 서로의 어떤 감정을 나누는 육체적인 언어라는 걸 부정할 순 없지만, 글구, 그걸 부정하고 싶은 마음도 없구요, 키스는, 그다지 강렬하지 못한, 다양한 느낌들을 우리에게 줄 뿐이죠.

그렇다구 나쁜 느낌만이 아니라, 친구 사이의 우정, 따뜻함, 편안함, 설렘, 짜릿함, 성적인 유혹의 느낌부터 슬픔, 두려움, 모욕감, 절망감 등등까지, 온갖 좋은 느낌들에서 나쁜 느낌들까지를 표현해 줄 수 있는 육체적인 언어죠.

또 하나, 키스에 대해 진짜 쉽게 버려지지 않는 편견이 하나 있는데요, 이런 거예요. 여러분은 갑자기 누군가에 의해서 강렬한 힘으로 밀어붙여지는 키스가 더 좋을 거 같애요? 아님, 조심스럽게 서로 충분히 동의한 상황에서 하는 키스가 더 멋질 거 같애요? 어떤 게 더 하구 싶어요? 누군가 갑자기 하는 키스가 더 좋을 것 같다구요… 아, 내가 지금 얘기하려는 게 바로 그거예요.

만화책 같은 데 보면 이런 장면들 많이 볼 수 있죠. 불이 나갔을 때 잘못해서 우연히 누군가와 키스하게 된다거나, 주인공을 좋아하는 누군가가 일방적으로 주인공을 밀어붙이고 갑자기 키스해 오는 장면 같은 거요. 주인공은 처음엔 당황하거나 반항하지만, 자신도 모르게 황홀한 느낌에 젖었다가, 이내 정신이 들면 그 상대방을 밀쳐내 버리는….

예를 들어, 여기 여러분을 좋아하는 두 남자가 있다고 해요. 한 남자는 여러분 곁으로 다가와서 강렬한 눈빛으로 쏘아보다가 여러분을 갑자기 꼭 껴안으면서 강하게 키스를 해왔구, 또 한 남자는 여러분 곁에 서 있다가 아주 조심스럽게 ''저, 키스해도 될까요?''라고 묻고, 여러분이 "해도 좋다"고 하자, 당신 입술에 조심스럽게 입술을 갖다 댔다고 해봐요. 어느 쪽이 더 멋질 거 같애요? 어느 쪽이 여러분이 꿈꿔 오던 쪽이죠?

언제나, 보통, 더 멋있게 그려지는 건 갑자기 당하는 키스의 상황이죠. 만화책에서든, 영화에서든… 하지만, 실제로 그런 상황에 처한다면 여러분은 어떤 느낌을 가질 것 같아요? 위에서 예로 들었던, 두 남자를 여러분이 똑같이 좋아하는 상황이라고 하면, 여러분은 분명 상대방의 동의를 구하고 충분한 시간을 준 다음 하는 키스의 느낌이 훨 좋다는 걸 알게 될 걸요. 내가 충분히 예상하고, 설레고, 준비하고, 그리고 서로 다가와서 하게 되는 키스야말로 진짜 키스라는 걸요.

위에 친구 얘기를 보면은요, 솔직히 말해, 키스 자체에서는 별로 좋은 느낌을 받지 못했는데… 평소 자신이 동경해 오던, 글구, 다른 친구들 모두 해보고 싶어하는 걸, '난 해봤다!'는 데서 오히려 뿌듯함을 느낀 것 같네요. 그치만, 그게 키스의 진짜 즐거움은 아니었겠죠? 단지, '너희들은 못 해봤지? 난 해봤다' 하는 거들먹거림 같은 건데, 누가 먼저 해봤고, 누군 아직 못 해봤고, 누가 제일 나중에 해보고는 중요한 문제가 아닐 거 같네요. 문제는 키스 자체의 좋은 느낌을 누릴 수 있느냐 없느냐 하는 거겠죠.

그치만, 이 친구는 적어도 키스가 만화에서 보는 것처럼 그렇게 고운 느낌만은 아니라는 걸 먼저 깨달은 것 같네요. 그렇담, 친구들에게 솔직히 그렇게 좋은 것만은 아니라고 얘기해 주는 게 어때요? '난 해봤지롱! 끝내 주는 기분이야' 하고 뻐기면서, 친구들의 환상만 더 키워주지 말구요.

키스는, 음, 그래요, 여고생이면 누구나 한번쯤 꿈꿔 보는 것이면서, 막상 할까 말까를 생각해야 하는 순간에 가서는 여러분을 당황하게 만들지도 모르겠네요. 처음이 어렵지 한번 하면 계속하게 되지 않을까, 키스는 육체적인 접촉의 맨 첫 단곈데, 일단 키스를 하면, 그 다음에는 또 어떤 상황이 닥칠까… 그런 두려움들도 생기구… 왠지, 잘못하고 있는 거 같구… 또, 평소, '키스쯤은…' 하고 생각하거나 '키스라면 할 수 있지'라고 생각한데도, 막상 그런 상황에 부닥치면, '해선 안 될 것 같다'는 생각이 들어서, 갈등 때리게 되죠… 여러분이라면 어떻게 하겠어요?

선택 / — 거부

난 요사이 심각한 고민에 빠져 있는데 그 고민의 원인은 바로 사랑이라는 탈을 쓴 욕망 때문이다. 나에게는 진실되고 착한 아니 적어도 전에는 그랬던 한 남자 친구가 있었다. 그애를 만난 것은 지난 가을 친구의 소개를 통해서였다. 하루하루를 싱글로 외롭게 보내던 나에게 생긴 남자 친구는 지루한 일상을 바꾸어 주었고 그럴수록 나는 그애의 모든 점들이 좋아지기 시작했다. 우리는 매일 만났고 서로를 각별히 아껴주는 그런 사이가 되었다. 그러던 어느 날 우리는 항상 그래왔던 것처럼 만나서 즐겁게 놀다가 비디오방에 가게 되었다. 평소에는 아무렇지도 않게 보아왔던 영화 속 야한 장면들이 그날따라 그애와 같이 있기 때문인지 거북하게 느껴졌다. 빨리 나가고 싶다는 생각만이 머릿속을 맴돌았는데 오히려 영화 속에서는 진한 키스신이 연출되고 있었다. 그러자 그때 그애는 나에게 사랑한다며 키스를 하자고 했고 난 너무 놀라 이 상황을 어떻게 빠져 나가야 좋을지 알지 못했다. 그 순간에도 그애는 내게 가까이 다가왔고, 난 입이 퉁퉁 불어 학교에서 쫓겨나는 내 모습이 생각났다. 그래서였을까? 어디서 힘이 솟았는지 난 소리를 지르고는 그애를 밀쳐내고 뛰어나갔다. 지금 생각해 보면 별일 아닌 것도 같지만 그때 당시에는 내가 첫키스를 하느냐 마느냐의 중요한 선택의 기로였기 때문에 무척 고민했었던 것 같다. 그러나 지금은 오히려 내가 잘했다는 생각이 든다. 그때 키스를 허용했다면 아마 그애는 더 과감한 것을 요구했을 테니까…, 지금도 가끔 그애는 전화를 해서 그때의 일을 사과하지만, 난 그날 이후로는 그애와 만나지 않고 있다. 아마도 그애를 좋아했던 만큼 실망도 너무 크기 때문인 것 같다.

선택 2 - 한번 해보는 건 어때?

중3 겨울 방학 때 일이다. 연합고사도 끝나고 한참 들떠 있고 좀 색다른 것을 찾는 나에게 친구가 한 남자 아이를 소개시켜 주었다. 처음에 길을 갈 때 서로 멀리 떨어져 걷다가 차츰 가까워지면서 가끔 손도 잡고 어깨동무도 하게 되었다. 그애는 내게 있어 남자 친구라기보다 친한 친구 같았다. 그래서 마음이 편했는데 그애의 착한 이미지가 깨진 건 어느 비디오방에서였다. 그냥 아무 생각 없이 갔던 나였고 처음엔 그냥 말없이 서로 비디오에 열중했다. 그러나 시간이 좀 흐르고 지루해질 때쯤 그애가 내 손을 잡았다. 그 전에도 손을 잡은 적이 많아서 나는 그냥 대수롭지 않게 넘어갔다. 그러나 문제는 그 다음, 그애가 나에게 키스를 하려는 것이었다. 순간 너무 놀라고 당황해서 그애를 밀쳐 버렸다. 그애도 놀랐던지 정말 미안하다고 하며 사과했다. 그냥 뛰쳐나오려다가 너무 미안해 하길래 속는 셈치고 참았다. 그런데 그애가 또 시도를 하는 것이었다. 한편으로 정말 이 애가 미쳤구나 하는 동시에 한편으론 한번 해보는 건 어때? 하는 두 가지 생각이 엇갈려 떠올랐다. 고민 끝에 그냥 해버렸다. 그땐 정말 성 호기심도 많았기 때문이다. 하지만 정말 후회와 실망 — 책에서 말하는 신비감 같은 건 없었다. 정말 더럽고 내가 한심하게 느껴졌다. 처음에 그냥 나왔으면 이런 일은 없었을 텐데라는 생각에 내가 정말 바보 같다는 생각이 들었다. 그래서 그 후론 난 그애를 보지 않았다. 아니 볼 수가 없었다. 너무 창피해서 얼굴을 다신 보지 못할 것 같았다. 내가 이렇게 한심스럽게 보일 때가 없었던 것 같다. 하지만 지금 생각해 보면 이 계기로 정말 충동에 의한 행위는 실망감밖에 없다는 것을 크게 깨달은 것 같다.

선택 3 - 익숙해지기

나는 중2 때 처음 남자 친구를 사귀었다. 처음에는 그냥 손잡고 어깨동무만 해도 대단한 줄로만 여겼다. 중3 때 한 오빠를 사귀었다. 어느 날 극장에 갔다. 한참 영화를 보고 있는데 오빠가 자꾸 내 어깨 위에 머리를 대었다. 좀 불편했는데 그냥 가만히 있었다. 그러더니 내 머리에 코를 갖다 대면서 내 다리에 손을 얹었다. 좀 징그러웠지만 오빠를 위해서 그냥 가만히 있었던 것 같다. 그러고 나서 오빠는 내 얼굴 앞에 자기 얼굴을 보여 줬다. 그러고 나서는 갑자기 키스를 한 것 같다. 한 10초 그 정도였다. 첫 키스라는 생각에 너무나 두근거렸는지 오빠가 내 몸을 막 더듬고 있었다는 것을 그때는 못 느꼈던 것 같다. 영화에서 이제까지 보아왔던 주인공들의 키스 장면은 너무나 멋졌고, 소설책에서 '나는 전율이 흐르는 것을 느꼈다'는 구절이 나오면 나도 언제쯤이면… 은근히 기대도 했다. 그런데 나의 첫 키스는 좀 상상 외였던 것 같다. 그래도 어쨌든 난 첫 키스한 그날을 잊지 못한다. 그런 지금은 키스는 당연히 하는 것처럼 여겨지게 되었다. 만나면 늘… 서로 좋아하면 그 정도는 정말로 자연스런 행위이고 또 지금 성적 욕구는 호기심이 아니라 정말 어른들이 할 수 있는 그런 일을 행할 수 있을 정도다. 지금 사귀는 아이는 참 적극적이다. 비디오방에서 옷을 벗고 애무를 하는 것이 당연하다고 생각하는 편이다. 하지만 모든 남자 애들이 다 하고 싶어 하는 건 사실일 것이다. 모든 다른 애들도 늑대 같은 건 마찬가지다. 하지만 난 그런 정도는 좋다고 생각한다. 스트레스 해소에 좀 도움이 되는 것 같아서….

　네, 세 친구의 얘기를 들어봤습니다. 먼저, 세 친구의 얘기에 나오는 공통적인 내용을 내가 좀 정리해 볼까요… 먼저, 젤 먼저 눈에 들어오는 건, 이 친구들이 놓였던 상황이 어떤 상황이었냐 하면, 모두 비디오방이나 극장 같은 곳, 다시 말해 둘이서만 있는 공간이거나, 둘이 어떤 행동을 하더라도 눈에 잘 띄지 않는 그런 곳이었죠. 그런 곳에서 상대편인 남자 친구들이 모두 갑자기, 이 친구들은 생각도 못했던 행동을 하면서, 일방적으로 키스를 하려고 했구요.
　그런 상황에서니까, 이 친구들의 순간적인 고민은 '키스를 할 것이냐, 말 것이냐'가 아니라 '이 남자 애의 행동을 받아들일까, 말까' 즉, '키스를 하도록 내버려 둘까, 말까'였어요. 그래서 키스를 하기로 선택했으면 그냥 가만히 있으면 되는 거였고, 키스를 하고 싶지 않으면, 아주 크게 화를 내면서 거기서 뛰쳐나오거나 해야 했다는 거죠.
　두 번째로 공통점을 꼽으라면, 모두 실망감을 느꼈다는 거구요. 왠지, 내가 쫌 못되고 잔인한 사람처럼 느껴지네요, 여러분들이 곱게 마음 한구석에서 키우고 있는, 키스에 대한 꿈을 깨버리고 있단 생각 땜에요… 그치만, 어떡해요, 이게 현실인 것을… 그렇다구, 그 꿈을 완전히 버려라, 그건 완전히 틀렸다… 이렇게 말하려는 건 아니구요. 그 꿈을 여전히 간직한 채라도, 현실이 어떻다는 걸 알고 있음, '아는 건 힘'인 만큼, 여러분 인생에 득이 된다는 거죠…(난 여러분 편인 거예요, 꿈을 깨버리는 나쁜 사람이 아니구요).

어쨌든, 다시 얘기로 돌아가서요… 키스를 거부한 친구는, 그 남자 아이에 대해 갖고 있던 착한 이미지가 깨지면서 무척 실망했고, 키스를 받아들인 친구들은 그 남자 아이뿐만 아니라, 키스의 느낌 자체가 책이나 그런 곳에서 보아서 알고 있던 것과는 달리 시시하다는 것에 실망했죠. 아니면, 충동과 호기심에 따라 행동한 자기 자신에 대해 실망했구요.

세 번째는 키스가 그 이상의 육체적인 관계로 나가는 관문일 수 있다는 점을 알고 있다는 거죠. 그런 가능성을 인정하고 싶지 않았기에 거부하기도 하고, 일단 키스에 익숙해진 이후에는 그보다 더한 육체적인 접촉의 연장선상으로 나가게도 되는 거구요.

어때요? 나한테 이런 것들이 보였는데, 여러분들한테는 뭐가 보였어요? 이 친구들 얘기에서….

일방적이고 갑작스런 키스 따위 그렇게 멋진 게 못된다는 거. 오히려 그런 것들은 우리를 당혹시키고 당황하게 만들 뿐이죠. 그리고 그런 행동을 하는 상대는 아주 나쁜 짐승스런 인간 정도로 생각되게 마련이구요.

그리고 여러분들 마음속에는 상반된 두 가지 감정과 생각이 들어 있다는 거, 알겠나요? '하면 안돼'와 '한번 해보는 건 어때?'가 같이 들어 있다는 거요. 이 상반된 두 생각 사이에서 자신을 실망시키지 않을 결정을 내리기가 힘들다는 거, 특히나, 이렇게 일방적이고 갑작스럽게 당하는 상황에서는요. 또, 이런 상황에서는 자신이 내린 결정

아 ~
저 아름다운
입술 …

왜 다가오지 않지 ?
하고 싶은데…

대로 행동하기가 쉽지 않을 수도 있죠. 난 '싫다'고 생각하지만, 아주 단호하게 뿌리치거나 거부하지 않으면 내 의지를 관철시키기 어려운 상황들이 많으니까요.

음, 그래서 말인데, 이렇게 우리를 불쾌하게 만드는 일방적인 상황에 처하고 싶지 않다면, 우선은, 비디오방이나 극장 같은 곳, 남들 눈에 잘 띄지 않는 곳에 가면 이렇게 남자 애들이 무엇인가를 하고 싶어할지도 모른다는 것을 예상할 수 있어야겠죠.

아니요, 그렇다구 '남자는 다 늑대'라는 얘기가 아니라요. 만약, 여러분도 여러분 남자 친구랑 키스해 보고 싶다면 어떻게 하겠어요. 그런데, 뭐라고 말로 하기는 어렵고 해보고는 싶고 그럴 때는, 그럴 때는 눈에 잘 안 띄고 어두운 곳에 가서, 좀 분위기를 잡으면서… 그러다가 하면 어떨까 하고 생각하지 않겠어요? 그러니까, 그런 상황을 누가 만드느냐 하는 건, 남자냐, 여자냐의 문제가 아니라, 누가 그런 생각, 의도를 품느냐는 건데, 우리 사회에서는 대개 남자가 그런 의도를 갖고 행동하는 게 정당화되어 있다고 할까, 뭐, 그런 분위기잖아요.

어쨌든, 그건 다음 장에서 더 자세히 얘기하구요. 남자 애들의 어떤 행동이 나타날 수 있는 특정한 분위기에 대해 여러분이 미리 예상할 수 있어야 해요. 어떤 일이 생길 수 있는지 알고 있으면 실제로 그런 일이 일어났을 때 더 잘 대처할 수 있죠. 미리 어떻게 할지 결정해 놓을 수도 있구요. 예를 들어, 난 정말 애랑 키스하고 싶은가 아닌가 생각해 놓을 수 있잖아요.

물론 여러분이 예상할 수 없는 경우들도 있을 수 있죠. 그럴 때는 먼저 선수를 치거나, 아님 당당하게 따지세요. "너, 지금 나한테 키스

하려고 그러는 거야? 키스하고 싶으면 하고 싶다고 먼저 말로 해야
지? 난 싫어!" 이렇게 하거나 "야, 난 너 그렇게 안봤는데, 이게 뭐야?
나랑 친구 계속 하고 싶으면 당장 사과하고, 다신 이런 짓 하지 가!"
라고 바로 그 자리에서 말해요. 이건, 단순히 저항이나 거부가 아니
라, 여러분이 가진 여러분의 생각과 의지를 그 친구에게 당당히 밝히
고 관철시키는 거죠.

반대로, 여러분이 이 남자 친구와 키스를 해보고 싶다는 생각이 들
고, 여러분 나름의 결정이 섰으면, 남자 친구가 해주기를 바라면서,
공연히 내숭 떨고, 분위기 만들어서, 남자 친구가 하도록 유도하지
말구요. 말해요. "나, 솔직히 말해서, 너랑 키스하고 싶은데, 키스해
도 좋으니?"라구요.

3 · 남자 애들은 너무 밝혀

남자 애들이 갑자기 이상해졌어요…

초등학교 6학년 때 남자 아이들은 사춘기여서 그런지 모르겠지만 굉장히 성에 대해 관심이 많았고 여자 아이들을 많이 놀렸다. 거의 매일 모여 성인 비디오를 본 일, 이상한 잡지를 본 일 등을 서로 이야기했다. 거기에다 그런 이야기를 여자 아이들에게 해주고 얼굴이 빨개지고 부끄러워하는 여자 아이들을 보며 즐거워하고 쾌감을 느끼는 것 같았다. 나도 여느 여자 친구들과 마찬가지로 그런 남자 아이들이 밉고 싫었다. 그러나 시간이 지나면서 나는 남자 아이들의 이야기를 즐기게 되었고 재미있어 했다. 그런 퇴폐적인 이야기를 들으며 즐거워하다니! 내가 나 자신에게 놀랐을 뿐만 아니라 이런 내가 싫었다. 하지만 남자 아이들도 그런 이야기에 흥미를 잃어서인지 차츰 줄어들었고 나도 금세 머릿속에서 지워 버렸다. 다행이라 생각했다. 그렇지만 남자 아이들의 장난기는 다시 발동하여 여자 아이들의 브래지어 끈을 당기거나 가슴을 만지거나 등등 그런 심한 장난을 하게 되었다. 선생님께 도움을 청하고 싶었지만 남자 선생님이라 선뜻 말하지 못했다. 역시 여자 아이들은 민감하게 반응했다. 또 남자 아이들은 거기에서 쾌감을 느끼는 것 같았다. 그런 남자 아이들의 행동을 이해할 수는 없었지만 지금은 이해할 것도 같다. 이성에 대한 호기심과 성인 영화를 보고 자기도 한번 해보고 싶은 충동을 느껴서가 아닐까 한다.

초등학교 때 '아이스케키' 당해본 사람? 그거 너무 싫지 않아요? 치마를 입고 학교 가는 날이면 안심할 수가 없었죠? 그렇게 여자 애들이 싫어하고, 선생님들이 엄하게 벌을 주셨는데도 불구하고, 남자 애들은 너무 짓궂게도 '아이스케키'를 해대곤 했죠.

그리고, 5학년, 6학년쯤 되서는 이런저런 음담패설을 주워섬기면서 자기네들끼리 킥킥거리며 웃어 대고 온갖 야한 농담을 해대면서 여자 애들을 놀려 대고… 우리들은 바로 요때쯤부터 걔네들의 행동을 이해할 수 없게 되는 것 같애요. 그 애들이 성에 눈뜨고 그리고 소위 우리 사회의 남성적인 성문화의 영향권 안에 들어가면서부터요.

우선, 걔네들은 『플레이보이』 같은 누드 잡지부터 소위 '빨간책'이라고 하는 것들, 그리고 포르노를 돌려보고 몰려다니면서 같이 보곤 하는 또래 문화를 만들잖아요. 그리고 그 또래 문화 속에서 우리 사회에서 보통의 남자 어른들이 갖게 되는, 그런 성문화 속에 들어가는 거구요.

예를 들면, 걔네들은 '성'하면 '성기', 자신들의 성기와 여성들의 성기를 떠올리게 되구요. 성을 다른 방식으로 이해하기보다는 자신의 성기나 여성의 성기에 관련된 것으로만 생각하는 거죠… 여자의 출렁대는 큰 가슴이랑 엉덩이, 아슬아슬한 미니스커트 아래로 왔다 갔다하는 허벅지… 또, 여자의 요상한 포즈랑 얼굴 표정, 글구 커다란 남자 성기가 여자의 성기에 열심히 들어갔다 나왔다 하는 거랑, 헉헉대는 숨소리, 신음 소리… 그런 걸로만 생각하게 되는 거죠….

주변의 여자 친구들이나 길 가는 여자들도 그런 관점으로 보기 시작하는 거구, 그런 것들 생각하면서, 그런 야한 사진 같은 것들 보면서 자위에 열중하기 시작할 거구요… 또 그런 얘기들을 자기네들끼리 해대면서 서로 뻐기겠죠… 어떤 여자 애는 어디가 진짜 죽인다느니, 역시 여자는 얼굴보다 몸매가 중요하다느니… 누가 누가 더 센가(?) 자랑도 할 거구요.

음, 내가 앞에서 성을 '몸을 통해 타인과 감정적으로 교류할 수 있는 것'이라고 말했죠… 물론, 내가 내린 정의가 절대적인 것이라곤 하지 않겠지만요, 성을 자신의 성기가 발기해서 절정에 오르고 사정하는 것이라고만 생각한다면, 글쎄요. 이건 영 내키질 않는 걸요.

근까, 걔네들 / 그들은 자신들의 성적인 욕구를 여성들의 벌거벗은 육체에 투사하게 되는 건데요… 음, 무슨 말이냐 하면요, 여성의 벌거벗은 육체, 가슴, 엉덩이, 성기 등을 자신들의 성적인 욕구를 불러일으키고, 자극하고, 해소시키는 대상으로 생각하게 된다는 거죠. 의식적으로나 무의식적인 면에서나.

글구, 이런 여성의 몸들은, 바로 그들이 돌려보는 포르노나 누드집 등에서 온 것이구요. 성인 만화 같은 데 보면 마치 가슴하고 엉덩이밖에 없는 것같이 그려진, 그런 이상한 아줌마들(여자들) 나오죠. 그렇게요, 그런 데서는, 여자는 무조건 성적인 대상이구, 성적인 대상으로서의 여자는 가슴하고 엉덩이밖에 없는 것처럼, 그것만 강조돼서 그려지죠….

바로 그런 몸을 하고 있는 여자들의 육체는, 우리 사회에서 살면서, 보통 남자들이 갖게 되는, 성기 중심적이고 성관계 중심적인 성에 대한 인식을 만들어 내는 이미지들이면서, 동시에 이런 성적인 생각들이 시각적으로 표현된 이미지들이라고 할 수 있죠.

음, 그들은 이런 이미지를 자신의 성욕과 뗄래야 뗄 수 없는 것으로 연결시키는 문화권 속에 들어가게 되는 거예요. 그래서 그런 포르노나 사진을 보면서 자위를 하고, 그 다음엔 자위를 하기 위한 보조 도구로 그런 것들을 이용하구요. 또, 여성의 몸을 그토록 훔쳐보려고 하는 것도 이런 연장선상에 있는 거죠. 중학교 같은 데서 여선생님의 치마 속을 보려고 교실 바닥에 거울을 떨어뜨려 놓는다거나 그런 행동들 말예요.

또, 남자 애들 사이의 또래 문화에서는 얼마나 강한 성적 능력을 가졌는가(누구의 성기가 더 길고 굵은가 하는 등), 얼마나 많은 여자 애들이랑 자봤는가 하는, 그런 것들이 그들 사이의 우열을 가리는 중요한 요소가 되곤 하죠. 그래서, 마치 어떤 여자와 성관계를 갖게 되는 것을 영웅이 험난한 위험을 거쳐 결국 여자를 차지하는 일종의 무용담같이 생각하게 되구요.

성적인 능력에서 뛰어남이 바로 남자 애들만의 사회에서, 권좌에 오르는 중요한 자격 조건으로 여겨지는 거예요. 그래서 그런 문화에 익숙하지 못하면, 다른 아이들로부터 소외되고 배제되기도 하구요.

무슨 무협지니 그런 데 보면, 꼭 그렇잖아요, 천하의 영웅은 원래 색을 밝힌다나, 꼭 색이 따른다나… 뭐 그런 얘기 있잖아요. 그래서 많은 수의 부인을 거느리고, 이름도 잘 기억하지 못할 만큼 아이들이 많으면, 그건 그 사람의 권력과 재력을 보여주는 거구… 그 사람이 그에 걸맞은 정력(?)도 겸비한 사람인 거같이, 존경받는 듯한 분위기….

이건, 비단 남자 애들만의 문화가 아니라, 우리 사회 전체의 남성 중심적 문화이기도 하죠. 남자 애들만 그런 게 아니라, 남자 어른들도 비슷한 생각을 갖구 있구, 아마, 여러분들이나 여러분들 어머니도 비슷한 생각들을 가지고 있지 않은가요?

또, 말이에요… 여러분들이 이 남성 중심적인 문화 안에서, 어려서부터 남자 애들에게(아니, 누구나에게) 예쁘게 보이고 상냥하게 굴고 그래야 한다고 교육받아온 것처럼, 또, 핸섬하고 능력 있는 남자를 만나서 사랑에 빠지고 그 남자로부터 따뜻하게 사랑받는 것만을 꿈꿔온 것처럼, 그 아이들도 마찬가지거든요… 자신들을 둘러싼 문화적 영향 속에서 그렇게 되도록 길러지고 있는 거요.

여자 아이들인 우리들, 혹은 여러분들은 성에 대해 잘 모르는 '순수하고 깨끗한' 여자가 되어야만 하는 거구, 또, 우리가 상상하게 되는 성의 느낌이란, 사랑하는 두 남녀의 아주 환상적인 키스 장면에서 느껴지는, 뭔가 알 수 없는, 흥분, 짜릿함, 막연한 설렘, 황홀감 같은 것들뿐이죠.

아님, 하이틴 로맨스나 애정 소설 같은 데 나오는 알 듯 모를 듯한 표현들이 있죠… '그의 뜨거운 숨결이 마치 사나운 야수의 그것처럼 그녀를 휘감았다'거나, '그의 거대한 그것이 그녀의 안으로 들어왔을 때, 그녀는 자신이 의식이 저 너머의 아주 먼 곳으로 사라져 가는 것 같은 느낌을 받았다'든가 뭐 이런 표현들이요.

끈적끈적한 욕망의 느낌들의 흔적이 느껴지지만, 우리를 완전히 사로잡고 위압하는 강력한 애정과 매력 속에서의 황홀감과 절정감이든가, 아님, 그의 따뜻하고 부드러우면서 은밀한 애무 속에서 여주인공은 서서히 흥분감이 고조되고 그리고 마침내 절정에 이른다든가… 이런 것들이 우리가 갖고 있는 성의 느낌과 성의 구체적인 방식들 아닐까요?

반면에, 남자 아이들은, 아주 크고 강한 성기를 갖고 지치지 않는 정력으로 성기 삽입 운동을 거세게 해대는 것을 성의 구체적인 방식들로 받아들이게 되는 거구요. 그리고 그들의 성적인 욕구와 느낌들을 여성의 가슴이나 엉덩이, 아슬아슬한 미니스커트 아래로 보이는 허벅지 같은 데에 연결시켜 버리는 거지요.

글구, 앞에서두 얘기했지만, 걔네들의 성적인 욕구와 성적인 강함을 보여 주는 행동들은 '사나이(?) 세계에서'는 공공연히 그들의 남성다움과 우월함을 보여 주는 상징으로 자랑스럽게 여겨지고 장려되는 거구요. 그래서, 만약 그들이 성적으로 '순수'하다면, 그들의 세계에서는 쑥맥으로 여겨지는 거죠.

음, 이렇게 해서 '밝히는 남자'와 '성적으로 순수한 여자'라는 모순되고 상반되는 이상형이 생겨나게 되어 있어요… '성적으로 강하고 밝히는 남자'와 '성에 대해 무지하고 순수한 여자'가 되어야만 하는, 그런 차별적인 성문화의 영향권 안에서 자란 우리와 그들은, 서로를 이해하기 무척 어렵게 되는 거구요. 당연히, 우리가 '설마 걔가 그럴 줄이야?' 하고 당황하고 배신감마저 느꼈을 때, 그들 역시 우리가 어떻게 느끼고 왜 그렇게 힘들어하는지 모를 수도 있는 거죠. 아니, 어쯤, 그들은 우리가 힘들어하리라는 것조차 생각지 못할 수도 있구요.

앞에서 우리 사회의 성문화가 성차별적인 것이라고 한 적이 있는데, 바로 이렇게 남녀에 따라 서로 다른 성규범과 성의식을 만들고, 사람들이 그걸 자연스레 받아들이게 하는 성문화를, 바로 성차별적인 성문화라고 하는 거죠.

그럼, 이젠, 이런 성차별적이고 남성 중심적인 성문화가 어떻게 나타나고 있는지… 여러분들이 현실적으로 이걸 어떻게 체험하고, 어떻게 받아들이고 있는지 함께 볼까요?

사귀는 것도 단계가 있다…

누군가에게서 들은 이야기가 있었다. 사귀는 것도 단계가 있다고… 처음엔 손을 잡다가 어깨에 손을 얹고 그 다음에는 허리에 손을… 나는 생각해 봤다. 우린 어깨에 손을 얹는 정도였다. 그런데 그 말을 듣고 난 하루가 지났을 때다. 만난 지 100일째 되는 날이었다. 오빠와 나는 학년이 틀렸기 때문에 수업이 끝나는 시간 또한 한 시간 가량이나 차이가 있었다. 그런데 그 날은 내가 수업을 끝나는 시간에 오빠가 교문 앞에서 장미꽃을 한아름 안고 서 있는 것이었다. 나는 너무 감동을 받아서 움직일 수가 없었다. 오빠는 그런 나를 데리고 여기저기 돌아다니며 즐겁게 해주었다. 그렇게 다니다 보니 밤이 깊었다. 그래서 오빠는 나를 집까지 바래다주겠다며 손은 자연스럽게 내 허리를 안았다. 집에 다다를쯤에 오빠는 나를 멈춰 세웠다. 그리고 벽에다 나를 기대어 세우는 것이었다. 나는 말없이 오빠를 쳐다봤고 오빠는 나에게 뭔가 원하는 눈빛이었다. 그리고 오빠는 물었다. 자기를 사랑하냐고. 그래서 나는 그렇다고 대답했다. 그랬더니 키스를 하려고 다가오고 있었다. 나는 그때 오늘은 특별한 날이고 하니깐 키스만은 해주겠다고 마음을 먹었다. 그런데 오빠는 나의 옷을 벗기려 하고 있었다. 나는 왜 그러냐고 물으며 뿌리쳤다. 그러나 오빠는 유난히 힘을 주고 있었다. 그런데 누군가 "너희들 뭐하는 거냐?" 라는 소리가 들려왔다. 순간 오빠는 잽싸게 도망을 쳤고 나는 그 자리에 주저앉고 말았다. 그리고는 막 울기 시작했다. 그 이후로 오빠를 만나지 않았다. 아무리 잘못했다고 빌었지만 용서할 수가 없었다. 그리고 더한 것은 그러했던 오빠가 무서웠기 때문이었다…

'갈 데까지 간 사이'란 말 있죠? 여기서 갈 데까지 갔다는 건, 남녀가 사귀게 될 경우 그 사귐의 정도를 육체적인 접촉의 단계로 생각하구, 그 단계를 쭉 밟아가서 마침내, 서로 성관계를 하는 사이까지 간 경우를 말하는 거죠.

그치만, 이게 웃기는 건데요, 우리가 마치 무슨 정해진 규칙인 양 생각하는, 이런 육체적인 접촉의 단계들 말이에요… 남녀가 사귀는 걸 이런 관점에서 본다면, 이건 남녀 간의 사귐에 있어서, 그 최종 목표는 여러 가지 육체적인 접촉을 거쳐 성관계를 하는 것!으로 놓는다는 거구, 둘 사이의 사귐에서 가장 중요한 건, 육체적인 접촉인 것처럼 생각하게 하잖아요.

또, 단계를 정해 놓고 한 단계, 한 단계 올라가는 것을 목표로 삼음으로써, 연애의 과정을, 마치 상대방의 몸에 대한 접촉권을 정복해 가는 과정처럼 생각하게 만들죠. 전쟁에서 싸워서 남의 땅을 조금씩 빼앗는 것처럼요. 물론, 이때 그 정복의 대상은 대개 여성의 몸이고, 남자는 침입자 내지는 정복자의 위치에 서는 거구요….

그래갖구, 한 단계, 한 단계 올라 마침내 최종 단계에 이르면, 남자들은 이제 완전히 정복했으니까 더 이상 공격의 재미와 의욕을 느낄 수 없기 때문에 이내 떠난다는 게 통설로 되어 있죠.

근데, 이게 뭐죠? 이게 뭐냐구요? 이런 게 무슨 연애고 사랑이냐구요?(미안, 약간 흥분했어요, 여기서)

남녀간의 사귐이건 아니건 간에, 두 사람 사이의 사귐이란 서로에 대한 배려와 교류가 가장 기본 아니에요? 이런 면에서 보면, 남자들의 성문화는 여성을 어떤 사귐의 대상으로보다는 자신의 성적 욕구와 성적 위용을 자랑할 하나의 정복의 대상, 즉 대상화된 사물로밖에 생각지 못하게 하는 거죠….

배고프면 밥 찾듯이, 성 고프면 그거 채우려고 먹는 밥처럼 생각한다는 말이죠… 솔직히, 너네가 원했다기보다 그렇게 생각하도록 하는 환경에서 자랐으니까 하고 이해해 주려고는 노력하지만, 이 생각만 똑 떼서 놓고 보면… 사실, 역겹죠, 이런 생각….

근데, 혹, 여러분도 스스로를 그렇게 생각해본 적 있어요? 남자랑 연애를 하게 되면, 그 남자를 여러분 수중에 잡아두기 위해서, 남자가 원하는 걸 안 들어주면서, 계속 튕겨야 되구… 또, 너무 튕기면 그냥 포기해 버리니까, 포기할 만할 때쯤 가서 쪼끔 허락(뭘?)해 주구… 또 튕기구… 이렇게 계속 잔머리 굴리며 게임을 해가지구… 끝까지 여러분한테 남자가 매달려 있게 만들어야 된다…는 이런 충고 아닌 충고를 듣곤 하죠….

이건, 일종의 현실 논리! 남자들은 이러이러한 '짐승'이니까 그 짐승들을 요리하려면 요렇게 해야 된다는 건데… 글쎄요… 이렇게만 함 되는 건가요? 나는… 잔머리 굴리는 덴 좀 약하구, 그냥 지금 내가 이 남잘 데리고 논다는 기분이면 그렇게 할 수도 있겠지만, 그래도 좀 찔릴 테고… 내가 정말 좋아하는 남자한테라면… 이렇게 잔머리 굴리면서 좋아할 순 없을 것 같은데요. 쩝, 내가 너무 순정판가요? 좀 더 약아야 하는 건가요?

에, 그래두, 나 같은 순정파(?)한텐, 다행인 게요, 모든 남자가, 또 이런 성향을 갖고 있더래두, 100% 절대적으로 그렇진 않다는 거예요. 모든 남자가 이런 건 아니구, 또 이런 성향을 어떤 사람은 좀 많이, 어떤 사람은 좀 적게 갖고 있다구 할까요… 그래서, 쬐끔 다행이긴 한데, 어쨌든, 여기선 그냥 전체적이고 일반적인 경향에 대하 얘길 해볼게요.

남자는 본능적인 동물, 늑대

중3 때의 일이다. 그 친구와 나는 같은 학교를 나왔는데 우리 학교는 남녀 공학이어서인지 이성 교제하는 친구들이 많았다. 사람들이 모두가 다른 것처럼 건전한 이성 교제를 하는 친구들이 있는가 하면 불건전한 이성 교제를 하는 친구들도 있었다. 안타깝게도 그 친구는 불건전한 이성 교제를 했었다.

어느 날 학교 끝나고 친구랑 그애 남자 친구가 남자 애네 집에 갔다고 했다. 그때 집엔 아무도 없었고 둘은 남자 애의 방으로 들어갔다고 했다. 그리고는 둘이 침대 위로 올라가 앉아 있었고 곧 누웠다고 했다. 그런데 남자 애가 친구 위로 올라가더니 키스를 했다고 했다. 그 전에도 키스는 여러 번 해봤기 때문에 아무 거리낌 없이 했다고 했다. 그런데 남자 애가 블라우스를 풀려고 해서 친구가 손을 치우고 다시 키스를 했다고 했다. 그때 남자 애가 치마 속으로 손을 넣으려고 해서 뿌리치고 나왔다고 했다. 그 얘기를 들었을 때 친구랑 그 남자 애에게 얼마나 놀라고 실망했는지 모른다. 남자는 '본능적인 동물', '늑대'라는 말이 실감이 났다. 남자에 대한 실망감과 배신감이랄까 어쨌든 그런 것들이 느껴졌다. 그런 마음이 더 든 이유는 그 남자 애를 학교에서 봐왔기 때문이었다. 학교에서 봤을 때 공부도 열심히 하고 순진해 보여서 소위 말하는 날라리와는 다른 줄 알았기 때문이다.

남자는 모두 믿을 게 못된다

중3 때의 일이다. 한여름이라 얇은 옷을 입고 친구들과 같이 걸어다녔다. 그때 마침 헌팅이 들어왔다. 그 오빠들은 고2 정도였고, 오토바이를 타고 있어서 끌리기도 했다. 그 오빠들은 나와 내 친구들을 한 명씩 태우고 눈물이 날 정도로 달렸다. 그리고 잠깐 쉬어 가자며 산에 내렸다. 여름이지만 밤이라 약간 서늘했다. 그 오빠들은 소주 몇 병을 사오고 게임을 하며 먹자고 했다. 그리곤 오빠들과 우리가 서로 짝을 지어 따로 놀고 다시 만나자고 했다. 나와 함께 된 오빠는 가장 잘 생기고 괜찮았다. 얼마 후 다들 흩어지고 나와 그 오빠도 산중턱쯤 올라와 있었다. 그리고는 몇마디 하지도 않고 어느 새 그 오빠 입술이 나와 부딪치게 되었다. 난 몸부림을 치며 피했다. 하지만 그 오빠 힘에 못이겨 그대로 있을 수밖에 없었다. 난 '키스쯤이야 뭘 티도 안나는데' 하고 있었다. 그런데 일은 지금부터 시작되었다. 그 오빠 손이 자꾸 내 몸을 더듬으며 날 자꾸 기분 나쁘고 또 두렵게 만들었다. 정말 도망치고 싶었다. 내가 피하고 도망가려 하면 더 힘껏 내 손을 잡아끌었다. 결국 난 힘이 닿는 데까지 뛰었고 내 친구들을 만나게 되어 산을 내려왔다. 정말 무서웠다. 생각하기도 싫고 거의 잊혀진 일이지만 지금 다시 생각난다. 난 그 후 아니 그 전부터도 많은 남자 친구를 사귀어 봤다. 키스도 많이 해본 것 같다. 하지만 모든 남자 애들이 똑같은 생각을 하는 것 같다. 너무 싫다. 지나가는 남자들, 아빠, 선생님까지…

음, 남자는 늑대고 믿을 수 없는 존재라… 그래요, 우리는 어려서

부터 이런 얘기를 귀가 따갑게 들어왔죠. 우스갯소리로도 많았고, 엄마가 따로 날 불러앉혀 놓고 아주 진지한 얼굴로 이런 얘기들을 일러 주시기도 하구요. 어때요? 여러분은 이 말이 맞다고 생각하나요? 아님, 이번엔 남자분들께 질문을 던져보고 싶네요. 어때요? 당신들은 당신들이 늑대라고 생각해요?

남자는 모두 늑대고 그래서 남자랑 있을 때는 언제나 조심해야 한다는 엄마의 말을 듣고 있으면 난, 불끈 화가 치밀곤 했어요. 난, 내 남자 친구들을 믿고 있고 또 그애들이 짐승으로 돌변할 가능성 따위 생각하고 싶지도 않았기 때문이죠. 또 걔네들뿐만 아니라, 내가 우리 과 선배, 후배, 선생님, 동료, 하다못해 슈퍼마켓 주인 아저씨에 이르기까지 내가 접하는 모든 남자들을 항상 의심하고 조금도 경계를 소홀히 하면 안된다니. 그런 것 싫지 않아요? 남 의심하는 것도 싫지만, 우선 내가 행동하는 데 불편하잖아요?

그치만, 더 화가 났던 이유는… 내가 그 말을 '에이, 그렇지 않어' 하고 부정하면서 그냥 웃어 넘길 수 없었기 때문일 거예요. 그런 말들, 아주 터무니없는 말이 아니라는 거, 내가 직접 경험은 못했지만, 아주 어렸을 때부터 우리는 그 증거가 될 수 있는 실제 이야기들을 수도 없이 들어왔잖아요. 또, 엄마도 그렇게 쌓여온 경험과 기억에 바탕을 두고 말씀하시는 거구요.

글구, 우리의 경험을 놓고 봐도, 그 말은 계속 확인, 확인만 되지 잘 부정되진 않지요. 여자랑 단 둘이 있기만 하면, 하여튼 기회만 나면 그 여자를 좋아하건 안 좋아하건 그런 거에 관계없이 어떻게든 해보려는 이런 모습들. 너무 싫고 실망스럽죠.

남자 애들은 너무 밝혀 193

학교에선 착하고 순진해 보이던 아이들까지… 그리고 내가 사귀는 남자 애들마다… 결국, 우린 모든 남자 애들은 다 똑같다, 다 믿을 수 없다 이런 결론을 내릴 수밖에 없죠. 그래서 모든 남자 애들, 모든 남자들이 다 싫고 혐오스럽거나, 결국은 믿을 수 없는 존재들이니까 끊임없이 경계하고 조심하고 그럴 수밖에 없게 됩니다. 실망감, 배신감, 혐오감, 불신… 이렇게 나쁜 감정들을 통해서만 우리는 그들을 볼 수 있게 되는 거죠.

한편으론, 도대체 얘네들은 왜 그런 걸까? 남자 애들은 다 본능적으로 그럴 수밖에 없게 되어 있는 걸까? 이런 질문들을 던져 보게 되구요. 우리로선 도저히 이해가 안 되니까요.

남자들을 이렇게 만드는 건, 진짜 뭐죠?

음, 여러분들도 잘 알고 있을 거라구 생각되는데요, 가장 널리 퍼져 있는 신화(사실에 근거한 것이 아니라는 의미에서)는 남자들은 본능적으로 밝히게 되어 있고, 또 남자는 여자보다 훨씬 본능적인 존재(본능적인 동물)이기 때문에, 본능을 이길 수 없다는 거죠….

그래서, 성폭행이나 성추행 같은 행동을 했을 때조차도, 그건 그들의 잘못이 아니라 그들의 제어할 수 없는 본능 때문이니까, 오히려 그렇게 본능적인 짐승(?)에 가까운 그들을 자극한 여자들의 탓이다는 요상한 논리까지 정당한 것으로 받아들여지는 지경이잖아요.

정말로, 진짜로, 그들은 여자만 보면 어쩌지 못하는, 성적인 접촉의 가능성이 조금이라도 있다고 느껴지면 그렇게 하지 않고는 못 배기는, 본능만을 따르는 짐승 - 동물적인 존재들일까요? 또, 그들의 성적 본능은 너무나 강해서~ 일단 자극만 받았다 하면 '눈에 뵈는 게' 없어지는 그런 건가요?

혹시 이 페이지를 넘겨보고 있는 남자분들이 있다면, 다음 물음에 대답 좀 해볼래요?

① 그렇게 자기 자신을 성적인 본능에 휘둘리는 본능적이고 동물적인 존재로 생각하는 게 좋은가요?

② 진짜 남자는 다 짐승인가요?

③ 당신은 당신이 원래 그런 짐승으로 타고났다고 생각하는 게 기분 좋은가요?

④ 일방적인 육체적 접촉 속에서 당신은, 당신을 그런 본능적인 짐승이라고 생각하면서 유쾌한가요?

⑤ 성을 둘러싼 모든 것들 속에서 당신은, 당신 자신을 본능적인 동물로 생각해야 하기 때문에, 성은 당신에게 죄의식이나 또 다른 불쾌함을 낳는 그런 건 아닌지요?

다 대답을 해봤으면, 다음에 나오는, 다른 아저씨들의 얘기 좀 들어 볼래요….

실제로 '남성의 억제할 수 없는 성욕'에 대한 통념은 우리 사회에 널리 퍼져 있는 믿음이기도 하다. 그런데 뜻밖에도 질문지 조사에서 77.5%의 남성이 성충동은 '자제할 수 있다'는 응답을 했다. 이러한 결과를 어떻게 해석해야 할까, 사회적 통념과 질문지 결과간의 괴리는 면접 사례를 통해 어느 정도 설명이 가능하다.

성충동은 자제가 가능하다. 그러나 남자가 손해볼 게 없으니까 자제 안하는 것일 뿐이다.(20세 대학생)

성적 충동이 생기면 쉽게 물러서지 않고 소위 '땡기면' 어떻게든 '싸버리는' 수단을 쓴다. 하지만 참으려면 얼마든지 참을 수 있다.(26세 사무직)

성충동을 억제할 수 없다는 건 말도 안된다. 그런 말은 편의상 하는 말이다. 나도 떼쓰고 싶을 때는 '이거 참을 수 없는데 어떻게 하느냐' 그런 말 하지만, 괜히 하는 소리다.(40세 전문직)

사례에서 나타나듯이 '성욕은 얼마든지 자제할 수 있지만 남자가 손해볼 게 없으니까 자제 안하는 것'이라는 게 남성들의 솔직한 생각인 것 같다. 다만 이를 합리화하기 위해 '이거 참을 수 없는데 어떻게 하느냐'고 말하고 있을 뿐이라고 보는 것이 정확하다.

— 장필화·조형, "한국의 성문화 - 남성의 성문화를 중심으로," 『여성학 논집』 제8집

위의 얘긴 지어낸 게 아니라, 실제 조사 과정에서 나온 얘기들이거든요… 평범한 우리 나라 아저씨들이 한 얘기구요….

자, 어때요? 그들은, 그리고 당신들은(이 책을 보고 있는 남자분들을 위해) 성적인 충동만 느끼면 더없이 흉포한 괴수가 되는, 그래서 성폭행이나 성추행 같은 범법 행위도 불사하는, 그런 본능적인 존재

들이 아니라는 것 알겠나요?

또한 그들의 성적인 본능이나 욕구는 너무나 강해서 억제할 수 없는 그런 것도 아니라는 사실, 알 수 있나요? 단지, 자제하지 않아도 되니까, 자제하지 않더라도, '남자는 억제할 수 없는 성적 욕구를 가진 본능적 존재'라는 사회적 신화를 통해 그 행동이 아무런 비난도 받지 않고 정당화될 수 있으니까, 그러니까 할 수 있는 거랍니다.

그러니까요, 그들이 모두 늑대가 '되는' 건, 그들이 단순히 남자여서 본질적으로 그런 속성을 타고 났기 때문이 아니라, 그들을 늑대로 만드는, 그리고 늑대가 되는 걸 당연한 것으로 여기는, 글구 은근히 장려하는, 그런 환경 속에서 자신들의 성적인 의식이나, 여성에 대한 생각들을 형성해 왔기 때문이라고 할 수 있는 거구요….

어때요? 이 책을 읽는 남자분들 고맙지 않아요? 나한테… 당신들이 '짐승'이 아니라는 걸 증명해 줬고, 또, 성적인 본능이 시키는 대로 할 수밖에 없는, '성적인 본능의 노예'가 아니라는 사실도 밝혀 줬는데요, 이렇게… 그래서 이젠 당신의 성을 생각할 때, 자동적으로 당신을 동물의 수준으로 끌어내리지 않아도 되게 해줬는데…요. 쳇, 싫어요? 어째 시큰둥한 반응….

음, 글구, 내가 또 하나의 톱 시크리트 top secret 를 알려 주죠… 성적인 본능이나 욕구에 대해 보자면, 그건 남자들만의 전유물이 아니어요. 여자들 역시 성적인 본능과 욕구를 가지고 있다는 건데, 단순히 그뿐만이 아니라, 어떤 성의학(성을 연구하는 의학 분야라고 하면 될까요?) 연구 결과들은 말이죠, 여성이 남성보다 더 강한 성적 욕구를 가지고 있으며, 더 자주, 더 쉽게 성적인 충동을 느끼게 된다는 사실을 보여 주고 있거든요… 좀 과장해서 말하자면, 여자가 더 쎄면 쎘지, 약하지 않단 말이죠.

그러면, 오히려 여자를 짐승으로 생각해야 하냐구요? 아니죠, 그렇게 생각할 순 없어요.

여성이 남성과 동일한, 아니 더 강하다고도 생각할 수 있는 성적인 욕구를 갖고 있음에도 불구하고, 여성들이 '상대방의 의사에 반해서 성적으로 상대방을 모욕'하는 그런 행동들을 하는 경우는 극히 희박하죠. 왜냐? 여성은 남성보다 자기 통제력이 강하기 때문에? 좀더 도덕적이고 동물보다는 인간에 가까운, 한 차원 높은 존재이기 때문에? 네, 네, 모두 듣기에는 좋은 말들이지만, NO!, 아니에요. 나는 그렇지 않다고 생각해요.

여성들이 무조건 자신의 성적인 욕구에 따라 움직이지 않는 건 말이죠, 여성들이 남성들에 비해 성적으로 불리한 위치에 놓여 있어서, 사회 문화적으로 여성들에 대한 성적인 규율이 더욱 엄하고, 그걸 지키지 않을 경우 가해지는 비난과 처벌이 더욱 크기 때문일 거라고 생각해요.

또, 여성들은 자신의 성욕이 참을 수 없는 것이라는 가르침이나, 참을 수 없을 때는 상대방이 원하지 않더라도 자기 맘대로 해도 좋다는 은근한 장려 같은 것 받아본 적이 없으니까요. 오히려, 여성들은 '자신들에게는 성욕 같은 것은 없다'는 생각을 무의식 중에 품게 되는 그런 분위기 속에서 자라나게 되구요.

음, 난 말이죠, 여러분에게, 남자 역시 '성적으로 순수하고 깨끗한 존재'가 되어야 한다거나, 여성 역시 자신들 본래의 강한 성욕을 깨닫고 성에 관한 한 '동물적인 본능'에 따라야 한다고 말하고 싶은 건 아니에요. 글구, 어느 쪽이 옳고 어느 쪽이 틀렸다는 판단도 일단은 유보하고 싶은 걸요… 우선은, 남녀의 성적인 태도의 차이가 서로 다른 본능을 가졌기 때문은 아니라는 사실… 이것만이라도 분명히 하고 싶은 거예요… 그게 처음부터 그렇게 되도록 결정되어 있는 게 아니라, 그 상당 부분이, 한 사회 안에서, 후천적으로 만들어진 거구, 그게 후천적인 거라면 말이죠, 그렇담, 우리는 그걸 바꾸거나 새롭게 할 수 있는 가능성을 갖고 있다는 걸 의미하는 거 아니겠어요'

자, 그럼, 다시 여러분들의 얘기로 돌아가 보죠.

'남자들은 여러 여자와 관계를 갖고 그걸 떠벌리고 다니기를 좋아한다'

중/ 때 소개로 만난 난 어린 마음에 내가 J 오빠를 정말 좋아한다고 생각했다. 한번은 그 J한테 전화가 왔다. 자기 친구네 놀러가자고 그랬다. 난 좋다고 했다. 둘이 만나서 친구 집으로 갔다. 그때쯤 우리는 손을 잡는다거나 어깨에 손을 올리는 것 정도는 상관하지 않는 상태에 있었다. 그 J 친구의 집은 자취방 같았다. 방하나에 다락방 같은 장소가 붙어 있는 곳이었다. 친구들도 2명 정도 있었다. 나보고 J가 다락방으로 올라가자고 했다. 나도 좋다고 했다. 다락방에는 이불이 깔려 있었다. 기분이 이상했지만 난 그 오빠를 믿었던 상태라 크게 거부 반응을 보이진 않고 둘이 앉아 있었다. 어깨 동무를 하고 둘이 얘기를 하고 있었는데 갑자기 J가 나한테 "야, 너 나한테 한번 대줄 수 있어?" 그랬다. 이 말은 성관계를 갖자는 의미로 쓰이는 말이다. 난 됐다고 그랬다. J는 웃으면서 "그래 그럼 됐다"고 했다. 그

남자 애들은 너무 밝혀 199

런데 아랫방에 있는 친구더러 베개 두 개만 달라고 그러는 것이다. 친구가 정말 베개를 갖고 올라왔다. 능글맞게 웃으면서… 난 화가 나서 참을 수가 없었다. 그래서 베개를 J한테 집어던지고 그 집을 나왔다. J가 뒤를 좇아와서 그런 게 아니라고 했지만 들은 체도 안하고 끝장 집으로 왔다. 창피하기도 하고 자존심도 상하고 J가 날 갖고 놀았구나… 하는 생각에 얼굴이 화끈거렸다. 그 후에 한번 J에게서 전화가 왔다. 자기 아파트 단지에 있던 어떤 여자 애가 있는데 자기 때문에 임신을 했다나 어쨌다나… J는 항상 그런 식의 이야기를 주절거렸다. TV에서나 책에서 이런 말들을 접할 수 있다. '남자들은 여러 여자와 관계를 갖고 그걸 떠벌리고 다니기를 좋아한다.' 비록 어린 나이기는 했지만 나는 이 말을 실감했고 지금도 대부분의 남자들이 그런 성질을 갖고 있다고 생각한다. 이런 것을 제대로 판단하고 남자들에게 휘말리지 않는 것이 여자의 책임일 수도 있다.

그 남자 아인 재미 그 이상도 그 이하도 아니었다

고/ 때 난 잠시 동안 기숙사 학교에 다녔다. 남녀 공학~ 거기서 나는 정말 나의 이상형(?)을 보았다. 나는 그 아이에게 뜻을 비췄고 그 아이는 사귀자고 했다. 내 친구들에게 말하니 동물적인(?) 날라리였다고 모두 관두라고 했다. 그래서 난 거절했고 그 아인 곧 다른 아이와 사귀기 시작했고 둘은 갈 데까지 갔다고 들었다. 여자 아이가 처음에 거부하자 그 아인 영원함(?)을 약속했고 둘은 적금까지 들며 장래를 약속했다. 우리들 눈엔 왠지 좋아 보였다. 그 아이들은 많은 성관계를 가졌고 여자 아이는 그 아일 믿었다. 서로 정말 챙겨 주고 아껴 주는 것 같았다. 거의 여자 애들 모두가 그 아이들을 부부라고 했지만 남자 애들은 코웃음을 쳤다. 얼마 전에 그 학교 친구와 연락을 했다. 그 남자 아이가 전학을 간다고 해서 여자 아이와 많이 싸웠다고 한다. 난 이해 못했다. 전학 가면 못 만나냐고. 그러자 그 아이가 말했다. 남자 아이가 여자 애한테 너 때문에 간다고. 지쳤다고. 무슨 여자 애가 그렇게 질기냐고 했다나? 그 남자 아인 재미 그 이상도 이하도 아니었던 것 같다. 참 불공평하다. 왜 같은 나쁜 짓을 했는데 여자는 아파해야 하고 부끄러워해야 하고 죄책감을 느끼며 숨기고 싶어해야 하며 남자는 재미로 장난으로 자랑스럽게 떠벌리며 다닐 수 있는 것일까? 정말 이해도 안가고 하고 싶지도 않다. 내가 만약 그때 그 아이와 사귀었다면 내가 그렇게 됐겠지? 아니면 거부해서 결국엔 그냥 끝났을까? 궁금하다. 난 별로 남자를 믿지 않는다. 나도 많이 속아 봤고 주위 친구들도 많이많이 속아 아파하는 걸 봐왔기 때문이다… 난 지금 많이 자랐다. 성숙했다고 해야 하나? 18년 동안 지켜왔던 순결(?)을 버리고 싶지 않다. 7년간 꼭꼭 지켜서 내 남편에게 최대의 선물을 주고 싶다.

그럼 그 동안 날 갖고 논 거니? 난 널 정말 좋아했는데…

거의 1년 동안 남자랑 사귀지 않았다. 그리고 중3이 되어서 난 또 우리 학교의 어떤 애를 소개받게 되었다. 난 정말 모든 걸 줄 수 있을 만큼 걜 좋아했다. 하지만 나중에서야 걔가 나를 좋아한 게 아니었다는 생각이 든다. 걘 그냥 내가 여자였기 때문에, 여자로서 원했기 때문에 사귄 거였다. 어느 날 걔네 집에 가게 되었다. 걔 방에서 책상 서랍 뒤지고 책 같은 거 보면서 그냥 놀았다. 걔네 집엔 아무도 없었다. 근데 너무나도 갑작스러웠기 때문에 난 정말 놀랐다. 갑자기 어깨에 손을 딱 올리더니 키스를 하는 것이었다. 난 좀 당황했지만 솔직히 싫지 않았다. 이미 난 걜 위해 모든 것을 해줄 수 있다고 생각했기 때문이었다. 하지만 난 순결은 지켜야 한다고 생각했다. 키스를 하면서 내 옷을 막 벗기려고 했다. 갑자기 이러면 안 된다는 생각이 들었다. 16살로서 아직은 이건 안 된다고 생각했다. 난 걔 손을 내 손으로 막으면서 싫다고 계속 그랬다. 근데도 걘 말을 안 들었다. 난 학

밀어 버리고는 똑바로 옷을 입고 집에 갈 거라고 했다. 걘 아무 말도 안했다. 날 말리지도 않았다… 그리고 데려다 주지도 않았다. 그냥 나갈 때 "잘 가!" 그 한마디뿐이었다. 집에 와서 난 너무 속상해서 울었다. 그 이후로 걘 연락도 안했고, 우린 그렇게 끝났다. 하지만 너무 속상한 건 그 행동에서 날 좋아하지 않는다는 것을 알았기 때문에, 그럼 그 동안 날 갖고 논 거라는 생각이 들어서 자꾸 눈물이 나왔다. 난 정말 걜 너무 좋아했기 때문에… 하지만 난 그렇게 끝난 걸 후회하진 않는다. 내가 사귀었던 남자들 중에서 지금까지도 난 제일 좋아했던 애가 누구였냐고 물어본다면 걔라고 할 거다. 비록 그렇게 (적어도 나한테는) 슬프게 끝났지만 그래도 좋아하는 감정은 어쩔 수 없는 것 같다.

가슴이 답답하고 울분이 치솟고 그러네요, 지금. 남의 얘기 같지가 않아서요. 왜 남자들에겐 성이 재미고, 여자들에겐 상처이고 그런가요? 속이 상해요. 후~, 하지만, 조금 진정하고 차분하게 얘기해 봅시다. 남자와 여자는 어쩌면 이렇게도 서로 다른 눈으로 서로를 보는 걸까요? 남자에게는 종종 - 이 얘기들에서 보여지듯이 - 여자가 한번 박아볼 대상으로밖에 안 보이고, 여자에게는 남자가 애정과 헌신의 대상으로 보이구요.

어른들이라면, 여자들이 이런 일로 상처받는 걸 안쓰러워하는 남자분들이라면, 이렇게 말씀하실 것 같네요. "쯔쯧, 남자는 원래 다 도둑놈이니까, 여자들이 그런 걸 알고 미리 조심해야지", "잘 살펴보고 가려서 남자를 잘 골라야지. 그런 나쁜 놈은 아예 사귀지도 말고", "좀 똑똑한 여자 애들이면, 남자한테 끌려 다니는 게 아니라, 남자가 감히 그런 생각도 못하게 그렇게 만들어야지" 등등이요.

　그래요, 현실적으론 이런 방법들이 현명한 방법들일 수 있겠죠…
상처받지 않고, 남자에게 배신당하지 않고 그럴 수 있는… 어른들은,
여자들을 지켜 주고 싶은 남자들은, 우리에게 좀 더 현명해지고, 현
실적이 되고, 영악해지라고 하고 있는 거죠. 남자들을 의심과 경계의
눈빛으로 항상 째려보고 있다가, 요모조모 잘 살펴서 까다롭게 고르
고, 그리고는 우리에게 안전한 방식으로 잘 길들이라고요.

　근데, 불행히도 우리는, 좋아하고 사랑하면 상대방을 그냥 믿고,
사랑하는 사람이 원하는 거라면 뭐든 다 해주고 싶은… 그런 마음을
갖게 되는 우리는, 영악해지라는, 현실적이 되라는 주위의 충고에도
불구하고, 꼭 손해 보는 짓을 하고 말죠. 그래서 배신당하고 상처받
으면, 우리에겐 이제 정확히 남자들에 대한 불신과 증오가 남게 되
죠. 아님, 결국 어른들이 말한 대로, 이 위험한 정글 같은 연애의 과정
을 거치는 동안, 한시의 빈틈도 없는 철통같은 경계와 방어로 자기를
꼭꼭 지켜야 한다, 그게 현명한 길이라고 생각하게 되구요.

　음, 그래요, 이런 생각들 틀리다고 할 수 없죠. 누구든지 더 불리한
상황에, 취약한 상황에 놓이게 됨 이렇게 영악하고 현실적인 계산을
할 수밖에 없을 거구요, 또 아주 조심할 수밖에 없는 거겠죠. 꼭 성에
관련된 상황이 아니더라두요.

　여자들과 남자들은 성과 사랑의 관계에 대해 서로 무척 다른 생각
을 갖고 있는 거 같군요. 사회 속에서, 그렇게 서로 다른 생각을 갖도
록 만들어지는 거란 얘긴 이미 했구… 우선, 여자들은 성에 대해서는
무지한 경우들이 많으니까 사랑밖에 모르는 경우들이 많죠. 즉, 모든
것에 우선해서 사랑이 있고, 성 역시 이 사랑이라는 테두리 안에서

가능한 거구요. 사랑하는 사이라면 성관계가 가능하다거나, 난 걜 좋아하니까 개랑 키스했다든가… 이런 식으로요.

근데, 남자들은 좀 다른 것 같애요. 물론, 남자들이 사랑을 소중하게 생각하지 않는다거나, 사랑을 위해 헌신하지 않는다는 얘기는 아니구요… 여자들에 비해서 상대적으로 남자들에겐 사랑보다 성이 차지하는 비중이 더 큰 것 같다는 얘기죠. 그리고, 성을 사랑과 분리시켜 생각하는 경향이 있구요. 꼭 사랑하는 사람과 성관계를 가져야겠다는 생각보다는 그냥 아무 여자라도 성관계는 맺을 수 있고, 또 될수록 많은 여자와 성관계를 가질 수 있으면 더 좋다는 생각이 좀더 강하다는 거예요. 또한, 사랑에 대해서도 그것은 당연히 성을 포함하는 것이거나 성을 통해 가능한 것이라고 생각하는 경향이 강하구요.

이렇게 다르기 땜에, 남자가 의도적으로 사랑이라는 이름으로 접근해서 성을 추구하는 것으로 보이는 경우도 많구요, 남자가 그걸 꼭 의도하지 않았다고 하더라도, 본의 아니게 그렇게 되고 말거나, 아님, 여자들이 그렇게 느끼게 되는 경우들이 자주 생겨나게 되죠. 남자들은 성관계의 경험이 많을수록 그게 자랑이 되는데, 여자들에겐 더 손해이거나 치명적인 약점이 될 수 있으니, 남자가 의도했든, 안 했든, 여자는 자신이 상처받고 배신당했다고 느끼기 쉬운 거죠.

그래요, 우리는 '남자들은 이렇다'는 걸 알아야만 할 거예요. 그래야 '여자들은 이렇다'는 걸 잘 알고 있는 남자 애들이, 의도적으로 여자 애들을 속이고 상처 입히는 일들을 피할 수 있을 테니까요. 그치만, 우리는 그들의 영악함에 돌을 던질 수 있을까요? 우리 역시 아주 영악하게 그들을 재고 판단하고 우리가 상처받지 않기 위해서 그애들을 이용한다고 한다면… 소위 '내숭 떠는 여우'들이 된다면 말이죠.

분명히, 우리는 그애들의 성향이 어떻게 다른지 알아야만 하고 우리들의 성향은 어떤지도 알아야만 하구요. 그치만, 그건 우리가 서로를 '늑대'와 '여우'로 바라보면서 눈치보고, 잔머리 굴리고, 속기 전에 속이고 하면서 서로를 비난하거나 소외시키기 위한 게 아닐 거예요.

서로의 차이를 인정하는 것, 또, 그 차이가 변화시킬 수 없는 그정된 본능이나 남성성, 여성성에서 기인하는 것이 아니라 사회, 문화적인 차원에서 상대적으로 만들어진 걸 아는 거… 이게 바로, 서로를 이해하고 존중하는 평등한 관계를 만들어 가기 위한, 지금의 상황을 바꾸기 위한, 출발점이 될 수 있다고 생각해요.

남자는 늑대지만 그래도 필요한 것 같다

내가 좀 특이한 건가? 난 남자에게 당한 적은 물론이거니와 내가 남자를 갖고 놀았으면 놀았지 먹히거나 그러진 않는다. 오빠들라 야한 얘길 해도 덤덤하다. 내가 너무 무딘 건가? 남자들은 날 동성처럼 생각해 주질 않는 게 조금은 속상하다. 그냥 평범한 눈으로 보면 안 되나? 자기에게 관심 있다고 보이면 같이 자려고 꼬시는 게 남자다. 물론 그런 속성을 자-알 알고 있기에 아직까진 아무 일이 없다. 정말로 날 사랑한다거나 좋아한다면 기다려 줄 수 있을 것 같다. 며칠 전에 아는 오빠가 같이 여관 가자고 마구 졸랐다. 비디오방에 갔었는데 내가 다 뿌리치고 나니까 급해졌나? 여관도 싫고 오빠도 싫고 자는 것도 싫다고 했더니 잘 가라고 그랬다. 새벽 3시에. 집에 혼자 가려니까 무지 무서웠다. 남자는 다 늑대지만 그래도 필요한 것 같다.

너는 나에게 아무나가 아니었기 때문에… 그래서…

너는 그때 내가 어떤 생각을 하고 있었는지 모르겠지…

얼마 전까지만 해도 그 일 때문에 나는 많이 아파했고 또 아무 일도 손에 잡히질 않았다. 하지만 지금은 가끔씩 꺼내 보는 빛바랜 사진 같은 것이 되어버린 내 과거의 추억일 뿐이다. 작년 겨울 방학 동안에 난 친구의 소개로 그 아이를 만났다. 처음에는 그냥 호기심으로 만났고 또 전화도 하면서 한달을 그렇게 보냈다. 하지만 그 아이를 만나면 만날수록 그 아이에게 이성의 감정을 느꼈고 그 아이 또한 그랬다. 그래서 흔히들 말하는 '사귀는 사이'가 되었다. 비록 방학중이었지만 난 그 아이를 일주일에 한번밖에 만나지 않았다. 마음만 먹으면 매일매일 만날 수도 있었지만 그냥 그렇게 자주 만나는 게 싫었고 집에서도 늦게 들어 오는 것을 허용하지 않았다.

자주 만나지 않는 대신 나는 온통 전화통에만 매달려 살았다. 그냥 그 아이랑 통화하면 좋았고 그 당시에는 그 아이랑 통화하고 만나는 일이 그 무엇보다 좋았다. 지금 생각해 보면 우습기도 하고 '내가 지금 다시 그럴 수 있을까'라는 생각도 든다. 하지만 그때에는 그 아이라면 아무 조건 없이 좋아서 일주일에 한번만 만나겠다는 나의 생각도 점차 바뀌기 시작했다. 그래서 시간이 있는 날은 언제나 그 아이를 만났다. 그렇게 자주 만나면서 우리는 안기도 했고, '키스'라는 것도 해보았다. 그 아이를 만나기 전에 난 결혼할 사람이 아니고서는 '키스'라는 것은 아무하고나 하는 것이 아니라고 생각했었다. 그러나 그 아이는 나에게 아무나가 아니라고 생각했기에 처음에는 아무렇지도 않게 생각했다. 하지만 시간이 지나면 지날수록 '내가 왜 그랬을까?' 하는 죄책감이 들었다.

언제나 상상 속에서만 가능했던 일이 지금 나에게 일어났다는 것이 인정하기 싫은 만큼 예전에 그냥 순수했던 나로 돌아가고 싶었다. 이러는 내가 죽이고 싶도록 미웠지만 아직도 난 그 아이를 무지무지 좋아했다. 그래서 더 이상 그 일에 대해서는 생각하지도 않았고, 그때의 내 감정에 충실했었다고 마음속에 묻어 두었다. 내가 이런 생각을 하면서 자기를 만났으리라고는 그 아이는 전혀 몰랐을 것이다. 나 또한 그 아이에게 그런 내색을 전혀 하지 않았으니까…, 나에게서 더 이상 무언가를 바라지 않는 그 아이가 무척 고맙기도 했다. 하지만 그런 꿈 같은 방학은 다 가고 정상적인 학교 생활이 시작되었다.

학교를 다니면서 그 아이를 만나기란 정말 힘들었다. 일요일은 집에서 나가지 못하기 때문에 만날 수 있는 날은 토요일. 토요일도 학교 끝나고 만나면 별로 같이 놀 수 있는 시간은 없었다. 그래서 토요일은 언제나 밤 늦게 들어갔다. 예전에 상상도 할 수 없었던 시간에… 이런 생활이 계속되자 집에서는 나를 걱정하기 시작했다. 엄마는 내가 남자 친구가 있다는 건 알고 계신다. 언젠가 부모님께 말씀드린 적이 있었다. 하지만 내가 늦게 들어오는 것에 관해서는 용납해 주시지 않았다. 또 계속 큰딸인 나에게서 ‘실망’ 이란 것도 하시는 것 같았다. 그 아이를 만나면서 공부에 너무 소홀해진 것도 사실이었다. 그래서 난 선택해야만 했다. 두 가지 다 잘할 자신이 없었으니까, 더 이상 부모님 실망시키기도 싫었고 지금 고2 학창 시절이 나에게는 다시 돌아올 수 없는 시간이라는 것을 알기 때문에 그 아이를 포기했다. 그래서 지금은 연락조차도 하지 않는다. 그 아이랑 끝난 뒤에는 보고 싶어서 많이 울기도 했지만, 이제는 내가 정말 좋아했던 아이로 나의 기억 속에 남겨 둘 것이다. 그리고 이제는 남자 친구 사귈려고 하지도 않는다. 지금의 나에게는 아직 해야 할 일이 너무도 많기 때문에… 그리고 언제나 그 아이가 행복하길 빌어 줄 것이다.

위에 나온, 이 두 친구의 얘기에서 우리는 새롭고, 좀더 좋은 관계를 만들어 가기 위한 몇 가지 단서들을 찾아볼 수 있다고 생각하는데요, 첫 번째 친구의 얘기에서 우리가 찾아볼 수 있는 건, 남자들의 속성에 대해 잘 알고 있으면서, 그것에 당당하게 자기 생각을 관철시킬 줄 안다는 거예요. 정말로 자기를 사랑하고 좋아한다면 기다려줄 수 있을 거라는 자신감 있는 생각이 맘에 들구요. 이 친구가, 자신이 갖고 있는 생각을 당당하게 얘기하고 관철시키면서 자기 의지대로 자신의 행동을 결정하고 있는 방식이 무척 좋게 느껴지는데요.

여러분들두, 여러분의 생각에 당당하고, 의지를 가졌으면 합니다. 그리고 그런 생각이 그냥 주위의 사람들에게서 주입받은 생각이 아니라, 여러분들 나름대로 '성에 대해' 고민하고 생각해서 얻은 생각이면 더 좋겠구요. 그러기 위해서는 성에 대해 더 많이 알고 생각하고 얘기해 봐야겠죠. 성에 관해서도 '아는 것이 힘'이라구요. 여러분들 자신의 성에 대해서, 남녀의 차별적인 성문화가 어떻게 생겨나고 굴러가는지에 대해서, 남자들의 차별적인 성향들에 대해서, 여러분은 알고 있어야 돼요. 알고 있어야, 그래야, 여러분의 주관(생각)이 생길 거고, 그 생각을 갖고 행동하는 데 있어서, 훨 당당할 수 있거든요.

다음, 두 번째 친구의 얘기에서는요, 비록 이 친구는 말 못했지만요, 글구 해야 한다고도 생각하지 않았지만요, 당신이 좋아하는 사람과, 당신의 남자 친구와 서로의 감정을 이해할 수 있도록, 자신이 느끼는 것을 솔직하게 말할 필요가 있었다구요… 그 남자 친구를 좋아한 감정, 충분히 이해할 수 있거든요. 글구, 당신이, 당신과는 성에 대해, 육체적인 접촉에 대해 다른 생각을 갖고 있는 남자 친구를 만나서, 그 애가 원하는 대로 따르면서… 기꺼이 따르면서도 느꼈던, 마음속의 갈등과 죄의식과 부담스러움도 충분히 이해할 수 있구요.

그치만요, 알잖아요? 이럴 경우, 남자쪽 생각대로 따라야 한다거나, 여자쪽 생각대로 따라야 한다거나 그런 게 아니라요, 당신 남자 친구의 행동이나 그 행동의 밑바탕에 깔린, 육체적인 접촉에 대한 태도와 생각들이, 당신하고는 달랐잖아요… 그래서 당신한테는 당혹스럽고 거북스러웠던 거구요… 바로 그런 당신의 거북스럽고 죄의식까지 느끼면서 불편했던 부분들에 대해 남자 친구에게 솔직하고 당당하게 얘기할 수 있었으면… 하고 바라게 되네요.

당신을 위해서나, 그 남자 친구를 위해서나요. 당신은 자신을 죽이고 싶을 만큼 미워하면서, 자신의 생각에 맞지 않는 행동을 해야 했잖아요. 단지, 그를 좋아한다는 이유 때문에… 그러면서도, 당신 내면에서는 거기에서 생겨나는 갈등과 죄의식들 때문에 너무나 힘들었던 거구요. 또, 남자 친구 입장에서 봐두요, 당신이 그런 고통을 받는지도 모르면서, 결국 이기적으로 자신의 생각이나 요구를 당신에게 강요한 셈이 되구요. 정말, 당신을 좋아하는 남자 친구라던 그런 건 바라지 않았을 거예요. 당신이 말해 주지 않았으니, 그앤 정말 당신이 어떻게 느끼는지 몰랐을 테구요.

결국, 당신은 그로 인해 당신이 더럽혀졌다고 생각하죠? 그렇게 느껴질 수밖에요. 행동은 그렇게 했지만, 당신의 생각은 조금도 변하지 않았으니까요… 자기 생각엔 '안되는 걸' 해야만 했으니까요… 자기는 아무리 힘들어도 사랑하는 사람을 따른 셈이니까요. 그래서, 당신은 마치, 사랑하는 사람을 위해, 당신이 자신을 희생했다고 느끼고 있는 거지요? 그 아이와의 키스가 당신에게는 기쁨이나 사랑이 아니라, 희생이고 고통이었던 거구요.

그러진 말아요… 그러지 마세요….

당신은 오히려 당신이 가지고 있었던 성이나 육체적인 접촉에 대한 생각들을 말했어야 했다구요. 그래서 키스하는 거 그런 게 당신에게 어떻게 느껴지는가, 당신에게 그게 얼마나 큰 충격이고 힘겨운 일인가 말했어야 해요. 그건 당신을 지키기 위해서가 아니라, 당신이 좋아하는 그 아이와 서로를 진정으로 이해하기 위한 일이에요.

그애를 좋아하는 당신이라면, 그애가 자신이 가지고 있는 육체적인 접촉에 대한 태도나 생각을 얘기할 때 귀담아 듣고 이해해 주려구 했을 거구요, 마찬가지로, 당신을 좋아하는 그애라면, 당신이 가지고 있는 생각과 느낌들을 듣고 당신의 그런 감정들을 배려하면서 이해하려 했을 테구요. 그렇게 서로의 얘기를 해나가다 보면, 조금씩 당신 둘의 생각과 태도들이 바뀔 수 있었겠죠. 만약, 그랬다면, 당신은 그애와의 키스를 기쁨으로 받아들일 수 있고, 아니면 아주 자연스레 그애에게 키스해 주었을 수도 있구요. 그애는 당신에게 너무 많은 부담을 주지 않으면서 자신의 행동을 당신에게 맞춰서 조정해 줄 수 있었을 거구요.

그러면, 이 부분의 마지막 결론은…

그래요, 우리는 우리가 성적 존재라는 걸, 우리 사회 안에서 남녀에게 차별적인 성문화가 어떻게 자리잡고 있는지, 그래서 어떤 차이들이 존재하는지를 알아야 해요. 글구 바로 이게 성에 대해 안다는 것일 테구요. 그리고 그 다음엔, 우리의 생각과 느낌을 당당하게 말하고, 우리가 원하는 바를 현실 속에서, 그리고 관계 속에서 실현하려는 노력이 필요한 거구… 그러기 위해, 무엇보다도 중요한 건, 이런 당당함을 바탕으로 서로 대화할 수 있어야 한다는 거요.

차이를 인정하고, 우리가 사회적으로 굳어진 이런 차이를 벗어나기 힘들다는 건 인정하지만요, 그래도 여기에서 벗어나서 새롭고 서로 존중하는 관계를 만들어 나가기 위해, 서로를 이해하고 변화시키려고 노력해야 한다는 거예요.

으으~, 너무 어렵고 힘들 거 같다구요? 그냥 대충 편하게 살견 안 되겠냐구요?

음, 그냥 지금 남들 사는 대로 살면 편하게 살 수 있을 것 같다구요?

정말, 그렇게 살면 맘 편하게 살 자신 있어요?

쩝, 그렇담, 맘은 샤론 스톤인데, 몸은 19세기 조선 시대 아낙자로 살겠다는 거 같네요… 21세기에도, 우리 사회에서는, "남자는 모두 늑대야"하면서 신세 한탄하는 아가씨들이 사라지지 않을 거 같구요… 그러구 싶은 건가요? 정말로?

4 · 그냥 해버릴까?

음, 이번 장부터는 본격적으로 소위 '성경험'이라고 할 수 있는 육체적인 접촉의 상황들과 그 상황에서 여러분이 느낀 것들, 생각한 것들에 대해 얘기하려구 하는데요… 근데, 본격적으로 이런 부분들을 다루기에 앞서, 여러분에게 그리고 이 책을 읽는 어른들께 미리 얘기해둘 게 하나 있거든요. 뭐냐면, 여기서는, 성관계의 상황들을 두리뭉실하게, 혹은 빙빙 돌려서 얘기하려구 하지 않거든요.

여러분의 친구들이 했던 경험과 그 얘기를 토대로 적나라(?)하고 생생하게 다뤄 볼 생각…인데요… 성경험에 대해 여러분에게 실질적으로 도움을 주려면은, 결국 직접적으로 성적인 경험을 한 친구들의 얘기를 통해서 할 수밖에 없잖아요.

그래서, 여러분에게, 또, 이 책을 읽는 어른들께 부탁하고 싶은 건요, 이거 보면서 '요새 애들은 다 이렇구나' 하고 이 얘기들을 너무나 일반화시켜 받아들이지는 말아달라는 거예요. 글구, '얘네들은 어쩌면 이렇게 어린 나이에 이런 것들을 경험했는지 참 불쌍하다'든가, '왜 이렇게 성적으로 문란한 애들 얘기만 하는가' 하고 미리 판단하고 마음을 닫아버리지도 말아달라는 거구요.

요즘 십대들이, 과거에 비해, 남녀 간의 육체적인 접촉이나 성적인 경험을 할 수 있는 기회들이 많아진 건 사실이지만, 모두가 그런 건 아니구요, 또, 성에 관해 아주 익숙해진 친구들부터 그런 건 사랑은 아예 상관없는 것이라고 생각하는 친구들까지, 십대들 안에서도 성에 대한 태도와 생각은 천차만별이니까요.

글구, 십대들의 성에 대한 생각을 어른들 생각과 비교해 보면, 상대적으로 십대들은 성에 관해 개방적이기 때문에, 성적으로 문란한 것같이 보일 수도 있겠지만, 그건 성에 대해 보수적인 관점을 가진 사람들이 십대들의 성에 대한 개방성을 표현하는 말들이지, 객관적인 표현이 될 수 없다고 보거든요.

왜냐하면요, 개방적인 것과 문란한 것과는 다르거든요. 성에 대해 보수적인 생각을 가진 사람이, 그래서는 안 된다고 생각하면서도, 함부로 성적인 행동을 하는 건, 물론, 문란하다고 할 수 있겠지만요, 원래 성에 대해 개방적인 생각을 가진 사람이, 자기 생각과 기준에 따라 하는 성적 행동까지 문란하다고 할 수는 없으니까요.

자자, 이젠 얘길 시작해 볼까요?

성경험이나 이런 얘기, 여러분에게 지금 당장 필요한 건 아니라구 하더래두요, 미래의 어느 시점에선, 필요한 얘기일 테니까, '에, 난 지금 이런 거 관심없어' 하는 친구들도 봐주면 좋겠구요… 혹, 진짜 지금은 이런 거 알구 싶지 않다 하는 친구들은 안 읽어도 좋은데, 이 책 완전히 잊어버리지 말구, 나중에 필요해질 때 다시 읽어도 좋아요…

그냥 해버릴까? 2/3

좋은 느낌

학원에서 캠프를 갔었는데 우리는 밤 2시까지 오빠들과 이런저런 얘기를 하다 졸음이 오기 시작하는 것이었다. 그래서 내가 졸립다고 하니까 ○○오빠가 팔베개를 해준다고 해서 같이 누웠다. 잠이 들려고 할 때 오빠가 내 이마에 뽀뽀를 해주었다. 그리고 나선 오빠의 손이 내 허리와 등을 지나서 꼭 껴안아 주는 것이었다. 나는 잠든 것처럼 가만히 있었다. 너무 포근하고 좋았다. 조금 있다가 눈을 떠보니 오빠가 잠들어 있는 모습이 보였다. 태어나서 처음으로 남자와 가까이 있어 보게 되었다.

나쁜 느낌

내가 고/ 때 남자 친구를 사귀게 되었다. 처음엔 이야기도 잘 통하고 너무 재미있고 신세대 감각이 팡팡 튀는 아이였다. 그애 집에 가서 놀기도 하고 영화도 보러 가고, 놀러도 많이 다니게 되었다. 처음엔 친구의 소개로 만나게 되어서 이야기도 많이 하지 못하고 헤어졌다. 두 번째 만났을 때는 그애와 같이 길을 걷는데 내 어깨에 손을 얹는 것이었다. 처음엔 당황스러웠지만 기분은 좋았다. 며칠 계속 만나게 되었는데 만날 때마다 부담스럽게 내 손을 잡고 어깨동무를 하고 그러는 거였다. 너무 부담스러워 그애를 만나기가 싫어졌다. 전화 통화도 피하고 될 수 있으면 만나는 것을 삼갔다. 그러던 어느 날 그애가 우리 집 앞에 찾아왔다. 만나자고 해서 난 나갔다. 또 내 손을 잡고 걷는 것이었다. 왜 자꾸 자기를 피하냐고 해서 난 니가 부담스럽다. 우리 이제 그만 만나자고 했다. 그래서 결국은 헤어지게 되었지만 내가 그런 행동을 취하지 않았더라면 어디까지 갔을지 모르겠다. 난 그때의 나의 생각이 현명했다고 생각된다. 그때 내 성적도 많이 떨어졌다. 하지만 지금은 열심히 해서 나의 원래의 성적으로 되돌려 놓았다.

214 우리가 성에 관해 알고 싶은 것…

에, 육체적인 접촉에는 좋은 느낌과 나쁜 느낌이 있죠. 엄마의 가슴에 안겨 있을 때, 친구와 손을 꼭 잡고 나란히 누워 있을 때… 이럴 때 우린 아주 좋은 느낌을 받아요. 내가 좋아하는 사람이 따뜻하게 안아줄 때, 이마에 뽀뽀해 줄 때두요. 똑같은 행동이라도 내가 싫어하는 사람이 한다면 그보다 더 싫게 느껴지는 건 없지요.

어느 정도 서로에 대한 호감과 좋아하는 느낌이 있을 때, 이런 가벼운 육체적인 접촉들은 성적으로 우리를 자극하거나 불쾌하게 하지도 않고… 따뜻하고 포근한, 좋은 느낌이 들게 해요. 근데, 어느 정도 호감은 갖고 있더라도, 이런 육체적인 접촉이 일방적으로 이루어진다면, 그런 행동은 우리에게 부담스럽게 느껴지고, 결국은 그 상대방마저도 부담스럽게 느껴져서 불편하게 되는 거죠.

어때요? 여러분은, 성적으로 자극적인 육체적 접촉과, 단순한 친근감의 표현으로서의 육체적 접촉을 구분할 수 있어요? 이 둘은요, 우리에게 서로 다른 느낌을 주구요, 우리는 그 느낌을 통해서, 똑같은 육체적인 접촉이라도 어떻게 다른 의미를 가지고 있는지를 구분할 수 있거든요. 예를 들어, 똑같이 손을 잡더라도, 여기에는 '친구'로의 느낌이 강한가, '애인'으로서의 느낌이 강한가 알 수가 있죠….

물론, 간혹 착각하는 사람들도 있지만요… 왜냐면, 이 사람들은 그냥 손잡으면, 다 '애인'이고 '사귀는' 거라는 생각을 갖고 있거나, 육체적인 접촉 그 자체에 익숙하지 못해서 그러거든요… 음, 남자건 여자건 평소에 손을 잡아본 적이 없는 사람들은, 그냥 누가 손만 한번 잡아도, 혼란스러워질 수 있죠… '날 좋아하는 건가…', '날 사랑하나 봐…' 하구요… 그래서 헷갈리는 경우들도 있죠. 난 그냥 친구라는

느낌으로 손을 잡은 건데, 걘, 내가 무슨 자기 애인이라도 된 줄 알고
착각하거나… 난, 걔가 날 진짜 좋아해서 손을 잡은 줄 알았는데, 그
냥 별 느낌없이 친구라서 그랬던 걸 수도 있구요… 그럴 땐, 더 헷갈
리고, 심각하게 착각하기 전에, 확인해 주는 게 좋겠죠.

음, 어쨌든, 친근감의 표현으로서의 육체적인 접촉은 대개의 경우
좋은 느낌으로 느껴지거나, 좋은 느낌으로 느껴지지 않더라도 최소
한 친근감의 표현이라는 차원에서 쉽게 받아들여지고 이해될 수 있
잖아요.

근데, 성적인 의미를 갖는 육체적인 접촉은, 여러분이 받아들이기
에 따라 아주 짜릿짜릿하고 좋은 느낌일 수도 있지만, 아주 불쾌하게
느껴질 수도 있죠. 이렇게 불쾌하게 느껴지거나, 그 행동이 나에게는
부담스럽게 느껴지리라 생각될 때는, 싫다는 표시를 분명히 하는 게
좋겠죠? 왜? 내가 싫으니깐요.

호기심 냉정함

나에게 한 친구가 있었다. 참 편하다고 느끼는 그런 사이였다. 내 고민도 들어주
고 서로가 참 비슷하다고 느꼈다. 같이 다니면 왠지 내가 누나 같다는 느낌이 들고
많이 이해해 주고 싶었다. 겨울 어느 날이었는데 조금 떨어져서 걷고 있었다. 그런
데 곁으로 내 옆을 지나가는 한 커플이 어깨를 감싸고 지나갔다. 좀 부럽기는 했지
만 그래도 아직 어린데 그러면서 지나쳐 갔다. 근데 그 친구가 은근히 어깨에 손을
올리는 것이다. 손을 딱 치면서 그냥 웃으며 지나갔다. 신촌에서 집까지 많이 함께
걸었고 어떤 때는 딸 다리가 얼어서 느낌이 없는 날도 있었다. 한번은 우리 동네
근처 놀이터에서 만난 적이 있었다. 겨울이었고 놀이터 의자에 둘이 옆에 앉아서

이야기를 했다. 시간이 무척 많이 흘렀고 날이 어둑해져 갔다. 친구가 어깨에 손을 올렸다. 춥겠다면서. 그냥 우스웠다. 그렇게 집까지 걸었다. 그런 후에 시간이 많이 지난 어느 날 좀 늦은 시간에 집앞까지 데려다준 일이 있었다. 그냥 가기가 아쉬운지 집앞에서 계속 이야기했다. 그러다 집에 들어가려고 하자 눈을 감아 보라고 했다. 웃으면서 악수나 하고 헤어지자고 하며 손을 내밀었다. 악수를 하고 헤어졌다. 솔직한 마음에서 호기심에 흔들렸던 것도 사실이다. 그러나 그때 냉정했던 내가 참 잘했다고 느껴졌다. 지금은 그저 옛 기억으로 남긴다. 비록 헤어지긴 했지만 그래서 보고 싶을 때가 있다. 나나 그 친구에게 더 나은 결정이었다고 생각한다. 누구에게나 한번쯤은 있을 법한 이야기이다. 우리 사이에서 친구란 어른이 아니므로 편하고 서로의 생각을 공유하는 것이 바람직하다고 생각한다.

후회, 자부심

중2 때부터 남자 친구를 사귀었으나 고1 때까지는 정말 순수했다. 손잡는 것도 나에게는 '큰' 일이었다. 하지만 어렵게 어렵게 알게 된 남자 친구 하나가 있었다. 얼마 전 일이다. 처음에 친구와 소주방에서 만났다. 내가 그애를 만나기 얼마 전에 한 남자를 너무 좋아하다 채였다. 그래서 사랑에 굶주려 있던 나에게 새로 만난 친구는 따뜻하게 해주었다. 그래서 우리는 쉽게 친해졌다. 그 다음날 우린 만났다. 둘이서 커피숍에서도 할 일이 없었고 그애가 비디오 보고 싶은 게 있다고 비디오방에 가자고 했다. 친구들이 남자랑 비디오방에 가지 말라고 했지만 설마 무슨 일이라도 있으랴? 하는 생각에 같이 들어갔다. 처음에 비디오를 잘 보고 있는데…, 그애가 어깨에 손이 가고 얼굴이 다가오더니 키스하였다. 그리고 몸을 만지는 것 아닌가? 그 순간 우리 가족 얼굴과 얼굴은 없지만 장래의 내 남편이 생각나서 뿌리쳤다. "그러지 말라고" 난 그애가 싫어서 그런 것이 아니었다. 그런 게 싫

없고 하고 나면 후회할 것 같았다. 그리고 우리는 좋아하는 감정이 식어 한달 조금 넘어 깨졌다. 난 지금 그때 나의 행동에 대해 자부심을 갖고 있다. 내 인생에서 후회하는 일을 되도록 만들고 싶지 않다.

안돼!

토요일 날씨가 꽤 좋은 날 난 초등학교 때부터 알던 그리고 중학교 와서 친해진 최모군과 통화를 하게 되었어요. 우린 서로 따분하다는 얘기를 나누다가 최군이 우리집 근처로 온다고 하길래 오지 말라고 했는데 몇분 후 우리집에 왔어요. 갈 만한 곳이 없어 빌라 지하 같은 어두운 곳에 들어갔어요. 우린 그때 둘 다 담배를 폈을 때였거든요. 최군이 담배를 가져와서 우린 담배 케이스라고 불리는 걸 했어요. (담배 케이스?= 입에 담배 연기를 물고 입으로 그 연기를 전해 주는 거…) 이런 저런 얘길 하다가 야한 장난도 치고 1~2시간을 놀았어요. 그때 그애는 내 가슴을 만지려고 여러 번 시도하다 말았어요. 할 것도 없고 심심해서 내 방으로 가기로 했어요. 마침 그날 엄마 아빠는 외출중이어서 집에는 우리 둘만 있었죠. 내 방 침대에 나란히 이불을 덮고 앉아서 장난치며 놀았어요. 초여름이라서 반팔티에 힙합바지를 입고 있었거든요. 그 아이는 내 티를 자꾸 벗기려 하는 것이었죠. "하지 마!" 그러구 우린 또 장난을 쳤어요. 갑자기 최군이 날 침대로 눕히더니 가슴에 손을 대고 마구 만지는 거였어요. 어떻게 막을 수도 없었어요. 가슴을 만지며 우린 키스를 했어요. 침대에서 한동안 우린 끌어안고 키스하며 있었죠. 그 후 우린 침대에 다시 앉아 아무 일 없었던 것처럼 있는데 최군이 콩까자고 그러는 거예요. 키스까진(&애무) 괜찮아도 콩은 절대로 안될 것 같아서 "안돼!" 라고 거절했어요. 지금까지 우린 그 일을 거의 잊어가며 잘 지내고 있습니다. 글쎄요. 전 친구나 애인(?) 사이에 키스까진 괜찮다고 생각하거든요. 이 일은 그냥 추억의 일부로 두기로 했어요.

218 우리가 성에 관해 알고 싶은 것…

음, 어때요? 여러분은… 어깨에 손 올리는 거, 키스하는 거, 몸 만지는 거(보통 애무한다고 하죠) — 가슴까지 만지는 거나, 성기를 만지는 거… 콩 까는 거… 어디까지가 여러분에게 자연스러울 거 같애요? 보통, 여러분 나이 때에는 키스까지는 괜찮다…고 생각하는 친구들이 많던데, 여러분은 어때요?

내가 고등학교 땐, 그래요, 키스를, 아주 멋진 키스를 한번 해보면 좋겠다… 그런 생각을 갖고 있었으니까, 키스 정도는 자연스러울 거라고 생각했다고 할 수 있겠죠. 그치만, 막상 그때 내가 키스를 당할 수도 있는 그런 상황이었다면, 난, 무지 당황하고 싫고, 안할려고 했을 거 같애요.

지금, 머리 속으로야, '나도 키스쯤은…' 하고 생각할 수도 있겠지만요, 글쎄요, 정작 그런 상황에 닥치면, 금방 알 수 있게 될 거예요… 바로 여러분들 머리 속에 '어! 이건 안돼. 싫어' 하고 바로 느낌이 올 거라구요.

음, 그래요, 이럴 땐, 자신의 느낌대로, 생각대로 따르는 게 좋다고 생각해요. 호기심이나 상대방을 좋아하는 맘이 있지만, '이게 아닌데' 하는 생각이 들 땐 말예요. 그럴 땐, 그런 행동을 해서 나쁘다는 것보담은, 자기 생각대로 행동하지 않은 걸 후회하게 되고 그런 스스로를 미워하게 되고 그럴 수 있으니까요.

자긴 안하고 싶은데 그냥 상대방 의사에 따라가서 하게 되는, 그런 육체적 접촉은 여러분에게 좋은 느낌을 주지도 않을 거구요… 그러면, 이중으로 손해잖아요. 하면서 별로 좋지도 않죠, 또, 하고 나선 속상하고 후회되죠.

글구, 여러분이 이런 후회나 불쾌함을 한번 경험하게 되면, 그 담에 바로 그 상대방이랑의 좋은 관계가 깨져버리기 쉽거든요… 왜냐면, 감정적으로 서로 부담스러워져서요. 보통, 정신적으로나 감정적으로 받아들이기 힘든, 그런 육체적 접촉을 갑자기 경험하게 되면, 상대방이 부담스럽고, 서먹서먹해지구요….

근데, 자기가 원하고 판단한 대로 행동하게 되면, 자기 자신에 대한 뿌듯한 자부심과 성취감도 느낄 수 있거든요… 위의 얘기를 해준 친구들 보면, 자기가 받아들일 수 있는, 육체적인 접촉의 정도는 달랐지만(어깨에 손 올리는 거, 키스, 반콩), 자기에게 부담스럽다고 느껴지는 수준에 가서는, 딱 짤라 버렸죠. 여러분도 이렇게 함 좋겠어요. 이 친구들은 자기들 나름의 독자적인 생각과 느낌을 가지고 자신이 맞다고 생각하는 방향으로 행동했구, 그래서, 이 친구들 행동이랑 태도가 아주 좋아 보이거든요.

만약 여러분 남자 친구가 여러분한테 그런다면, 그땐, "야! 나 싫어," "그만해!"라고 말하면 보통은 그만둘 거예요. 좀 있다가 다시 시도를 해오더라도, 그 당장은 아마 그만둘 거거든요. 그럼, 거기가 비디오방이었다면, 거기서 나오면 되구요, 또 걔네 집이었다면, 그만 가겠다고 나와도 되구요… 그렇게 상황을 바꾸면, 더 이상 걔도 어쩌지 못할 거예요.

안돼!, 그래요, 이게 중요해요. 자기에게 절대로 안될 것 같은 건 "안돼" 하는 거예요. 가장 나쁜 건, '남들이 다 하니까 나도…' 하거나, '나는 싫지만 그애가 원하니까…' 하는 이런 방식들이라구요.

음, 근데, 문제가 좀 있는 게, 계속 사귀는 사이면, 한 번은 거절할 수 있지만, 여러 번 남자 친구가 간절히 요구해 온다면, 어떻게 하겠어요? 그것도 억지로 그렇게 하도록 만드는 게 아니고, 여러분에게 사랑의 표현으로 여러분을 한번만 안아보고 싶다고 그렇게 부탁해 오면 어떻게 하겠어요?

"니 입술에 키스해 보고 싶어… 니 입술, 너무 부드러울 거 같애…" 하면서, 여러분의 몇 번의 거절에도 굴하지 않고, 여러분의 입술을 황홀한 듯이 바라본다면요? 그럼, 어떡할래요? 음, 그래서, 여러분도 결국 그애랑 키스하는 걸 좋아하게 되고, 이번엔 그애가 내 몸을 만지고 싶어한다면요? 음음, 그럼, 인젠, 어떡하면 좋죠?

좋아해서 그러는 건데…

그를 만난 건 고/ 가을이다. 우연한 일로 만나게 되었는데 우리는 처음부터 서로에게 좋은 감정을 갖게 되었고 결국은 사귀는 사이가 되었다. 보통 흔한 남자 애들과는 정말 달랐다. 딸딸한 내 성격에 비해 수줍음이 많은 편이었고 조용하고 침착했다. 말 한마디도 행동 하나도 깊이 생각해서 신중하게 하는 성격이었다. 나랑 너무도 다른 성격에 순수하고 착하기만 한 그애를 나도 좋아하게 되었다. 어른들이 보면 우습게 생각할지도 모르겠다. 하지만 어른들이 모르는 우리만의 감정이 있었고 때론 진지하게 사랑이란 말을 사용하기도 했다. 그를 만나고 여느 때처럼 날 집 앞까지 바래다주었다. 집 앞에서 그애는 머뭇거리더니 갑자기 나를 껴안았다. 황당했다. "이 아이가 어디서 이런 용기가 생겼을까?" 기분이 그리 좋지 않아서 그냥 집에 들어가 버렸다. '이애도 결국은 다른 남자들과 똑같구나' 하는 생각이 들고는 그 후로 조금씩 피했다. 좋아하는 마음은 여전했지만 만나면 굉장히 어색할 것 같았다. 그애는 어쩔 줄 몰라했다. 미안하다고 제발 화내지 말라는 말을 수없이 했다. 내가 오히려 더 미안해졌다. 그애를 다른 더러운 인간들과 똑같다고 생각한 것이…, 나를 좋아해서 그런 건 줄 알면서…, 난 이렇게 믿고 싶다. 아니 믿는다. 그애는 순간의 충동적인 감정으로 그런 것이 아니라고.

그냥 해버릴까?

오빠를 만난 지는 2년째이다. 한살 많은 오빠라 편안하고 많이 이해해 주기도 해서 의지하기도 좋다. 그 동안 난 누구에게 기대고 살지 않은 탓에 남에게는 벽이 많았다. 고민거리를 털어 놓은 적도 없었다. 그런데 오빠를 만난 후론 의지할 곳이 생겨 맘이 편하다. 그도 날 많이 의지하고 있는 것 같다. 첨엔 오빠 동생 관계였는데 지금은 조금 발전된 관계라고 할까? 그를 만난 후론 시간을 많이 빼앗겼다. 집에도 늦게 들어가게 되고. 그래서 엄마께 꾸중도 많이 들었다. 그만 만나라는 말씀도 자주 하신다. 얼마 전에 엄마께 심한 꾸중을 듣고 이젠 더 이상 만나지 않겠다고 했다. 그런데 그건 그냥 그 상황을 모면하기 위해 한 말이다. 엄마 몰래 만날 때마다 죄송스럽긴 하지만 그와 함께 있으면 아무 이야기하지 않아도 맘이 편하고 시간 가는 줄도 모른다.

첨엔 키스하는 것이 쑥스럽고 창피했는데 지금은 너무도 자연스럽다. 애무도 해보았다. 그가 관계를 요구하기도 했다. 하지만 받아들이지는 않았다. 그도 미안하다고 했다. 그런데 요즈음은 점점 자신이 없어진다. 그냥 해버릴까? 하는 생각이 들기도 한다. 요즘은 요구해 오진 않지만 주위의 상황이 날 혼란스럽게 만든다. 우리 둘을 모두 알고 있는 언니 오빠가 아이가 생길지도 모른다고 했다고 한다. 꼭 남 이야기 하는 것같이 들리지 않았다. 예전 같으면 내 주위에 이런 일이 있다는 걸 알면 기절이라도 했을 텐데…, 요즈음은 내가 날 어떻게 해야 할지 모르겠다.

음, 먼저, 첫 번째 친구 얘기 말인데요, 당신의 순수한 그애는, 그저 좋아하는 감정의 표현으로, 당신을 안아주고 싶었던 거 아닐까요? 그런데 우리는 순간 황당하고 이애도 남자고 늑대니까 무조건 '그런 것'만 밝히는 더러운 인간이 아닌가 의심하게 되는 거구요.

앞 장에서 봤듯이, 우리가 애정의 표현으로서의 모든 육체적인 접촉에 대해 그 감정을 순수하게 받아들일 수 없도록 만드는, 꽤나 '나쁘고' 복잡한 사회적 시스템들이, 남녀의 육체적인 표현들을 둘러싼 모든 문제에서 풀가동중이니까요.

그래서 그렇죠. 그앨 좋아하는 마음은 그대로라도, 그애가 굉장히 어색하고 불편하게 느껴지고, 그애는 우리에게 미안해하게 되구요. 갑작스런 육체적 접촉, 혹은 여러분에게는 받아들이기 힘든, 육체적 접촉을 그애가 시도하게 되면… 감정적으로도 힘들어지죠. 그런 거 아무것도 아니라고 생각하려구 해두요… 너무나 어색하고 불편해져서 관계를 정리해야겠다고 느끼게 될 수도 있구요, 그 관계 자체가 나빠지기도 하죠. 서로 노력하더라도, 어색함과 부담스러움이 그대로 남아 있어서요.

그래요. 서로에게 준비되지 않았던 육체적 접촉의 후유증이라고 할 수 있는데요, 이런 거, 그 육체적 접촉에 대한 기억이나 자기 부담, 상대방에 대한 부담감… 그런 것들이 너무 버거워져서 둘 사이의 친구 관계나 연인 관계가 이내 깨져 버리곤 하죠… 앞에서두 얘기 했지만, 결국, 그럼, 이건 서로에게 상처 입히고, 손해만 보고 끝나는 게 돼버리죠….

음, 어쨌든, 이런 상황에서도 서로를 좋아하는 마음이 변하지 않거

나, 관계를 지속하길 원한다면, 그 관계는 어떤 질적인 변화를 맞게
돼죠… 한번 당신을 안아 봤으면, 한번 그애에게 안겨 봤으면, 그 관
계는 서로 포옹을 해보기 전과는 다른 관계인 것처럼 느껴질 수 있거
든요. 음, 무슨 말이냐 하면, 여러분, 스킨십이란 말 알죠? 왜, 사람들
사이에서 육체적인 접촉이 많으면 많을수록 감정적으로도 서로에게
더 빨리 친밀해진다는 건데요… 이건, 친구나 가족들 사이에도 해당
되는 말이지만, 남녀 관계에도 적용되는 말이거든요.

사람의 맘이란 건 몸과 분리된 게 아니어서요… 그냥 말로만 "사
랑해"할 때 하구, 따뜻하게 키스한 담에, "사랑해"라고 말할 때 하
구… 여러분이 느끼는 감정의 끌림이나 강도가 다를 수 있다는 거죠.
육체적인 접촉의 정도가 더해지면 더해질수록, 서로에게 느끼게 되
는 감정의 친밀도나 깊이도 달라질 거란 얘기구요… 글구, 다시 이렇
게 감정의 깊이가 달라지고 서로를 친밀하게 느끼게 되면, 조만간 그
이상의 육체적인 접촉들도 가능해질 수 있다는 거구요….

만약에, 여러분이 그런 과정 속에 놓이게 된다면, 어떨 거 같애요?
여전히 그런 육체적 접촉 같은 거 허용되지가 않지만, '좋아하는데,
사랑하는데' 이런 생각으로 갈등을 느끼면서 그냥 받아들일 수도 있
겠구요… 아님, 여러분들 생각 자체가 쪼금씩 달라질 수도 있겠구
요… 그치만, 사람의 생각이라는 게, 하루아침에 확 달라지거나 할
순 없는 거여서… 바뀌더라도 바뀌는 게 더딜 수밖에 없구요, 또 조
금씩 바뀌죠… 그럴 때 갑자기 확 달라진 것처럼 보이는 건, 겉으로
만 그런 척하는 거기 쉽구요.

음, 이럴 때 중요한 건, 변하는 거 자체를 두려워할 필욘 없다는 건

데요. 과거에는 자신이 정말 안 된다고 생각했던 그 선을 넘어 버리는 건 아닐까? 그럼, 난 타락한 인간이 되는 것일까? 하는 이런 생각들 말예요… 그거보다 더 중요한 건, 생각이 변하는 과정에서 갈피를 잡고 있지 못하다는 게 더 큰 문제죠.

이럴 때 그냥 남들도 하는데 나도 해버릴까 하고 생각하는 것, 이래서는 안된다고 봐요. 자기 자신에게 자연스러워질 때까지 기다려보구요… 다른 것들이 당신에게 자연스러워졌던 것처럼, 그것도 자연스러워질 수 있는지 기다려 봐요… 그래서 끝까지 자연스러워지지 않는다면, 난 그것까진 못하겠다, 안하겠다는 생각이 들게 되면, 안함 되는 거구요.

그치만, 당신도 전혀 예상치 못하고 있다가, 글구, 어떻게 할지 생각도 해보기 전에, 당신 앞에 그런 상황이 딱 펼쳐지는 경우들이 허다하죠….

신기하고 흥분되고 창피하고…

나의 성경험은 고1 때 나의 남자 친구와의 경험이다. 남자 친구는 고2 처음에는 골목에서 갑자기 오빠가 집에 데려다주는 길에 첫 키스를 하게 되었다. 그렇게 해서 며칠이 지났고 우리는 계속 만났다. 그런데 어느 날 오빠가 자기 집에 놀러오라고 전화가 왔다. 난 정말루 아무 생각 없이 알았다고 하면서 놀러갔다. 지금 생각하면 내가 바보 같고 후회스럽기도 했다. 집에 가니까 오빠 혼자 있었다. 난 원래 밝은 성격이기 때문에 어색한 분위기를 없애기 위해서 수다를 떨며 다른 짓을 했다. 그러자 갑자기 오빠가 배가 아프다고 하면서 자기 방에 누우러 가겠다고 했다. 난 알았다고 하면서 오빠를 부축해 주었다. 침대에 오빠를 눕히고선 나는 약을 사러 약국에 갔다 왔다. 오빠에게 약을 사주고 와서 같이 앉아 있는데 오빠가 슬그머니 나의 허리를 감쌌다. 그리고선 눈이 마주쳤다. 그때 저항할 수 없는 분위기가 밀려 왔다. 키스를 했다. 그러자 오빠가 목에다가도 키스를 했다. 오빠는 막 흥분을 하면서 내 온몸을 애무했다. 난 싫다고 했지만 오빠는 막무가내였다. 드디어 알몸… 정말 뭐라고 말을 할 수 없을 정도로 신기했고 흥분도 되고 한편으론 창피하기도 했다. 하지만 난 처녀성을 지키고 싶었다. 오빠한테 그렇게 요구했다. 오빠는 알았다고 했다. 그래서 그냥 닿기만 했다. 남자의 그것은 정말 이상했다. 만져도 봤다. 딱딱했다. 그 이상은 생각하기도 싫다. 나중에 오빠랑 그냥 잠들어 버렸다.

난 너무나 아프고 눈물이 나왔다.

고1인 k라는 오빠를 알게 되었다. k 오빠는 날 정말 아껴 주었다. 내가 과거가 있음에도 k는 다시 시작하자고 하며 날 끌었다. 우리는 같이 비디오방에도 가고 난 그 오빠의 집에도 갔었다. 언젠가는 나보고 사랑한다고 결혼하자고 했다. 난… 머뭇거리며 그건 모르는 일이라고 난 아직 어리다고 말했다. 난 사실 그 오빠와 결혼 따위를 생각해본 적이 없었다. 난 공부를 많이 할 거고 결혼은 약 30세 정도에 할 건데 그리고 내 결혼 상대는 그 무엇보다 능력 있는 사람이어야 한다. k 오빠… 싫다. 그리고 제일 기억에 남는 건 겨울방학 때 겨울 바다를 보러 k와 여행을 간 일이다. 강원도 강릉… 경포대… 민박을 했다. 물론 k와 난 같은 방에서 잤고 첫날 밤은 무사히(?) 보냈다. 이튿날 밤 우리는 술을 마시고 일찍 잠을 청했다. 아니 그냥 그 오빠와 어깨를 맞대고 TV를 봤다. 밤바다 보러 나갔다가 바람이 너무 불어 k와 난 그냥 들어와 TV를 틀었다. 뉴스가 나왔다. 그 오빤 재미없다며 마지막 밤이니 즐겁게 보내자고 했다. 그러더니 불을 껐다. 그리구선 내 옷을 벗겼다. 완전히… 그 오빠도 다 벗었다. (아~ 생각하기 괴롭다) 난 난생 처음 남자(어른)의 성기를 만져

보았다. 아니 만지려고 한 건 아닌데 손에 닿았다. 그 순간 얼마나 놀랐는지… 의외로 너무나 컸다. 생각만 해도 소름이 끼친다. 게다가 그것이 내 양다리 사이로 들어갔다. 난 싫다고 몸부림쳤지만 그 오빠의 힘이 내 몸을 짓눌렀다. 비디오에서 보면 여자두 즐기는 거 같았는데 난 너무나 아팠고 정말 눈물이 나왔다. 그 오빤 몇번 힘을 가하다 내가 하두 아프다고 우니 멈췄다. 내가 생각해도 끝까지 들어가진 않은 거 같았다. 그 오빤 걱정하지 말라고 애 안 밴다고 내 눈물을 닦아 줬다. 그러다 잠이 들었고 우린 그날 오후 서울로 올라왔다. 아~ 며칠 전 그 오빠와의 200일이었다. 난 이미 그 오빠에게 아무런 감정이 없어졌다. 아픈 상처만 남았다. 정말 너무나 후회가 된다. 그런데 그땐 그게 정말 사랑인 줄 알았다. 하지만 이젠 잊으려고 한다. 날 아직도 너무나 너무나 사랑해 주는 그 오빤 뒤로 하고… 나에게 목숨까지 버릴 수 있다고 영원히 사랑한다고 했던 그 오빠의 목소리가 아직까지 들리는 듯하다.

음, 두 친구의 솔직한 얘기를 들어봤는데… 어때요? 충격!인가요? 징그럽고 느끼해요? 이상해요? 음, 어설프고 서투르고… 하나두 안 멋있죠? 음, 아님, 한심해요? 왜 그런 상황까지 갔는지… 아님, 그런 상황까지 가서 왜 더 과감하게 못한 건지… 나라면 더 잘할 수 있었을 텐데… 뭐, 그런 생각하는 건가요? 그것도 아님, 역시 어려서 하는 건 재미도 없구, 괜히 충격만 받구 끝나는구만… 이렇게 생각하고 있는 건가요?

글쎄요, 내 생각엔, 결혼한 후에 갖게 되는 성관계가 아니면, 대개 여러분의 첫경험도, 그게 언제 하는 것이 됐건, 이 친구들이 얘기한 거랑 비슷한 상황에서, 비슷한 느낌으로 경험하게 되지 않을까… 싶은데요. 음, 결혼하고 첫날밤이라도, 만약 그게 첫경험이면, 상황은 다르지만, 그 느낌은 비슷할 거 같애요… 신기하고 흥분되면서도 창피하고… 처음 보는 남자 성기에 놀라고… 남자 성기가 처음 들어올 땐 두렵기도 하고… 또 아프기도 하구요. 또, 의외로 그냥 맹맹한 기분이구요.

위에 나온 친구들 사례에서 젤 먼저 얘기하고 싶은 건, 이 친구들이 경험을 하게 된 상황에 대한 건데요… 어떤 친구들은 “어떻게 그런 상황까지 갔냐? 바보같이… 남자랑 단 둘이서만 한 집에 있거나, 둘이 어디 같이 놀러 가서 자게 되면… 뻔히 그렇게 될 줄 몰랐나?” 이렇게 말할 거 같은데요. 사실, 이 말이 맞죠… 꼭 이런 일이 생긴다는 건 아니지만 — 정말 그렇지 않은 경우들도 있으니까요 — 이런 일이 생길 수 있는 가능성이 상당히 높다는 건 여러분들도 알고 있죠?

더군다나, 그때 같이 있던 남자가 남자 친구이거나, 애인이라거나 그러면… 더 그럴 확률이 높아지구요… 그냥, 친구라면 물론, 이런 일이 생길 가능성이 좀 내려가구요… 왜냐하면요, 만약, 그 남자가 여러분 남자 친구거나 애인이라면, 그래서 키스도 해봤고, 어느 정도 가벼운 육체적 접촉이 허용된 사이라면, 아마도 대개는, 여러분과 단 둘이 있게 되면, 애무를 해보려고, 섹스까지도 해보려는 생각을 하게 될 거구요… 그래서, 의도적으로 그런 상황을 만들 수도 있구, 의도적은 아니지만, 그런 상황에 놓이게 되면 할 수 있지 않을까 하고 막연히 생각하고 있다가, 실제로 기회가 된다 싶으니까 해보는 걸 수도 있구요.

음, 여러분 남자 친구가 이런 식으로 머리를 굴리고 있을 때, 여러분은 어떤 생각을 하고 있는 거죠? 그래요, 진짜로 전혀 생각도 못할 수도 있구, 딴 남잔 그래두 얜 안 그럴 거야 하고 생각할 수도 있구, 막연히, 혹, 그런 일이 생기지 않을까… 만약 그런 일이 생기면 어떡하지… 하고 기대 반 걱정 반 하고 있을 수도 있구요… 어쨌거나, 여러분은, 이런 경우에, 상대방보다 소극적으로 생각하고 있거나 아님, 그런 일이 일어날 가능성을 애써 부인하고 있다는 건데요….

이게 참 나쁜 거 같애요… 왜냐면, 상대편은 다분히 용의주도하고 의도적으로 여러분이 빠져 나갈 수 없는 상황을 만들었던 반면, 여러분은 그저 막연히 생각하고 있거나, 아님, 아예 모르기 때문에, 성관계를 실제로 하건, 안하건 간에 언제나 '당하는' 상황같이 되고 마니까요… 당신이 성관계를 거부한다면, 당할 뻔했는데, 안한다고 해서 빠져나온 거구, 성관계로 들어간데두, 걔가 하고 싶은대로 하도록 놔두는 거라고 할 수 있죠….

앞에서 키스 얘길 할 때도 했던 말인데요, 성관계고, 어떤 육체적 접촉이건 간에, 갑자기 당하는 식으로 다가오는 건, 부담스럽고, 어색하고, 황당하고, 수치스럽게 느껴지거든요… 글구, 이럴 땐 사실, 속마음은 여러분도 좋아서, 하고 싶어서 한 거라고 해도, 밖으로 보기엔, 그리고 상대편 남자가 느끼기엔, '얜 나한테 순결을 준 거'구, '내가 얘 따먹은 거구', 여러분 입장에서 보면, '그냥 걔가 하자고 졸라서 마지못해 해줬다' 이런 표현들이 보여 주듯이, 주도권을 남자가 능동적으로 행사하고, 여러분은 수동적으로 '당하고', '따먹힌' 게 되고 마는 거죠….

이렇게 일방적으로 '당하는' 식이 되는 상황에서 성을 경험한다는 거, 좋아보여요? 꼭 섹스가 아니더라도 다른 육체적 접촉에서도 마찬가진데, 이런 식의 '당하는' 상황이 좋지 않은 이유가 많지만, 그 중에 세 가지만 말해 보죠….

먼저, 이런 상황에서 성관계를 갖게 된 남자 친구와의 사이에서 생기는 문제들인데요, 만약, 이 친구가, 남자들 사이에 통하는 기본 통념인, '여자는 따먹고 버린다', '많은 여자를 따먹을수록 좋다' 이런 생각을 갖고 있는 친구라면… 어떻겠어요? 이렇게 한번 여러분과 성적인 접촉을 하고 나서는, 그냥 여러분을 '버리고' 말겠죠?

사실, 이런 생각 갖고 있는 애면 애초에 사귀지도 말라고 해주고 싶지만, 세상 남자들이 다 똑바른 생각만 갖고 있는 건 아니니까, 혹시 우리 눈이 잘못 뼈가지구(하긴, 눈이 안 삐면 사랑을 못하겠죠), 이런 앨 좋아하게 될 수도 있죠… 아님, 겉으론 안 그런 척했는데, 나중에 알고 보니 그런 애였다… 이런 경우도 있겠구요.

그래서, 이런 생각을 갖고 있는 애, 솔직히, 밥맛이구, 계속 같이 못 놀겠다 싶으면, 재빨리 뻥 차버리는 게 젤 좋을 거 같구… 만약, 그래도 얘가 좋다, 좀 바보 같은 생각을 갖고 있지만, 내가 한번 잘 키워보겠다 싶으면, 얘가 딴에 잔머리 쓰면서 이렇게저렇게 여러분을 유혹!하려는 걸, 한수 위에서 내려다보면서, 옳은 방향으로 잘 이끌어 나가야겠죠.

그러다가 얘가 원하는 대로 안되면 딴 여자애한테 가 버릴 수도 있는데요, 이럴 땐, 사실, 어쩔 수 없죠, 그냥 가게 둬야지… 왜냐면요, 여러분이 자기 말 안 들어준다고 딴 애한테 가버릴 애면, 여러분이 걔 말 다 들어준대두, 사실, 쉽게 가버릴 애거든요. 요럴 땐, 미련 없이 넘

 우리가 성에 관해 알고 싶은 것…

겨버리고 훌훌 손 터는 게 좋겠죠? 좀 아쉽고 맘 아픈긴 하지만요….

글구, 성관계가 그렇게 한쪽이 하고 싶은 대로, 한쪽이 일방적으로 당하는 식으로 맺어진다면, 그게 다시, 보통 때의 관계에 영향을 주기도 하거든요. 그래서 남자애들이 더 지맘대로 하려 그러구, 내가, 뭐든 자기 말대로 해야 할 거같이, 권위를 내세우려고 하기도 하구요 또, 웃기지도 않게, 마치 '넌 내 거야' 하는 식으로 잘난 척하기도 하구요.

두 번째로, 안 좋은 건, 피임 문제 때문이죠… 위에 나온 친구들 얘기를 보면, 이 두 친구는 성관계 때에 어떻게 하면 임신이 되고, 안 되고도 몰랐던 것 같은데요… 여러분은 어때요? 위에 나온 그런 상황에서는 임신이 되나요? 안 되나요? 안 되죠… 그냥 성기가 닿기만 한다고 임신이 되진 않죠… 글구, 남자 성기가 여자 성기에 들어가는 것만으로 임신이 되는 것도 아니구요….

그럼, 어떻게 하면 임신이 되고, 어떻게 하면 안 되는 거냐구요? 그건 말이죠, 이 책, 뒷쪽 페이지에 여러분이 찾아볼 수 있는 책을 몇 개 소개해 놨는데, 아마 좀 큰 서점에 가면, 다 있을 거거든요… 근가 그 책들 좀 찾아보면서 연구 좀 해보세요… 혼자 하기 싫으면, 친구들하고 같이 가서 책을 보면서 각자 조사를 해가지고 서로 좀 가르쳐 주기도 하구요… 헤, 이 책 그다지 친절하지 않아서 미안하지만, 어때요? 인젠, 그런, 머리만 아파보이는 성지식이란 것들도 꼭 필요하단 거 알겠죠?

음, 어쨌든, 다시 원래 얘기로 돌아가서요, 만약에, 성관계를 갑작스럽게, 일방적으로 당하는, 이끌려 가는 상황에서 하게 되면, 미리 피임을 어떻게 할 건가, 피임 준비를 할 수가 없죠… 어떻게 남자 친구가 알아서 해주지 않는 이상, 이럴 땐 그저 운이 좋기만을 바랄 수밖에 없게 되는 건데… 여러분도 알죠? 한번의 성관계로도 임신이 될 수 있다는 거.

사실, 확률로 따져 보면 피임을 안하고 성관계를 하더라도, 딱 한 번 하는데 임신하게 될 확률 자체가 그리 높다고 말할 순 없죠… 여자의 한달 중 임신 가능 기간이 그리 길다고는 말할 수 없으니까요.

허허! 여기서 또 헤매고 있는 친구들이 있네요… 임신 가능 기간이 뭔지, 어떻게 계산을 해야 되는 건지 몰라서 말예요… 이런 거, 요샌 교과서 같은 데도 나와 있는데, 어디서 배웠는지 생각나면, 지금 빨리 찾아보구요, 그래도 모르겠으면, 선생님한테 여쭤 보구요, 선생님도 모르신다면, 뒤에 책 목록이 있다구 했죠, 그 책들에서 찾아보구서, 선생님한테두, 그리구 친구들한테두, 좀 가르쳐 주세요… 꼭이요!

아이, 얘기가 또 옆길로 새고 말았는데요, 무슨, 옛날 소설이나 TV 드라마 같은 거 보면, 여자가 강간당하거나, 한번만 성관계를 갖어두, 꼭, 십중팔구는 임신을 하는 걸루 나오잖아요… 사실, 이건 확률적으로 드물기 땜에, 우리 나라 TV 드라마들이 얼마나 말도 안되게 얘길 만들고 있나 하는 걸 알 수 있는데요….

근데, 한편으론, 이게 또 완전히 말이 안된다고 할 수 없는 게, 여자가, 언제, 누구와, 어디서, 어떻게, 같이 자야지 하고 미리 생각을 하고 준비하는 것두 아니구, 남자랑 언제는 임신하기 쉬우니까 안되구, 확실히 임신을 피하려면 언제 언제만 된다… 이런 얘길 하구 하는 것두 아니니까… 쫌만 운이 나쁘면 임신을 하게 될 수밖에 없죠….

근까, 갑자기, 아무 준비없이, 당하게 되는 상황에서 성관계를 갖게 되면, 미리 피임에 대한 준비를 할 수가 없죠… 글구, 피임에 대한 준비는 사실, 여자만 하는 게 아니라, 남자랑 함께 해야 하는 건데, 그렇게 하려면, 서로 평등한 관계에서 성관계를 할 건가, 안할 건가, 하면 언제 하고, 어떻게 하면 좋을 건가 얘기를 할 수 있어야 되는 거죠… 그럼, 하나도 낭만적이지 않을 거 같다구요? 그래요… 그렇게 생각한다면 어쩔 수 없죠, 별로 안 낭만적일 수 있겠죠… 이렇게 하면… 근데, 이거 알아요? 갑자기, 상대방에 의해서 일방적으로 주도되는, 성관계가 오히려, 낭만적인 거 근처에도 안 간다는 거… 오히려, 갑작스럽고 부담스러운 마음에… 어색하고, 또, 혹 임신하지는 않을까 두렵고 걱정만 될 거라는 거요.

세번째 이유로는, 여러분이 이런 상황과 이런 관계에서는 좋은 느낌을 갖기 힘들 거라는 걸 얘기하고 싶네요… 이게 앞에 거랑 연결이 되는 건데요, 그런 상황에서 하게 되면요, 여러분은 할까 말까 스스로 생각해 보고 결정해서 했다기보단, 그냥 '에라, 모르겠다, 한컨 해볼까?' 하는 일시적인 생각에 따라 하게 되는 거라서요, 중간어 '아! 이게 아닌데' 싶어 후회하게 된다구요.

이렇게 후회가 될 땐, 딱 그 순간에 그만둬야 하구요… 음, 이럴 때 그만두는 건, 진짜 잘하는 거예요… 거기까지만 하고 나서도, 사실, 여러분은 스스로 부끄럽고 창피하고, 죄스러운 마음 같은 거 느끼게 될 텐데… 만약, 거기서도 관두지 않고, 우물쭈물 끌려가 버리면, 나중엔 그 부담감이나 죄의식, 후회스런 마음을 감당할 길이 없어지죠.

그냥 해버릴까? 233

또, 그런 상황에서라면, 어디 피임에 대한 준비나 잘했겠어요? 그러니, 임신에 대한 불안감과 두려움 땜에, 섹스의 좋은 느낌보다는 나쁜 느낌만 느끼고, 하고 나선 '내가 이렇게 좋지도 않을 걸 왜 했을까' 하고 후회하게 되겠죠.

말이 나왔으니 말인데, 여러분들이 아마, 가장 많은 관심을 갖고 있을, 섹스의 느낌에 대해 얘길 좀 해볼까요? 아! 왠지, 이 부분만 읽을 거 같네요… 아님, 쭉쭉 넘겨 보다 여기부터 찾아 읽을지도….

그런데, 어쩌죠, 그렇게 기대를 하며 이 부분을 보고 있을 텐데… 음, 우선, 한마디로 말해, 섹스의 느낌은, 여러분이 상상하는 것처럼, 그다지 환상적이지도 멋지지도 않다는 게 정설이죠… 여러분이 생각하는 것보다 훨씬 현실적이고 밋밋한 느낌들… 뭔가 아주 그럴 듯하고 멋지게 나를 사로잡아 버리고, 끝내 주는 게 있을 것 같은데… 사실, 그렇게 끝내 주는 무언가가 섹스 속에 있다고는 할 수 없다는군요… 섹스가 항상 좋거나, 멋지거나 그런 것만도 아니구요.

물론, 섹스라는 것 안에 많은 좋은 것들이 있긴 하죠. 여러분이 '오르가슴'이니 '절정'이니, 하는 말들로 알고 있는, 극한의 즐거움이 있구요. 또, 서로 사랑하는 사람끼리 서로의 존재감이나 극도의 친밀함을 나누는 정서적이고 육체적인 교감도 있을 거구요.

섹스는 인간 사이에 나눌 수 있는 가장 높은 수준의, 가장 전면적인 커뮤니케이션이기도 하구요. 그래서 섹스 속에서 사람들은 소외감이나 상실감을 해소하고, 자기 존재감을 확인하기도 하죠. 또 육체적인 쾌감을 추구하는 사람에게는 자신의 성적인 욕구를 해소하는 수단이기도 하고, 어떤 사람에게는 외로움을 달래는 것이기도 하구요.

음, 여러분 눈치챘어요? 내가 여기선, 다른 데서보다 훨씬 진지하게 말하고 있다는 거… 왜냐면요, 난, 여러분에게, 그냥 킥킥거리면서 농담처럼 얘기하는 게 아니고, 어떻게 진지하고 당당하게 섹스에 대해 말할 수 있는지 보여 주고 싶거든요.

그래서, 하던 말을 이어서 하면요, 여러분이 섹스 속에서 무엇을 추구하느냐에 따라 여러분의 섹스를 선택하는 방식은 달라질 거예요. 사랑하는 사람과의 교감을 원한다면, 사랑하는 사람과 할 것이고, 결혼해서 자기 남편하고만 하고 싶다면 그렇게 할 것이고요.

하지만, 어떤 경우든 맨 처음부터 여러분이 원하는 좋은 느낌을 갖는 것은 어려울 거예요. 앞에 키스에 관한 얘기를 할 때도 얘기했던 거지만, 키스할 때 무조건 입술을 부빈다고, 혀가 오간다고 좋은 느낌을 받기는 어려운 것처럼, 섹스는 단지 남성의 성기가 여성의 성기에 삽입되기만 하면 좋은, 그리고 그것만이 전부인 그런 게 아니에요.

맨 처음에 여러분은 서로에 대해 어색하고 서툴거나, 섹스 자체에 대해 서툴기 때문에, 당연히 좋은 느낌을 얻을 수 없을 뿐만 아니라 당황하고 두려울 수 있어요. 특히나 우리는 남자의 성기가 어떻게 생겼는지도 모를 만큼 성에 대해 잘 모르고, 또 그렇다고 이러이렇게 하자라고 상대방과 미리 얘기하지 않기 때문에 더욱 그렇지요.

서로를 배려할 줄 알고, 서로간에 섹스에 대한 일반적인 얘기부터 구체적인 얘기들까지 할 수 있어야, 자신의 선택한 상대방과의 관계에서 가장 좋은 느낌을 주고받을 수 있죠. 여러분은 이런 얘기가 서로 사랑하는 사이에만 해당될 수 있는 얘기다고 생각할 수 있지만, 그렇지 않아요. 육체적인 즐거움만을 추구하는 상황에서도 이런 서로간의 의사소통과 교감, 배려 없이는 그다지 즐겁고 좋을 수가 없죠. 우리의 몸과 마음은 분리된 게 아니어서, 마음속으로는 딴 생각을 하면서 몸만 최고조의 즐거움에 이르거나 그런 일은 일어나지 않거든요.

또, 이런 교감의 느낌은 남자보다는 여자에게 더욱 중요한 것일 수 있거든요. 남자들은 자신들의 육체의 느낌을 자신의 자아나 마음과 분리시켜 생각하는 데 좀더 익숙하기 때문이에요. 반면에, 여자들은 둘 사이의 관계와 상황, 안락한 마음의 상태 같은 것에 육체적인 느낌들이 좀더 긴밀히 연결되어 있거든요. 분위기를 탄다고 할까요? 일반적으로 여자들의 몸의 느낌은 좀더 섬세하다고 할 수 있어요. 왜냐하면 우리들은 몸의 느낌을 자신의 느낌과 연결시켜 이해하고 느끼는 데 더 익숙해 있기 때문이죠.

당신이 심심풀이로 한번 해보는 거면 모르지만, 정말 좋은 느낌을 얻고, 서로간의 믿음과 애정을 섹스를 통해 나누고 싶다면, 당신들은 성에 관해 배려하고 대화하고 서로에게 맞도록 맞춰가는 시간과 노력이 필요해요. 섹스가 정말로 환상적일 수 있다는 건 완전히 거짓말만은 아닌데요, 하지만, 정말 그렇게 좋은 느낌을 갖기 위해서라면, 그만큼의 시간과 노력, 그리고 무엇보다도 서로간의 존중과 이해가 필요해요. 그런 것들이 없다면, 여러분은 그저 그런, 욕구의 해소 이상의 것은 느끼지 못할 거예요.

그리구, 섹스는 단순히 성기의 삽입만을 의미하는 것으로 생각할 순 없거든요. 중요한 건, 서로가 기분이 좋고, 또 그 안에서 자신이 원하는 만큼의 쾌감을 느끼면 되는 거죠. 성기를 삽입하지 않고도, 서로를 껴안는다거나, 부드럽게 만져 준다거나, 몸의 여기저기에 키스해 주는 것만으로도 아주 유쾌하고 즐거울 수 있거든요.

　음, 그래서, 다시 한번 정리하자면, 여러분들을 위협하는 게 아니라, 도와주고 싶은 마음에선데, 준비된, 자연스럽고, 좋은 느낌의 성관계를 위해선, 둘 사이의 관계에 대한 분명한 생각, 피임에 대한 준비, 남자에 의해 일방적으로 끌려가는 성관계가 아니라 어떻게 하면 서로를 배려하고 존중하는 평등한 성관계가 될 수 있는가 등등을 미리 생각하고, 서로 충분히 얘기하는 것이 좋다는 말을 꼭 해주고 싶어요.
　여러분들도 잘 알고 있다시피, 아직도 우리 사회에선 성관계가 여성에게 일방적으로 손해인 경우들이 많으니까요. 그런 현실은 바뀌어야만 하고, 또 바꾸어야만 하지만, 지금 우리는 '현실은 왜 이런 거야?' 하고 탓만 하고 있을 게 아니라, 그런 현실 속에서 자신을 지키고, 자기가 원하는 바대로 자신의 행동을 선택하고 실현해 나가는 방법들을 터득해야겠죠. 그리고 그런 것들이 쌓여서 여성이 성적인 면에서 조금도 불이익을 보지 않는 그런 사회로 바뀌어 가는 것일 테구요.
　아!, 그리구, 물어보고 싶은 게 하나 있다구요? 첫 경험을 할 때 정말 그렇게 아프냐구요? 위에 친구는, 그냥 닿기만 했는데도 너무 아팠다구 했는데요… 음, 첫 경험에서 여자들이 다소간의 고통을 느끼는 건 맞는데요, 그건 그렇게 찢어질 듯이 아프거나 그런 건 아니고, 질이 처음으로 남자의 성기가 들어올 만큼 벌어지면서 느껴지는 고통이래요. 이 고통은 그렇게 오래 지속되지는 않는다구 하구요, 만약, 첫 경험이 아닌데도 아픔을 느낀다면, 그건 여성이 충분히 성적으로 흥분하지 않아서 윤활유의 역할을 할 수 있는 질분비액이 나오지 않은 상태에서 남성의 성기가 삽입되었기 때문이라고 나와 있네요… 책에….

왜 그런 행동을 하고 나서야 '사랑한다'고 말하는 거야!

고등학생이라는 신분으로 남자 친구를 사귄다는 것에는 많은 어려움들이 따른다. 이런 역경 속에서도 나는 두 남자랑 사귀었다. 결론부터 이야기하면 섹스는 빨리 할수록 금방 깨진다는 것이다. 처음 사귄 애는 손 한번 잡고 6개월 정도 사귀었는데 두 번째 사귄 애는 두 달 만에 깨졌다. 두 번째 애랑 처음으로 그런 경험을 한 건 바로 얼마 전의 일이다. 그날은 내 생일이었다. 그래서 당연히 그 남자 애랑 보내기로 했다. 그런데 즐겁고 행복한 생일인데도 내 기분은 너무 우울했다. 그래서 나는 그애랑 호프집에 가서 술을 마셨다.

그앤 나와 한 달 정도 되었는데도 손 한번 잡아보지 못할 정도로 숫기가 없고 소극적인 남자였다. 그래서 내가 술이 많이 취해도 설마 날 어떻게 하지는 않을 거라고 그를 믿었다. 얼마나 술을 많이 마셨는지 내 스스로를 주체할 수가 없었다. 그래서 당연히 그애의 부축을 받으면서 호프집에서 나왔다. 이런 상태로 내가 집에 들어가면 죽을 게 뻔하다는 것을 그애도 알기 때문에 비디오방을 가자고 해서 그냥 따라갔다. 굉장히 술이 많이 취했지만 기억이 생생하다. 비디오방에 들어가자마자 난 그냥 뻗었다.

그애가 날 생각해서 그런 건지는 잘 모르겠지만 내 팔다리를 주물렀다. 정말 편했다. 언제부터인지는 모르겠지만 키스를 하고 있었다. 그애 혼자 했기 때문에 별로 이상한 기분이 들지 않았다. 그런데 곧이어 그의 손이 내 가슴을 만지더니 다시 속옷 안으로 손을 넣어 가슴을 만졌다. 난 내가 흥분하고 있다는 것을 느꼈다. 솔직히 다른 애들은 모르겠지만 난 좋았다. 그런 상태로 있다가 그애 혼자 키스하는 것이 재미없었는지 나보고 입을 벌리라고 했다. 그래서 난 입을 벌렸는데…, 난 처음인데 내가 너무 능숙한 것 같아서 놀랐다. 정말 같이 키스할 때는 기분이 짜릿하고 좋았다. 이런 기분을 어떤 단어로도 정확히 표현할 수 없다. 해본 사람만이 알 것이다.

여기까지는 좋았는데 갑자기 그애가 내 바지를 풀더니 손을 팬티 안으로 넣으려는 것이었다. 정말 생각지도 않은 일이었다. 그래서 난 그애의 손을 잡았다. 그랬더니 그애도 이게 심하다는 것을 느꼈는지 손을 얼른 뺐다. 그리고 시간이 조금 흘러 비디오가 끝나 거기서 나왔다. 시간이 정말 빨리 갔다. 그앤 날 집에까지 바래다 주고 우린 헤어졌다. 그날 밤은 너무 머리가 아파서 한숨도 못 잤다. 아침에 정신을 차리고 삐삐를 보니 음성이 와 있었다. 바로 그애였다. 내용은 "사랑해" 란 말을 그날 처음으로 남겼다. 왜 꼭 그런 행위를 하고 나서 그런 말을 했는지 화가 났다. 너무너무 답답해서 미쳐 버릴 것 같았다. 그래서 학원을 빠지고 친구랑 이대에 바람 쏘이러 돌아다녔다. 그때 만약 친구가 없었다면 난 죄책감과 두려움에 미쳐 버렸을 것이다. 그앤 평소에는 잘 치지도 않는 삐삐를 굉장히 많이 쳤다. 그런 그애에게 난 쌀쌀맞게 대했다. 너무 미웠다. 결혼도 못할 것 같았다. 키스는 괜찮지만 어떻게 내 바지 속에 손을 넣을 생각을 했는지 정말 믿고 싶었다. 죽고 싶었다. 무서웠다. 그렇지만 이건 내 책임이다. 그런 행동을 하게 만든 건 내 책임이니까. 그리고 아무리 내가 술에 많이 취했지만 방어할 수는 있었다. 그렇지만 난 하지 않았다. 나도 좋아서 했는데도 그애가 미웠다.

이런 마음으로 우린 바로 그 다음날 만났다. 시간은 많고 돈은 없어서 남산에 갔다. 올라갈 때는 케이블카를 타고 갔는데 내려올 땐 걸어왔다. 좀 어두웠다. 내려오는데 그애가 손을 내 어깨 위에 올렸다. 난 가만 있었다. 한 2시간 정도 그런 자세로 내려오다가 너무 힘들어서 의자에 앉았다. 그런데 그애가 키스를 하는 거였다. 난 싫다고 했더니 하지 않았다. 난 내 생일날 비디오방에서 있었던 일을 기억이 나지 않는다고 모른 척했다. 그애랑 20분 정도 포옹하다가 헤어졌다. 그 이후로 그앤 나에게 그런 행동을 하지 않으려고 참는 것이 보였다. 그런 그애가 좋았다. 그렇지만 그것은 잠깐, 유혹을 참지 못했는지 그앤 다시 나에게 키스했다. 난 가만 있었다. 또 그 이후로 2번 더 만났는데 그때마다 키스했다. 이래서는 안되겠다고 생각해서 다시는 그런 행동을 할 여건을 만들지 않았다. 나의 계획은 성공했다. 그 후로 한달 정도는 하지 않았다. 그런데 그앤 날 만나면서 다른 여자를 만나고 있었던 것이다. 난 너무 화가 나서 끝내자고 했다. 그앤 날 잡지 않았다. 그래서 우린 그렇게 끝났다. 끝난 지 3일 뒤에 그애랑 어떤 여자랑 노래방에서 노는 것을 내 친구가 보았다. 참 기분이 더러웠다. 그런 남자를 좋아한 내가 더 미웠다. 이제 다시는 남자를 믿지 못할 것 같다. 아니 절대 믿지 않을 것이다. 처음에는 그애 생각으로 머릿속이 복잡했는데 지금은 그애 소식 들어도 담담하다. 남자는 다 부질없다고 생각했다. 그리고 정말 행복은 잠깐이고 후회는 평생하게 될 것이라는 것을…, 그렇지만 난 후회 없다. 그러나 내가 이런 생각을 하기까지 너무 힘이 들었다.

내가 알아낸 세 가지. 이건 사랑일까? 욕망일까?

첫 키스 후에 나는 이런 성적 접촉에 더 욕심이 생기기 시작했다. 그 순진한 애가 어디까지 늑대 본성을 숨길 수 있을지 시험해 보고 싶었다. 나는 며칠 뒤 그 아이와 또 만났고 우리들은 노래방에 갔다. 이번에도 나는 막연한 기대를 가지고 있었다. 같이 노래를 부르다가도 길게 간주가 나올 때면 그는 나를 끌어안고 키스를 했다. 저번에 한번 해보았으니까 이젠 익숙해졌다는 건가? 한 노래가 끝나고 점수가 나오기 전 그 사이에 또 키스를 했는데 이번엔 뭔가 달랐다. 꽤나 오래 붙들고 있었기 때문이다. 내가 약간 이상하다고 생각하는 그 순간 그의 한 손이 내 가슴을 움켜쥐었다. 나는 그다지 나쁜 기분이 아니었으므로 그냥 내버려 두었다. 게다가

탄산음료를 마시면 취기가 남들보다 훨씬 빨리 도는 내 특이 체질 때문에 아까 먹었던 콜라가 날 정신없게 만들었다. 그는 내 가슴을 잡은 채 입술이 점점 가슴 쪽으로 내려가기 시작했다. 나는 그것은 거부했다. 또 몇 번이고 그는 내 옷 속으로 손을 집어넣거나 은밀한 곳을 더듬으려 했지만 그것도 역시 거부했다. 왠지 아직 이러면 안 된다는 생각이 들었다.

나는 이번 경험을 통해 3가지 사실을 알아냈다. 첫 번째는 영화에서 배드신을 찍을 때 배우들이 숨을 헐떡이는데 뭐가 힘든 걸까 하고 생각했다. 하지만 난 오늘 경험에서 정말 알 수 있었다. 성행위까지 간 것은 아니지만 숨이 차더라. 고로 성행위를 하면 더 숨이 차겠지…. 사실 내 경험은 섹스라고 하기엔 불충분하다고 본다. 섹스는 적어도 이성간의 은밀한 부분을 맞대고 오르가슴을 느끼는 그런 수준까지 말하는 것이라 보는데 난 아직 그 정도까지는 아니었고 그 정도까지 경험해 보고 싶지도 않다. 두 번째로는 남자는 역시 늑대라는 것이다. 일반적으로 남자보다 여자가 훨씬 더 이성적이란 생각이 들었다. 남자는 성행위를 할 때 너무 쉽게 이성이 무너진다. 겉으로 볼 때 멀쩡할지 몰라도 그 시커먼 속은 어느 누구나 다 같다. 세번째로 노래방은 역시 위험하다는 것 특히 남녀 둘이 들어갔을 때는… 남자와 노래방은 꼭 주의해야 할 것이다.

이 일 이후에 그는 내게 몇 번이나 미안하다고 자신이 나빴다고, 잠시 이성을 잃었다고, 이 일로 인해 자기 사랑이 왜곡되지 않길 바란다며 걱정스럽게 말했고 난 괜찮다고 여러 번 말했다. 솔직히 좋았지만 그 순진한 얼굴 앞에 대고 좋았다고 말하기도 그랬다. 꽤나 미안하게 생각하는 눈치였다. 난 이 경험 후에 내 감정을 다시 생각하게 되었다. 그 아이도 나도 서로 볼 때마다 사랑한다고 얘기하지만 그게 정말 사랑인지… 단지 성적 호기심이 왕성한 이 나이에 그냥 호기심을 충족 시키는 한 남자로만, 한 여자로만 바라보고 있는 건 아닌지… 나 스스로도 알 수 없다. 그는 아직 그런 생각을 해본 적이 없는지 마냥 나에게 사랑한다고만 말한다. 언젠가는 이 혼란한 감정도 정립이 되겠지.

음, 갑작스런 육체적 접촉 후에… 여러분은 어떤 느낌을 갖게 될까요? 첫 번째 친구 얘기에 그런 것들이 잘 나와 있는 거 같구, 두 번째 친구 얘기… 알게 된 거, 세 가질 얘기했는데, 글쎄요, 첫 번째와 세 번짼 맞는 거 같은데, 두 번째 얘기는 맞다고 해줄 수가 없군요… 왜 맞다고 얘기할 수 없는지, 그 이유는 앞장에 다 얘기해 놨으니까 그걸 보도록 하구요.

도대체, 뭐가 미안한 걸까요? 그애들. 결국은 나도 좋았으니까 걔네가 하는 대로 두었던 건데, 왜 미안하다고 하는 거죠?

음, 내 생각엔, 걔네가 미안함을 느끼는 건, 그런 행동을 할 때 일방적이고 의도적이었다는 거구, 자기 자신도 그걸 알고 있었다는 걸 의미한다고 봐요… 당신이 그냥 받아주었더래도, 당신이 그것을 원하는지 않는지 확인하지 않고 자기 마음대로 했다는 걸 스스로도 알고 있기 때문에… 비디오방에 가거나 어디 가거나 그런 데 가서 그런 행동을 하리라고 미리 생각했다는 거 땜에… 글구, 자기가 원하는 궤로 하고 나니까, 상대방이 어떨지 묻지 않고 자기가 원하던 대로 하고 나니까 상대방에게 미안한 생각이 드는 거죠.

그래요, 이런 행동을 한 후에 미안한 생각이 든다면, 그건 이 행동이 서로의 생각이 맞고 서로가 원해서 한 행동이 아니라, '이거 해보고 싶은데, 오늘 얘한테 해봐…' 하는 이기적이고 자기중심적인 생각에서 나온 행동이라는 증거 아닐까요? 자신의 성적인 욕구나 호기심

을 채우려고 상대방을 이용했다는 느낌 때문에 상대방에게 미안해
지는 거니까요.

글구, 이럴 때 만약, 상대방이 "사랑한다"고 말한다면, 이건 "미안
하다"는 말의 다른 표현일 수 있어요… 그렇게 일방적으로 행동한 게
미안해서, 혹은 자신이 그렇게 일방적인 행동을 해서 상대방이 그것
에 충격을 받고, 자신에게 실망해서, 자신을 비난하거나 그만 만나자
고 하지 않을까 하는 두려움에서 "사랑한다"는 말이 나오는 거죠.

그게 아님, 음, 사람이 이런 게 있거든요, 여러분도 경험해 봤는지
모르겠는데요, 사람이 육체적으로 꽤 친밀한 접촉을 하게 되면요, 그
럼, 그 육체적인 접촉의 친밀감과 욕구 충족의 느낌 때문에 일시적으
로 상대방에 대한 집착이 아주 강렬해지는 그런 경우가 있거든요. 그
래서, 그애도 의도적인 건 아니지만, 자신도 모르게 일시적으로, 당
신에게만 확 쏠려버리게 되는 거죠… 그래요, 그애가 하는 "사랑한
다"는 말은 그런 순간적인 열정과 애정의 표현일 수도 있구요… 그런
경우, 그애만이 아니고 당신도 이런 순간적인 집착의 느낌을 느낄 수
도 있구요.

이건, 자신의 미안한 감정에서 나오는 건 아니니까, 좀 나은 거라
고도 할 수 있지만요, 어쨌든, 당신한테 쏠려 있는 거니까, 그치만, 일
시적인 눈먼 감정 — 욕구이기 땜에, 좀더 강한 육체적인 접촉이 이
루어지거나, 아니면 그게 이루어지는 과정에서 확 이게 아닌데 하고
그 마술에서 깨어나게 되기 땜에, 그애든, 당신이든, 이런 감정만으
로 상대방에게 미쳐 버리는 건, 별로 좋지 않다고 봐요… 그래서, 혹,
그런 감정이 일더라도, 쪼금 기다리고 참아 보는 게 좋다구요… 만

약, 그게 한순간의 욕망, 그리구 그 욕망에서 나온 눈먼 감정이라면, 금방 차갑게 식어버릴 테니까요.

근데, 사실, 그애들이, 나는 싫었는데 참았을 거라고 생각하면 착각이죠. 또 그래서도 안되구요. 비록 그애가 일방적으로 행동을 개시했더라도 내가 좋아야, 내가 좋으니까 같이 할 수 있는 거잖아요? 내가 싫으면 안 되는 거니까요. 근까, 비록 그애가 일방적으로 시작했더라도, 우리는 우리의 태도를 분명히 해서, 이게 쌍방간의 대등한 관계가 되도록 해야 한다구요.

'나도 좋은데 이 정도만 하자'든가, '나는 싫으니까 그만 하자'든가 하고 말이죠. 그렇게 상대방의 일방적인 행동에, 자신의 의사 표현을 적극적이고 분명하게 해서, 쌍방적인 것으로 바꾸어 나가는 거죠… 더 이상 그애 혼자 일방적이 되지 않게요. 또 당신이 원하지 않는 건 하지 않도록 말예요.

으흠, 그러다가 관계가 깨짐 어떡하냐구요? 그치만요, 아주 현실적으로 말해서, 깨지지 않는 관계란 없죠… 완전히 남남이 되서 서로 안 보게 되거나, 그냥 편한 친구처럼 되거나, 아님 사랑하는 마음은 그대로면서도 헤어지게 되거나… 그렇게 되는 거죠. 그래서, 언젠가는 어차피 끝날 관계라면 말이죠, 중요한 건, 빨리 끝나냐, 늦게 끝나냐가 아니라, 관계가 지속되는 동안 그게 서로에게 얼마나 좋은 관계냐 하는 거죠.

그게 정말 좋은 관계라면, 비록 짧은 시간이었어도, 여러분의 인생에 두고두고 추억할 수 있는 소중하고 아름다운 기억으로 남을 거구요, 나쁜 관계라면, 아무리 오래 그애를 당신 곁에 잡아둔데도, 언젠간 깨질 거구, 또, 지나고 나서도, 당신 기억에서 지워버리고 싶겠죠, 그앨 좋아했던 걸 평생 후회하게 될지도 모르구요… 여러분은 어느 쪽을 택하겠어요?

정말로, 진심으로 말하는 건데요, 지금 당신에게 그애가 아무리 소중하더라도, 그애가 당신을 존중할 마음이 전혀 없다면요, 단지 자신의 욕구 충족의 대상으로 당신을 만나고 있는 거라면요, 지금 좀 아프고 힘들더라도 그런 애는 '뻥' 하고 차버려야 된다구요… 그딴 애가 아니어도 당신을 사랑해 줄 남자는, 당신이 사랑할 수 있는 남자는 이 세상에 아주 많다구요. 길에 나가면 발에 채는 게 남자잖아요. 당신이 당신의 미래를 볼 수 없기 때문에, 지금 이 남자 애밖에 생각을 못하는 것일 뿐이죠.

글구, 앞의 친구가 얘기했듯, 육체적인 접촉을 빨리 하면 빨리 할수록 깨지기 쉬운 게 사-실-이죠… 음, 육체적인 접촉이 빠르면 그만큼 빨리 상대방에 대한 관심이나 기대가 사라질 수 있기 때문이기도 한데, 이건 상대방을 단순히 욕구 충족의 대상으로만 봤을 때 그런 거구요. 그런 경우가 아니어두, 육체적인 접촉은 여러분의 관계에 큰 부담감을 주죠, 그래서 관계가 힘들어지는 거구요.

더군다나, 육체적인 접촉이 일방적으로 이루어지거나, 육체적인 접촉에 대한 서로의 생각이 다를 땐, 서로에 대한 신뢰감이나 이해가 깨지구, 여러분들이 갈등을 빚는 그런 계기가 되는 거죠.

음, 육체적인 접촉이 서로의 관계에 방해가 되지 않구요, 오히려 둘의 관계를 더욱 돈독하고 친밀하게 하는 그런 게 되려면, 하나하나

서로의 생각을 나누면서, 서로 페이스를 맞춰 가는 게 중요해요… 상대방의 느낌에 대한 이해와 존중도 필요하구요.

응, 근데, 그래요… 다 큰 어른들한테두 이런 관계를 만들어 가는 건 무척 힘든 일이거든요… 글구, 그들 역시 지금 자신이 갖고 있는 감정이 사랑인지, 욕망인지 헷갈리는 건, 여러분들하구 마찬가지구요.

사랑이라는 감정이 육체적인 느낌하고 연결되면, 어떤 게 먼저고 어떤 게 나중인지 알기 힘들어지는 경우들이 많거든요. 시작은 사랑의 감정이었는데, 그것이 어느 정도 진행되면서, 육체적인 느낌이, 이 사랑이라는 느낌보다 강해지면서, 단지 육체적인 욕구만의 성… 그것만이 둘 사이에 남는 것 같은 느낌을 많은 사람들이 느끼기 되죠… 여러분이건, 어른들이건 다 그렇다구요.

섹스는 마약과 같다는 말도 하곤 하는데요… 섹스나 성욕은 구척 이기적이고 탐욕적인 특성을 갖고 있어서, 다른 관계들을, 다른 모든 감정들을 잠식해 버리고, 오직 거기에만 매몰되게 하는 특성이 있거든요… 그래서 사랑의 느낌을 나누고 싶었던 게, 결국은 섹스밖에 안 남는, 서로에 대한 육체적인 욕망밖에 안 남는 그런 관계로 변해 버리는 그런 일들이 흔히 일어나게 되는 거구요.

이 둘 사이의 균형을 잡는 거… 이게 무척 어려운 일이죠… 이 둘 사이의 균형을 잡아가는 데 있어서, 그래도, 내가 알고 있는 유일한 방법은요, 서로간의 대화와 이해뿐…이에요… 만약, 당신들간의 만남이 더 이상 사랑의 느낌이 아니라, 육체적인 욕구 충족의 그것이 되어 버렸다고 생각되면요, 그래서 이건 아니다 싶으면요, 솔직히 상대방에게 당신의 생각을 얘기하고, 둘이 원하는 방향과 방법을 찾아서 이 둘 간의 밸런스를 맞춰 가려고 노력해야 하는 거죠.

예를 들어서요, 얘랑 한번 키스를 해본 후엔, 그 담엔 만나면 만날 키스를 하게 됐구, 요샌 오히려 서로 얘기하거나 돌아다니거나 하지도 않구, 그저 만나면 키스할 생각밖에 안 난다면은, 그래서, 요건 좀 아니다 싶으면, "야! 요새 우리 좀 이상해진 거 같지 않냐? 맨날 키스만 하잖아… 전처럼 딴 얘기도 좀 하구, 다른 것두 좀 하자… 키스는 딱 한번 헤어질 때만 하구… 꼭 키스하려구 만나는 거 같잖아…" 요렇게 톡 까놓구 솔직히 얘기하구요… 만약, 그 친구 생각도 같으면, 이렇게 바꿔 가면요, 그렇게 함 어때요?

5 · 날라리 이야기
— 날라리와 섹스의 함수 관계

그게 뭐 자랑이냐?

중학교 3학년이 되니 몇몇 친구들이 하는 얘기를 간혹 듣게 되었다. 상상할 수는 없었지만 그 중 나와 친했던 친구 하나가 남자와 같이 가출을 하고선 그만 임신이 되었다는 것이다. 임신을 한 상태에서 친구는 학교에 나왔고 그걸 아는 애들은 그의 친구들과 우연히 그 얘기를 들은 내가 고작이었다. 아무한테도 말할 순 없었지만 모르는 척 그냥 그렇게 지냈다. 그 친구의 다이어리를 봤는데 1, 2, 3 이런 식으로 숫자가 써 있었다. 이게 뭐냐 그렇게 물어보니 남자 친구와 성교를 한 숫자라고 한다. 난 너무 어이가 없었지만 그애는 전혀 거리낌이 없는 것 같았다. 심지어는 성교를 하면 허벅지 살이 빠진다면서 요즘 살이 찌는 것 같으니까 남자 친구 만나서 좀 해야겠다고 했다. 남자 쪽에서도 물론 그럴 때마다 흔쾌히 찬성하는 모양이다. 그리고는 친구들한테 마치 너무 부러워하지 말라는 듯이 잘난 척을 했다. 난 그게 부러워할 만한가 하는 생각이 들었지만 또 다른 몇몇의 친구들은 부러워하기도 했다. 결국 그애는 3학년 때 자퇴서를 쓰곤 학교를 떠나 버렸다. 그 후 한 번도 그 친구를 보지 못했다.

너희들은 모르지?

중학교 3학년 때는 소위 날라리 애들이 활동의 전성기를 이룰 때였다. 담배, 술, 가출 그리고 절도와 남녀 관계까지도. 중3 때 내 주위에 날라리 아이가 앉았었다. 어느 날은 그 애가 날라리 애들의 세계에 대해서 많은 걸 얘기해 주었다. 난 궁금한 점들이 너무 많았기에 그애가 얘기하도록 계속 유도해 나갔다. 그애는 자기는 임신할까봐 두려워서 반콩만 깠다고 했다. 그리고 반콩 까는 것은 상체 부분으로만 성관계를 갖는 거라고 했다. 자기 친구는 가출했을 때 언니 오빠들이 혼숙하는 방에서 오빠들과 콩을 깠다고 하면서 잘못하면 임신이 되니까 신경 쓰이고 걱정이 된다는 것이다. 그애는 자기는 지하철 구석에서 남자 애와 반콩을 깠는데 남자 애들은 손만 한번 튕겨서 브래지어를 끌을 수 있다고 했다. 사실 그애는 삐쩍 말라서 그애의 가슴은 아스팔트에 붙은 껌처럼 절벽이었는데 뭐 만질 게 있다고 그러는지… 하는 생각이 들었다. 난 이런 얘기를 들으면서 그애를 천박하고 이상한 애로 보지 않았다. 왠지 전혀 그렇게 보이지 않았다. 도리어 그런 행위가 선생님이나 부모님에 대한 반항으로까지 보였고 날라리 애들의 세계는 어떨지 궁금하고 나도 때로는 날라리 애들과 같이 날라리가 되고 싶다는 생각까지 들었다. 그리고 그런 얘기를 하는 그애의 태도에는 어딘지 모르게 '넌 하나도 모르지' 하는 작은 우월 감 비슷한 게 들어 있었다. 물론 그런 행동이 옳은 것은 아니라는 걸 잘 알고 있다. 그러나 나도 그런 거 한번 해보고 싶다는 생각을 막을 수가 없었다.

난, 중학교 때보담은 고등학교 때, 날라리 애들 얘길 많이 듣게 됐었는데요, 우리 반에 그 당시에 진짜 우리 학교에서 젤 잘 나간다는 애가 있었거든요, 걔가 좀 예쁘고 몸매도 되고 그랬는데, 애들 말이, 걔 남자 친구가 있는데, 걔도 노는 남자 애들 사이에서, 진짜 '짱'인

애고, 이 여자 애가 딴 남자 애랑 말만 해도, 그 남자 애를 반쯤은 죽여 논다고, 질투심 때문에, 뭐, 그런 얘기가 돌았었구요… 또 딴 애들은 대학생 오빠들이랑 사귄다면서, 오빠랑 헤어졌느니, 오빠가 무슨 선물을 줬느니 하면서 자기들끼리 말이 많았죠.

음, 솔직히, 그런 얘길 들으면, 진짜루, 멋져 보였거든요… 겉으론, '웃긴다' 그러면서 콧방귀 뀌고 말았지만요… 글구, 막 걔네들 야기하는 거 듣구, 상상에도 빠져 보구요.

여러분들은 어때요? 날라리 친구들 얘길 들으면요? 솔직히 좀 부럽기도 하죠, 옷 입는 거, 화장, 머리, 신발, 술, 담배, 남자 친구, 섹스 등등… 여러분이 해보구 싶은 거, 여러분이 쉽게 경험해 보지 못하는 걸 다 하구 다니는 거 같구….

여러분들에게 자랑하듯 으스대면서, 저런 얘긴 창피하지도 않나 싶은 그런 얘기들을 조금도 안 창피한 것처럼 뻔뻔스럽게(?) 얘기하는 날라리 친구들의 얘기… 그 얘기들 중에서 어디까지가 진실이고 어디까지가 꾸며낸 걸까요? 정말루 이 친구들은 어떤 경험을 하구, 또 정말루 어떤 느낌들을 갖게 되는 걸까요? 여러분에게 자랑스럽게 떠벌일 때처럼 정말 그렇게 아무렇지도 않게 막 나가고 있구, 정말 섹스를 그렇게 즐기고 있구, 남들보다 더 빨리 경험한 걸 자랑스럽게만… 그렇게만 생각하구 있을까요?

어때요? 이번엔, '날라리 얘기'라면 내가 빠질 수 없지… 이렇게 생각하고 있는 친구들이 말해 볼래요… 니들은 모르지 하는 그런 우월감은 빼버리구, 그런 경험을 해보지 못한 친구들에게, 자신이 한 경험과 느낌에 대해 솔직하고 담담하게 말해줘 볼래요.

글구, 딴 친구들은, '어머, 얘 봐, 얘는 벌써 이렇게 타락했어, 이래 가지고 뭐가 되려고…' 하는 그런, 또 다른 우월감을 갖고, 이 얘기들을 대하지 말아줬음 좋겠거든요… 날라리 친구들 얘길, 맘을 열구, 자기 일처럼 들어줬음 좋겠구요… 부러움이나 시샘을 갖구 대하지 말구요, 친구로서의 관심을 갖구 이 얘기들을 대해줘요… 이 솔직한 얘기들에 도움을 받아서, 당신들이 체험해 보지 않은 것들에 대해서 알게 되구요, 또, 그렇게 해서 당신들/여러분들의 생각과 경험을 키워나가는 기회가 됐음 하구요.

만약에, 이 글을 읽고 있는 당신이 혹시 '날라리'라면… '그 왕 밥맛에, 잘난 척만 하는 범생이들이 뭘 알어? 왠 관심?' 하면서, 무시하지 말구요, 얘길 해줄래요? 이 기회에 한번 당신 자신의 생각을 정리도 해보구요… 친구들에게 뽐내며 얘기했던 것과는 달랐던, 당신의 실제 경험이나 느낌에 대해서요… 글구, 차마 얘기 못했던, 당신의 두려움이나 걱정에 대해서두 털어놔 볼래요… 난, 개인적으로, 이 얘기들이 누구보다도 당신들에게 도움이 됐으면 하거든요.

다른 애들은 섹스를 즐기는 듯했다

난 그 후 조금은 안 좋은 친구들과 어울렸다. 일찍 끝나는 날이면 으례 남자 애들을 만났다. 처음 만나는 애와 잘되면 손도 잡고 포옹도 했다. 내 주위에는 섹스를 해본 친구들이 많았다. 애들은 섹스를 즐기는 듯했다. 주위의 영향에 의해서일까? 나도 점점 관심이 갔고 해보고 싶다는 생각도 많이 했지만 애가 생길까봐 두려워서 못했다. 아니, 콘돔도 있고 약을 먹으면 괜찮다는 것도 알고 있었지만 용기가 없었다.

중3 여름이었다. 친구들과 길을 가다 '헌팅'이 들어왔다. 일명 영계였다. 우리 노래방에 가서 놀고 짝지은 다음 헤어졌다. 우리와 같은 나이였다. 난 그아와 비디오방에 가서 비디오를 보면서 키스도 하고 포옹도 했다. 잘생겨서일까? 그애가 좋았다. 비디오방에서 나와 보니 밤이 무척 깊었었다. 그애가 갈 데가 있다면서 어디론가 데려갔다. 어느 빌딩의 옥상이었다. 옥상에는 우리를 위해 마련해 놓은 듯 빈 공간이 있었다. 그애는 섹스를 하기를 원했다. 속으로는 좋았지만 내 몸은 거부했다. 그애는 내 가슴을 만졌고 허리띠를 풀었지만 끝까지 난 거부했고 그런 날 보며 끝내는 그애가 포기했다. 그리고 난 도망 나오듯 나와 집으로 갔다. 엄마가 늦게 왔다고 화를 내셨다. 차라리 그애랑 있을 걸 하는 생각도 들었다. 그 다음날 학교에서 그애 친구들이랑 잤다는 내 친구의 말을 들었다. 무척 즐거운 표정이었다. 더 후회가 됐다. 그리고 그 이후 그애의 얘기를 가끔 친구를 통해 들었는데 그애는 내가 사귀자고 하면 사귈 용기가 있다고 했다. 하지만 난 그 날 일이 창피했다. 이런 날 친구들은 멍청하다고 했다. 난 점점 더 친구들이랑 친해지고 나서 담배도 가끔 피워봤다. 술도 마시게 되었다. 내 생각도 많이 바뀌게 되었다. 좋아하는 사람이라면 섹스는 할 수 있는 거라고… 그리고 현재에 난 동성보다도 이성에게 무지무지 관심이 많다. 남자라면 다 좋을 정도로. 그렇다고 섹스를 아무와 한다는 것은 아니다. 그냥 남자랑 있으면 편안하다. 그리고 재미있다.

고등학생이 된 후 남자 애들을 만날 시간이 없었다. 힘든 요즘은 집을 나갈 생각도 한다. 친구들과 남자 애들과 즐겁게 놀기 위해 나의 성경험은 아직 키스 정도이지만 불만만이 있는 요즘 같은 복잡한 생활만을 하게 되면 집을 나가게 될 것이고 그리고 이성을 잃게 되면 이보다 더한 섹스도 하게 될 것이고 인생을 포기하는 단계에 이르게 될지도 모른다.

내가 하기 싫으니까 안한다

나는 17년 동안의 내 인생에서 많다고 하면 많은 남자들을 사귀어 보고 놀아봤다. 하지만 아직 성경험은 없다. 남자 애들이 순진한 것도 아니었다. 소위 말하는 문제아들이었구. 심하게는 마약도 하는 애들이었다. 하지만 이런 애들이랑 사귀면서도 키스는 해봤지만 만진다든가 옷을 벗는 등의 일은 없었다. 왜냐하면 그 이유는 간단하다. 내가 하기 싫으니까 안한다. 보통 성경험이 있는 애들 말을 들어보면 자신은 하기 싫었는데 남자애가 덮쳤다. 내지는 술먹고 제정신이 아니었다라고 말한다. 하지만 내가 생각하기에는 여자 애들이 하고 싶은 마음이 있으니까 했다고 생각한다. 내 경험으로 보면 아무리 뒤에서 덮쳐두 정말 하기 싫은 투로 하지 말라고 하거나 화를 내면 하지 않구 아무리 술을 많이 마셔두 필름이 끊기지 않는 이상은 버틸 수 있다고 생각한다. 내가 그랬으니까. 그리고 평소에 나는 그런 게 싫구 나랑 그런 짓 할 생각은 꿈에도 하지 말라는 말을 항상 했기 때문에 내가 술 먹구 정신을 잃어두 '애는 이런 애다' 라는 생각을 남자 애들은 하구 있었기 때문에 건들지 않았다.

나는 나중에 커서 내가 정말로 사랑하는 사람과 처음 성경험을 할 것이다. 정말 한 순간의 실수로 몸을 망친다는 것은 또 단순히 그짓이 좋아 그런 일을 한다는 것은 자기 자신을 너무 소홀히 대하구 사랑하지 않는 사람일 것이다. 자신을 좀더 사랑하구 자기 존재의 소중함을 안다면 함부로 몸을 내던지는 일은 없을 것 같다.

음, '조금은 안 좋은 친구들'이라고 그렇게 표현했네요. 표현이야 어떻든, 노는 애들하구 어울려서 다니다 보면, '날라리 문화'라구 해야 할까요? 화장하구, 파마, 염색하구, 유행하는 옷 사구, 노래방, 비디오방, 소주방⋯ 편의방 이런 데, 남자 애들이랑 같이 다니면서 많이 놀게 되구요⋯ 그러면서 남자 애들 사귀는 일도 많은데, 얘네들은, 그날 만나서 바로 키스하고, 같이 자고(물론 다 그런 건 아니구요)⋯ 뭐, 이런 일들을 하게 되는 거죠⋯ 난 아니더래도, 같이 다니는 딴 애들은 그런 거 아무렇지도 않고 당연한 것쯤으로 생각하고 있는 거 같구요.

여러분들 또래에는, 아무래도 친구들 영향을 많이 받는 편이라서, '다른 애들은 다 하는데 넌 그것도 못하냐!' 하는 친구들 놀림받기도 싫구, '딴 애들두 다 하는데 나두 해볼까⋯' 하는 생각도 들어서, 친구들을 따라하게 되구요.

근데, 친구들 영향도 있지만, 내가 아무리 난 그런 거 안해 하고 생각한데도, 날라리로 지내면 아무래도 주변에서 유혹도 많고, 기회도 많구요⋯ 또, 노는 애라고 남자 애들도 좀 함부로 생각하는 경향이 있기 때문에, 여러분한테 시도도 많이 할 테구요⋯ 글구, 돈 때문에 단란주점 같은 데 나가게 되면, 그런 데는 주로 아저씨들 오는 데잖아요⋯ 그런 데 오는 아저씨들은, 사실 한번 성관계하구 그런 거 너무 쉽게 생각하는 사람들이잖아요⋯ 그래서⋯ 여러분 생각엔, 어떻게 빠져나올 수 있을 거라 생각했는데, 그렇게 안되는 일두 있을 거구요⋯.

이렇게, 같이 노는 친구들 때문에, 아님, 주변 상황 땜에 어쩔 수 없이⋯ 성적인 걸 빨리 접하게 될 확률이 높구요⋯ 또, 앞 장에서 얘기했던 것보다 더 나쁘고, 안 좋은 상황에서 경험을 하게 되기 쉽구요⋯.

음, 그치만, 친구가 아무리 좋아도 그렇지, 줏대없이 친구가 하라는 대로 다 하다 보면 후회하게 된다는 건, 나보다 여러분이 더 잘 알고 있을 거라 생각하구요⋯ 글구, 날라리 친구들이 다 남자하고 막 노는 것 같지만, 그렇지는 않거든요. 자기가 허용할 수 있는 한도 내에서만 하구, 안되는 경계를 분명히 하고 있는 친구들도 있구요. 아님, 처음부터 자기는 성적인 관계나 접촉 같은 건 관심 없고, 하고 싶지 않다는 걸 친구들이나 남자 친구들에게 분명히 하고, 자기 생각을 당당히 고수하는 친구들도 있구요.

그래서요, 당신이 날라리가 되고, 노는 애가 된다는 게, 아무 남자하고나 쉽게 할 수 있는 그런 여자가 된다는 거랑 같은 건 아니라구요, 당신이 비록 그런 친구들이랑 놀더라두요, 당신이 하고 싶은 상황이랑, 난 여기까지만 할 거야 하는… 경계를 정할 수 있다는 거예요. 당신이 원한다면요. 음, 근까, 당신이 집을 나가고, 그런 친구들과 재미있게 놀면서 지내더래두, 그게 반드시 당신이 '이보다 더한 섹스를 하고', 그렇게 해서 자기 '인생을 망치는' 걸루 이어지는 건 아니라구요… 당신 자신이, 자기 자신에 대해 분명한 생각을 갖고 있으면요, 그리구 그걸 포기 안하면요.

음, 또, 위에 친구 얘길 보면요, 날라리가 되고, '인생을 포기하게' 된다는 게, 성관계를 갖게 되면 그렇다는 건지, 날라리가 되면 그렇다는 건지는 분명히 알 수 없지만요, 이거 하나만큼은 분명히, 알아두세요… 당신이 성관계를 많이 경험하게 된다고 해서, 당신 인생이 망가지는 건 아니라는 거요.

피임도 확실히 하면 되구요, 당신이 끌려다니면서 어쩔 수 없이 하게 되는 성관계가 아니라, 당신이 원하는 방향으로, 주도적이고 능동적으로 말예요, 상대방과 평등한 관계 속에서, 기쁨을 주는 그런 관계로 끌어가는 게 더 중요한 거죠.

근까요, 성관계를 한번 하게 됐다구 해서, 난 이미 버린 몸이니

까… 하구 생각하구, 되는 대로 이끌리지 않았음 좋겠구요… 왜냐견
요, 그 한번의 성관계로 모든 게 망쳐졌다거나, 이젠 좋은 남자 만나
서 결혼하구 그런 일은 못할 거야… 이런 식으로, 한 번의 성관계, 또
는 몇 번의 성관계란 게, 당신 자신의 가치나 인생보다 더 중요할 순
없거든요… 어떻게 보면, 성이란 게 한 사람의 일생을, 그것도 산 날
보단 앞으로 살 날이 많은 여러분의 인생을 결정(!)해 버릴 만큼, 그렇
게 대단하거나, 힘이 센 녀석이 못되거든요.

근까, 성관계 = 타락 = 인생 망침… 요렇게 생각하구, 너무 쉽게
자신이나 자신의 인생을 포기해 버리지 말구요, 만약, 꼭 성관계를
해야겠다, 그게 좋다… 그렇게 생각한다면, 여러분에게 '좋은 느낌,
좋은 의미'가 될 수 있는 성관계로 만들어 가야 될 거라구 봐요… 물
론, 당신의 나이가, 일반적으로 성관계를 용인하는 사회적 나이어 비
해 어리기 때문에, 주위 사람들의 눈총을 받을 순 있지만요.

음, 이젠, 이미 '콩 까는 거'까지 경험해 본 친구들 얘길 좀 들어보죠?

콩 까는 거, 성적인 즐거움을 찾는 거라 생각한다

내가 키스를 맨 처음 해본 건 중1 10월이었다. 선배 오빠들과 동갑 남자 애들과
왕게임이라는 것을 했다. 게임을 해서 걸린 남자와 여자가 키스를 하는 것이었다.
처음엔 아무 느낌이 없었다. 그러나 점점 시간이 지나고 많이 하다 보니깐 드럽다
고 생각이 되었다. 그래서 중2 때부턴 자주 하진 않았다. 그리고 나는 섹스 같은
걸 하는 애들을 보면 너무 바보들 같구 불쌍하고 이상하게 보였다. 나는 임신이 걱정
이 되어서 절대 하지 않겠다고 생각했다. 우리 또래 애들은 섹스를 콩을 깠다고

표현한다. 나는 내 몸을 건드리는 걸 싫어한다. 그래서 남자들하고 밤새고 같이 자도 내 몸을 주진 않았다. 가슴을 만지려고 해도 내가 아무리 좋아하는 애여도 거부를 했다.

그런데 내 결심이 허물어졌다. 중3 때 바다로 여행을 갔다가 오빠들을 만나서 술을 마시고 콩을 까게 됐다. 그런데 그리 나쁜 기분은 아니었다. 처음이라서 무척 아프긴 했지만 그래도 괜찮았다. 그런데 왠지 모를 눈물이 흘렀다. 여태까지 지켜왔던 나의 순결이 허물어졌기 때문인 것이다. 임신도 하지 않았다. 나는 안심이 되었다. 남자가 정액을 여자의 질 속에 싸지만 않으면 임신을 하지 않는다는 소리도 들었다.

나는 남자들하고 터놓고 지냈다. 옷도 그 앞에서 갈아입고 만지고 그런 것만 처음에 안하다가 콩을 까고부터는 장난으로 만지기도 하고 그랬다. 우리들은 만나서 놀면 옷 벗기나 만지기 같은 것을 자주 했다. 앙게임 같은 건 더러워서 하지 않았다.

나는 콩 까는 걸 그렇게 나쁘게 생각하진 않는다. 서로의 성적 충동에 못이겨서 성적으로 즐거움을 찾는 거라고 생각한다. 그리고 나는 꼭 좋아하는 남자랑만 해야 한다고 생각하진 않는다. 내가 몇 번이나 콩을 깠는지는 적지 않겠다. 그러나 나는 그렇게 많이 하지는 않았다. 아무한테나 대주는 창녀가 아니기 때문이다.

벌써 볼 재미 다 보다니, 더 이상 궁금증도 호기심도 없다

우리는 날이 갈수록 포르노와 야한 영화만 고르기 시작했다. 그리고 남자 아이들 여자 아이들 서로간의 대화에도 가슴 서로의 거시기 얘기 등… 섹스 이런 것들이 자연스러운 대화가 되었다. 그리고 여기저기서 콩(우리 사이에선 섹스가 콩이다) 얘기가 들려왔다. '기분이 좋다더라', '처녀막이 터져 피가 콸콸 나오더라…'

이런 저런 얘기를 수집한 나는 머릿속에 차곡차곡 정리를 해놓았다. 그때 그 기억으로는 아마 실전을 기대했던 것으로 생각된다.

그러던 어느 날… 처음 내 가슴을 노출시킨 날이 왔다. 그때가 중2 여름방학. 우리집에서 남자 둘, 여자 둘이 쌍쌍으로 자고 있었다. 처음으로 남자 옆에 누운 나는 눈을 감았지만 떨려서 잠이 들 수가 없었다. 그런데 옆에 누워 있던 H군의 손이 살금살금 내 배속으로 들어왔다. 그러더니 조금씩 가슴 쪽으로 다가와 만지기 시작했다. 너무 부끄러운 나는 가만히 있었다. 더군다나 그애는 내가 너무나 좋아하는 놈이었다. 그러다가 그애가 내 배 위로 올라왔다. 그러더니 웃옷을 휙 젖히더니 엄마 찌찌 먹듯 내 가슴을 빨기 시작했다. 첨엔 징그럽고 싫어서 몸을 비틀었는데 강제로 자꾸 입을 갖다대는 그애 때문에 아랫도리가 점점 축축해지기 시작했다. 그러더니 어느덧 싫은 감정은 없어지고 이상한 쾌감이 들었다. 그애가 구멍에 손가락을 넣었을 땐 그애를 붙잡고 키스를 마구 해주고 싶은 생각마저 들었다. 그러다가 그애가 바지를 벗기려고 했을 때 이성이 나의 뒤통수를 치며! 정신이 번뜩 들었다. 그 순간 난 내 바지를 움켜잡고 "그만해" 라고 소리쳤다. 아주 조그맣게… 그애는 한숨을 쉬며 옆으로 휙 돌아섰다. 그러더니 "에이~ 시시해" 하는 것이었다. 그 순간 밀려드는 수치심 속으로는 '강간죄로 고소 안하는 것만으로도 감사해. 이 자식아!' 라고 외쳤다. 그땐 창피하고 내가 싫어서 울 뻔했다.

그런데 이상한 것이 그런 일이 있고 난 후 그런 상황이 되었을 때 난 피할 생각을 하지 않았다. 오히려 그애가 할 수 있도록 몸을 비틀고 같이 키스를 하기도 했다. 그때마다 느끼는 기분이 날이 갈수록 짜릿해지고 신비스러웠다. 남자 아이들의 페니스는 끝잘 서곤 했다. 자면서 일부러 내 손을 갖다대는 아이들도 있었다. 그때의 느낌은 발기하기 전 남자의 그것은 참 부드럽다는 것이었다.

그 후로 몇 달이 지난 중2 말 ― 나는 남자와 단 둘이 자게 되었다. 솔직히 겁났지만 그래도 해본 경험이 있으니 조금은 든든했다. 만지면 막으면 되는 것이었다. 그러다가 깊이 잠든 날 그애가 밑의 옷을 벗겼다. 눈을 떴을 땐 그애가 내 귀에 키스를 하고 있을 때였다. 그리고 밑에 부분에 딱딱한 느낌이 없다. 아! 올 때까지 왔구나… 뿌리치려 했지만 불쾌한 기분이 안 드는 이상 한번 해보기로 결심했다. 순간 뭔가 뚫는 기분… 그 뒤엔 밑에가 오로지 아픔뿐이었다. 그제야 어른들이 하는 말 "애 한번 낳아 봐라" 는 말이 실감이 났다. 남자 그것이 들어가도 아픈데… 애 머리가 나오려면… 어휴, 기분이 좋다는 말두 다 뻥이었다고 나는 속으로 외쳤다. 그래도 그 아픔을 참고 나는 입 한번 벌리지 않았다. 좀 하다가 그애가 크게 한숨을 쉬며 일어섰다. 그 순간 나는 아픔에 눈물이 핑 돌면서 뒷상황이 걱정이 되었다. 팬티는 어떻게 입을 것이며 그애를 어떻게 볼 것인지… 깜깜해서 다행이지 그땐 어떻게 뒷처리를 했는지 기억이 나지 않는다.

그 일이 있은 후 처녀막이라는 첫 순결이 사라져 버렸다. 그 다음날 차근차근 돌이켜보니 나 스스로 얼굴이 붉어졌다. 창피하기도 하고 그때 내가 왜 그랬나 궁금하기도 했지만 내가 그애를 너무 좋아해서인지 큰 후회나 슬픔은 없었다. 그러기에 그 뒤로 몇 차례의 관계를 그애와 맺었다.

이제 걱정은 임신이다. 내가 배란기를 잘 조절해서 그애를 만나긴 했지만 솔직히 불안한 건 사실이다. 그리고 이제는 그런 것들이 싫증나고 그애와 나의 교제가 갈 때까지 가버린 것에 대해 참 속상하다. 별것도 아닌 것을 어른이 되면 더 멋진 섹스로 만족감이 더 클 수 있을 것을 서투른 오입으로 볼 재미 다 본 것 같고…. 내가 너무 더러워진 느낌이 든다. 한번 그애에게 대준 것이 뿌리치기 힘든 이유가 되었지만 고등학교에 들어와 그애들 덜 만나면서 결심했듯이 다시 못 만나더라도 다음에 그애가 또 그런 식으로 나오면 완강히 뿌리칠 것이다. 그애의 소중함보다 차라리 남은 순결을 지키기로 했기 때문이다. 그리고 그런 것에 대한

흥미도 더 이상 없다. 알 거 다 알고 해볼 거 다 해보고… 더 이상 궁금증도 호기
심도 없다.

　음, 먼저, 여기 나온 얘기들 중에 틀리는 게 몇 가지 있는데, 골라
낼 수 있겠어요? '처녀막이 터져서 피가 콸콸 나오더라' '삑'. 피가 좀
흐르는 정도겠죠. 다음, '남자 정액을 여자의 질 밖에다 싸면 임신을
안한다' 이건, 조금 어려운데, '삑'. 보통 이걸 '질외 사정'이라고 하는
데요, 피임법 중 하나로 많이 쓰이는 방법이긴 한데, 100% 안전한 건
아니기 땜에, '생리 주기법'인가 그런 거랑 같이 병행해야 한다더군
요… 왜 그런지는 여러분이 확인해 볼래요? 뒷쪽에 책 목록이 있으니
까요, 여러분이 찾아보고 확인해 봐요… 알고 나면 친구들한테두 가
르쳐 주구요.

　또 하나, '섹스를 하면 허벅지 살이 빠진다?', 이거 어때요? 이거 맞
는 말인 것 같애요? '삑', 틀리죠… '섹스를 하면 다리가 휜다'는 말도
있는데, 섹스를 한대서 허벅지 살이 빠지거나, 다리가 휘는 일은 없
죠… 만약 이 말이 맞다면요, 모든 애기 엄마들은 허벅지가 가늘거
나, 다리가 휘었게요? 그쵸?

　음, 이 얘긴 그 정도로 하구요. 여러분이 날라리라면, 날라리가 된
다면, 성관계를 경험할 가능성이 어떻게 높아지는지 알겠죠? 남자
애들이랑 맨날 놀러다니고 같이 자고 하면서요. 그래서, 첨엔 안되던
것도, 몇 번 비슷한 상황들을 경험해 보고 나면, 한번 해볼 수 있는 게
되는 거구, 또, 한번 해보면 계속 하게 되는 거구. 그 담엔 성에 대해
별로 두렵지 않아지고, 많이 알게 되고, 스스럼 없어지구요.

결구, 그러는 과정에서, 그 과정이란 게 별로 기분 좋은 느낌들이 거나 멋져 보이진 않는데요, 어쨌든, 나름대로 성에 대한 안목이나 자기 자신의 행동에 대한 관점이 생기게 되구요… 좋아하는 사람과 하는 게 좋다…거나, 그거 그냥, 성적인 충동을 풀고 성적인 즐거움 을 나누기 위해 하는 거야…라거나, 아님, 몇 번 해보고 나니까 뭐 별 로 관심이 없어지거나…요.

그래요, 섹스는 성적인 충동을 풀고 성적인 즐거움을 나누기 위한 거다… 이렇게 생각한 친구도 분명히 말하고 있죠… 하지만 아무한 테나 대주는, 섹스라면 정신 못 차리는, 막 가는 상태까지 간 건 아니 다라고 말이에요… 그렇게 하고 싶지도 않구요… 이 친구 같은 식이 라면요, 자기 나름의 성에 대한 관점과 생각이 잡혀 있는 거죠.

성에 대한 이런 생각이, 다른 사람들이 갖고 있는 성에 대한 태도 랑 다를 순 있지만… 자신의 경험을 바탕으로 소화해 낸 자기 관점이 잡혀 있는 거구요… 그러니, 그 내용이 다르다고 해서 이 친구를 비 난할 순 없죠. 모든 사람들이 성에 대해, 다 똑같은 생각을 가져야 되 는 건 아니구요, 또, 자기 경험을 바탕으로, 이만큼… 자기 생각이랑 태도를 분명히 하고 있다는 거… 무척 좋아 보이거든요.

또 한 친구는 경험을 하고 난 후에, 걱정과 실망만 하게 되고, 더 이 상 궁금증이나 호기심도 없어졌다구 말하고 있네요… 성관계를 경험 해 본 후, 자기 자신에게 더 소중한 게 뭔지 깨닫게 됐다구요… 이 친구 한테서두, 위에 나온 친구랑 다른 생각을 갖고 있긴 하지만, 자기 경험 을 통해 자기 생각이 뭔가를 분명히 알아가는 모습이 보이죠….

음, 이런 경우에요, 여러분은 이 친구는 성관계를 전혀 경험해 보지 않은 친구들과 비교해서, 순결하지 않거나, 덜 순결하다고 비난할 수 있나요?

그렇지… 않죠… 이 친구에게는 자신에게 소중한 것을 찾은 지금의 순간이, 더 중요한 것일 테니까요… 이 친구는 조금 빨리, 또 별로 좋지 않은 상황에서 경험했다는 것뿐, 너는 그런 경험을 했으니, '더럽다'고 말할 수 없는 거잖아요.

글구, 혹, 이 글을 읽고 있는 당신이, 바로 이 친구와 같은 감정을 경험했다면요, 그러면, 다른 친구들에게 난 해봤다 하구 뻐기지 달구요, 이런 감정을 그 자체로 솔직히 말해 주면 안될까요? 그럼, 경헉해 보지 않은 친구들에게 많이 도움이 될 텐데요. 글구, 그 친구들도 당신을 이해할 수 있구요.

그래서 한편으론, 날라리가 아닌 친구들이, 날라리인 친구들에게 은근히 품고 있는 우월감… 그런 건 별 의미가 없다고 할 수 있죠. '쟤네는 타락했고, 나는 순수하다' 하는 그런 거 말이에요… 글구, 다른 한편으론, 날라리 친구들이 여러분들에게 품고 있는 우월감 같은 것두, 별 의미가 없다고 할 수 있죠. '난 이만큼이나 아는데, 너흰 하나도 모르지' 하는 거 말이에요.

누군 벌써 성경험이 있구, 누군 없구… 누군 더 빨리 알구, 누군 더 늦게 알구… 그런 게 중요한 게 아니라, 그게 언제건 여러분에게 부담스럽거나 불쾌하지 않을 때, 그럴 때에 더 좋게 알 수 있구, 더 좋은 느낌으로 경험할 수 있는 게 중요한 거 아닐까요.

그렇기 땜에, 또, 단순히 경험이 많다구 그 사람이 성에 대해 많이 안다거나, 성에 대해 성숙하다거나 할 수는 없거든요… 자기가 한 경

험, 친구들 얘기, 본 것, 느낀 것 등을 통해서, 성에 대한 자기 주관을
만들어 가구… 자기 자신을 잘 이해하구 있구, 성에 대한 자기 생각
을 다른 사람들과 잘 얘기할 수 있는 거… 이런 게 더 중요한 거죠.

6 · 경험 뛰어넘기

음, 그래요, 우리는 마지막으로, 여러분들에게 가장 어렵고 힘든 것일 수 있는 얘길 하려고 해요… 성적인 경험을 하고 나서 정신적으로 여러분을 괴롭혔던 것들… 글구, 남의 일만 같았던 임신이나 낙태…를 경험한 얘기들…을 하게 될 텐데요….

이 부분은 결코, 여러분에게 겁을 주기 위해서, 씌어진 게 아니거든요. 겁을 주면서, 너희도 성관계하면 이렇게 돼!, 그러니까 성관계는 무지 위험한 거야… 이런 얘길 하려는 게 아니라… 여러분에겐 이런 얘기들이 남의 일 같기만 하겠지만, 그렇지 않다는 거… 여러분이 나중에 어른이 돼서 성관계를 갖게 되는 일이 있어도, 이런 일들이 일어날 가능성이 있구, 그런 경우엔 어떻게 하면 좋은가에 대해, 미리 생각하구 준비하기 위해서 이 얘길 여기서 하는 거예요.

글구, 다른 친구들이, 이 힘든 시간들을 이겨 냈다는 거… 보여 주구 싶어서요. 또, 다른 친구들은 어떻게 이겨 냈는지를 보는 것도 중요하구요… 그래서, 만약 지금, 아니면 앞으로, 여러분이 이런 상황에 놓이게 됐을 때도, 너무 두려워하거나 절망하지 않을 수 있게 돕고 싶어서요.

음, 여러분 자신이 의도한 거든, 아니든, 성관계의 경험이란 게, 상당한 정신적 충격으로 남는 경우들이 있어요… 특히나, 여러분들처럼, 성에 대해 접해볼 기회가 적었고, 성관계라는 거 상상도 못했었던 사람들한테라면….

성관계가 여러분이 의도해서가 아니라, 자기도 모르는 사이에, 일방적으로 이루어지게 된다면, 여러분은 더욱 큰 충격을 받을 거구, 심하게는 자기 자신이 더럽혀졌다고 생각하면서, 자기 자신을 혐오하게 되는 일까지 있죠.

그런 게 아니구, 여러분도 원했구, 또 의도했던 성관계라두요, 일단 그걸 경험하고 나서는, 성을 둘러싼 여러 가지 문제들 — 성관계의 방식, 남녀의 차별적인 성관념, 주위의 비난, 임신 등의 문제들에 대한 고려가 소홀했다면, 그로 인해 여러분은 고통을 겪게 될 수 있죠.

그래서, 그렇게 강조했던 거예요… 섹스란 건, 단지 남자의 성기가 여자의 성기에 들어가는 거, 그것뿐인 게 아니라, 거기에는, 여러 가지 심리적이고 사회적인 규칙이나 압력들이 같이 얽혀 있는 거라는 얘기요… 그래서 그런 게 뭔지 아는 게, 섹스할 때 체위는 어떻게 하고, 테크닉이 좋아야 되고… 어딜 애무하면 좋아하고… 이런 거보다 훨씬 중요하다구요… 섹스가 두 사람 사이의 관계나 자기 자신의 심리적, 정서적, 사회적 생활에 어떤 영향을 미칠 건지 아는 거요… 이게 진짜 '성에 대해 안다는 거'죠.

그래요, 그래요, 이런 것들 다 생각하고, 상대방이랑 이런 얘기나 준비를 다 한 다음에, 그런 경험을 할 수 있다면, 그게 가장 안전하고 좋은 경우죠, 그래서 여러분한테 강력 추천하는 거구요. 그치만, 어디 사람의 일이란 게 꼭 그런가요? 성적인 일만이 아니구, 무지 많은 어려운 일들을, 우리는 우리 인생에서, 아무 준비도 없이, 전혀 예상도 못한 상태에서, 맞부딪치게 되곤 하죠.

근까 중요한 건요, 어차피 사람이 살다 보면, 나쁜 일 한두 번쯤 경험 안할 수 없거든요, 그게 성에 관련된 일이건 아니건 말예요… 그건 누구한테나 마찬가진데, 사람들 사이에 차이가 나는 건, 그 나쁜 일을 어떻게 이겨내냐 하는 거죠… 어떤 사람은 그 나쁜 일 한번에 그냥 넘어져서 평생 울고만 있을 수도 있구, 또 어떤 사람은, '어! 이렇게 힘든 일이 다 있었네' 하면서 그냥 툭툭 털구 일어나서 남은 인생을 열심히 노력하면서 살기도 하구요.

나는 다시 나를 찾으려 한다

중학교 때 일이었다. 우리 반은 자리를 제비뽑기로 앉았다. 이번에 내 짝이 된 아이는 흔히 말하는 날라리였다. 지각은 밥 먹듯이 하고 출석보다 결석을 더 많이 하는 아이였다. 나는 그 아이가 무서웠다. 날라리라는 이유만으로 말이다. 하루하루 지나면서 그 아이와 친해졌다. 그 아인 나에게 정말 잘해 주었다. 특히 성에 대한 이야기를 많이 해주었다. 사춘기였던 나는 호감이 가기 시작했다. 그래서 그 아이와 학교뿐만이 아니고 밖에서도 만나기 시작했다. 그 아이가 가는 곳엔 언제나 남자, 술, 담배가 꼭 3박자를 맞추듯 따라다녔다. 하지만 그런 모습이 나에겐 멋져 보였다. 그래서 난 그 아이에게 술 먹는 법, 담배 피는 법을 배웠다. 그리고 남자 친구를 소개받았다. 그러던 어느 날 나의 남자 친구가 날 자기 집에 초대했다. 난 꾸민 대로 꾸미고 그 집에 갔다. 그 남자 아이와 비디오를 보는데 나에게 사랑한다는 말을 하며 키스를 하는 거였다. 하지만 나는 싫다는 느낌보다는 좋았다. 그러고 난 후 우린 술을 마셨다. 아마도 많이 마셨나 보다. 깨어나 보니 난 발가벗겨져 있었고 내 몸엔 피와 이빨 자국이 남겨져 있었다. 그리고 내 옆엔 그 아이가 발가벗은 채 누워 있었다. 난 어찌할 바를 몰랐다. 그래서 모든 척하고 눈을 감고 있었다. 그리고 한참이 지난 후 그 아이가 일어나서 내 몸의 피를 닦아 준 후 자기 옷을 입고 나가 버렸다. 나도 빨리 옷을 입고 나와 버렸다. 그 후 그 아이를 피했다. 그리고 내 짝 역시 피할 수밖에 없었다. 나는 다시 나를 찾으려 했다. 하지만 날 찾는다는 것은 너무 어려웠다. 나는 타락할 대로 타락해 버렸기 때문이다. 내가 처음 내 짝을 피했듯이 아이들이 나를 그렇게 피했다. 내 짝과 다닐 때 나는 너무 행복했고 하루하루가 즐거웠다. 그러나 성적은 뒤에서 다섯 손가락 안에 들 정도였다. 난 열심히 공부했다. 그래서 겨우 인문계 고등학교에 지원할 성적이 되어 148점이란 낮은 점수를 갖고 들어왔다. 그래서 지금의 나까지 왔다. 옛날의 모든 기억들을 지우고 난 열심히 산다.

이제는 날 용서한다

중2 겨울 때부터 난 조금씩 막다른 길로 빠져들기 시작했다. 친구들과 어울리면서… 행동, 옷차림, 말씨까지 따라가게 되었다. 그러면서 남자랑 만나는 기회가 많아지기 시작했다. 거짓말하구… 학교 땡땡이치면서….

써야 할지 말아야 할지 무지 망설였다. 썼다가 다시 찢기까지 했다. 기억하고 싶지 않은 기억을 해야 했기에 나는 또다시 한번 무너지는 것 같다.

내 친구가 사귀는 오빠의 친구를 우연히 알게 되었다. 하얀 피부에 깨끗하게 생긴 얼굴 나는 무지 끌렸다. 자주 어울리다 보니까 좋아지게 되었다. 어느 날 내가 좋아하는 오빠 친구네 집에 친구들과 놀러 가게 되었다. 물론 오빠도 와 있었다. 저녁쯤 집에 갈려구 하다가 아빠가 들어오시는 거다. 우리는 꼼짝없이 방에 숨어 있게 되었다. 나는 시간이 흘러갈수록 집 걱정이 되었다. 하지만 다 소용없는 것이었다. 잠도 잘 수가 없었다. 12시 정도가 된 것 같았다. 오빠는 걱정 말라며 나를 자기 옆에 눕혔다. 그냥 오빠가 하는 대로 가만히 있었다. 안도감이었을까? 조금 있다가 오빠는 심심하다며 키스를 하려고 했다. 처음엔 싫다고 했지만… 끝까지 거부할 수가 없었다. 좋아하니까… 머릿속에서는 안 된다며 몸부림쳤지만… 나는 몇 번이나 반복하고 말았다. 자연스럽게 오빠는 나의 몸 위에 올라오려고 했고… 목 부위를 애무하려고 했고… 내 몸을 더듬기 시작했다. 난 이때까지 이런 일이 한 번도 없었다. 아니, 당연히 해서는 안 된다고 생각을 해왔기 때문에 너무나 놀랐다. 완강히 거부했다. 이러는 건 싫다고… 오빠도 날 잘 알기 때문인지 미안하다며 조용히 잠들었다.

　그 일 있은 후로 오빠는 날 멀리했지만 그래도 난 계속 오빠를 좋아했다. 미워할 수가 없었다. 하지만 오빤 내 친한 친구랑 사귄다는 말을 들었다. 배신감이 들었다. 매달리고 싶을 정도로 놓치고 싶지 않았다. 내 인생에 있어서 최대의 실수는 거기서 비롯된 것 같다. 내 친구와 함께 자는 모습을 본 나는 정신을 잃어버린 것 같았다. 멍했다. 온몸이 마비되는 것 같았다. 술을 엄청 마셨다. 잘 마시지도 못하는데… 그 오빠 친구와 함께 마셨는데… 나에게 많은 이야기를 해주었다. 그러면서 그 오빠가 나를 보고 있었는데 나는 같이 술 마신 오빠와 함께 방으로 들어갔다. 키스도 했구. 오빠 또한 내 옷을 서서히 벗기기 시작했다. 오빠가 내 몸 위로 올라와 볼에 키스를 하면서 시작했다. 홧김에 그런 것도 있지만 술에 취해서 정신이 없었다. 근데 갑자기 아파 오는 것을 난 너무 확실히 느낄 수 있었다. 술이 그렇게 취했는데도… 순간 너무 놀라 오빠를 확 밀쳐내고 내 몸을 가렸다. 오빠는 미친 사람처럼 나한테 다가오는 것이었다. 나체로. 너무나 무서웠다. 나는 소리 없이 울었다. 오빠도 놀랐는지… 옷을 대충 입더니 그냥 나가 버렸다. 그땐 난 정말 미쳐 있었다. 정상인이 아니었을 것이다.

그 전까지만 해도 난 섹스를 참 아름다운 것이라고 생각을 해왔다. 하지만 이젠 아니다. 난 더러운 짓이라고 생각된다. 그리고 난 그 이후로 오빠들는 물론 친구들까지도 어울리지 않았다. 한동안 더러운 자신에 대해서 채찍질을 수없이 했다. 남자 땜에 몸을 망가뜨리려고까지 했다. 아직도 그 일을 잊을 수가 없다. 나는 갑자기 어린 나이에 너무 많은 것을 알아버린 느낌이다. 정신적으로 너무나 힘든 시간이었다. 하지만 이제는 날 용서한다. 왜냐하면 정말로 그 오빠를 좋아했으니까. 그때 그 감정은 정말루 순수하고 깨끗했기에. 그것만은 부끄럽지 않기 때문이다. 항상 엄마 얼굴만 보면 죄스러웠구 거울에 비춰진 내 모습을 볼 때마다 돌로 치고 싶었지만 아픈 만큼 성숙해진다고… 좀더 나은 내가 되어가고 있는 것 같다. 아직까지도 내 자리를 찾지 못하고 미아처럼 헤매고 있지만 곧 찾을 수 있을 것이다. 조금씩 나를 이해할 수 있도록 노력할 것이다. 이때까지도 한때의 실수로 부끄럽게 항상 숨기면서 살아왔지만 이제는 다 떨쳐 버리고 떳떳하게 나로 생활할 것이다.

그래요, 쩝, 이런 실수 안할 수 있으면 가장 좋겠지만, 사람은 누구나 실수할 수 있는 법이죠. 당신들이 한 실수가 성에 관련된 것이었다고 해서, 다른 실수들보다 더 큰 실수라고, 극복할 수 없는 거라고 생각하진 말아요. 술 먹고 정신 없을 때, 또, 설마 그런 일이 일어나리라고 생각도 못했기 땜에, 좋아하는 오빠에 대한 배신감과 복수심에 눈이 멀어 버린다면… 이런 일들 벌어질 수 있는 거죠. 그런 상황들 속에서도 안 그랬으면… 아예 그런 상황들 만들지 않았으면 더 좋겠지만요.

사실, 책에서는 그렇게 함 안된다고, 그런 일들에 대해 미리 예상하고 피했어야 한다고 말해야 하겠지만요, 사람의 일이 그렇게 자기가 아는 대로, 늘 자기가 생각했던 대로 되지만은 않죠. 이럴 땐요, 비록 자신이 한번 실수했다고 해서, 그 죄의식이나 비참함에 매달려 있을 필요는 없다구요. 여러분들이 실수로 잘못해서 다른 사람들에게 상처를 주거나, 무슨 피해를 입힌 것도 아니구요… 실수로, 뜻하지 않은 상황에서 성관계를 경험했다고 해서, 자신이 타락했다거나 더러워졌다거나 그렇게 생각할 필요도 없는 거구요.

왜냐면요, 성이란 건, 여러분을 '더럽게' 만드는 그런 것도 아니구요, 그럴 만한 힘 따위도 갖고 있지 않구, 또, 그 자체가 '더러운' 그런 것도 아니구요. 이건, 여러분이 성이란 걸 경험했다는 거에 관련된 문제라기보다는요, 여러분이 성을 경험한 그 상황들이 아주 나빴던 거예요. 글구, 꼭 성에 관련된 거 아니라도, 홧김에, 술김에 여러분 자신도 모르게 어떤 과격한 행동을 했다면, 그건 여러분을 부끄럽고 후회스럽게 했을 거구요.

음, 여러분 자신이 '이건 안 되는 일이야', '이런 일 하면 안돼' 하는 생각이 꽉 박혀 있었으니까, 자기 생각하고는 정반대의 행동을 해버린, 자기 자신이 용서가 안되고, 납득이 안갈 순 있겠죠… 근까, 자기가 옳다고 생각한 대로 행동하지 않은 게 잘못이라면 잘못인 거죠… 스스로가 제어할 수 없는 상황을 만들었던 거요.

그치만, 그런 잘못은, 누구나 한두 번쯤 하는 거 아닐까요? 다른 사람 물건 훔치면 안된다는 거 알지만, 재미로, 아니면 자신도 어쩔 수 없는 순간적인 충동에 이끌려서 다른 사람 물건을 훔치는 일, 그렇게 크거나 비싸지 않은 물건이라면, 누구나 한두 번쯤 경험해 보는 일 아닐까요?

그래요, 이런 일들이 옳다는 게 아니라요, 사람은 자신이 옳다고 생각한 것과는 정반대의 행동을 할 때가 가끔 있다는 거요. 술 먹고 정신이 나간 상태건, 홧김에서건요. 그래서, 당신들이 원치 않는 성관계를 경험하게 되었다고 해서, 그게 당신들을 '갈 데까지 간' 구제 불능의 인간으로 만드는 것은 아니라구요. 그냥, '어! 실수했네' 하고 받아들이세요.

아마, 무척 놀랐을 테죠. 전혀 생각지도 못한 일을 당했거나, 너무 나쁜 상황에서 갑자기 성관계로 밀어붙여졌으니까요. 하지만, 어때요? 그 당시에는 아주 두렵고 무서웠던 일도 시간이 지나면, 조금씩 잊혀지고 편해지지 않던가요? 그런 일, 될 수 있는 대로 빨리 잊어버려요.

그래도, 잘 잊혀지지 않으면요, 차라리 그 일에 대한 기억들에 정면으로 맞서봐요. 다시 그 일들을 처음부터 쭉 생각하면서 글로 써보는 거예요. 위에 친구들처럼… 글구, 뭐가 잘못되었던 건지, 뭐가 그처럼 겁났던 건지, 그리고 이젠 어떻게 할 건지도 써 보는 거예요.

쓰는 건 질색이라면, 여러분이 정말 믿을 수 있는 사람에게 털어놓고 얘기해봄 어떨까요? 그래서 어떻게 하면 좋을 건가 의논해 보는 거예요. 그러면 여러분들 안에 뭉쳐 있던 기억과 후회, 두려움들이 술술 풀려 나오면서 이제 여러분들은 그걸로 새로운 도약을 할 기회로 만들 수 있을 거라구요.

계속 끙끙 앓지 말고, '정면 돌파' 하라구요! 위의 두 친구들처럼 열심히! 떳떳하게! 그렇게요. 지금은 좀 힘들고 견디기 어렵겠지만… 금방 잊혀질 거라고 생각합니다!

음, 어쩌면, 여러분들 걱정은, 지금에 있는 게 아니라, 앞으로 있을 수도 있는 일… 그런 거 때문인가요? 나중에 진짜 사랑하는 남자가 생기면, 나중에 내 남편이 알게 되면… 어떻게 하지… 그런 건가요? 근데, 솔직히, 더 중요한 건, 여러분들 생각 아니에요?

스스로 순결은 중요한 거라 생각한다면, 진짜 위와 같은 그런 상황이 안 벌어지게 해야 될 거구요, 순결이란 게 그렇게 중요한 게 아니라고 생각한다면, 바로 그런 자기 생각에 당당하면 되는 거잖아요… 음, 상대방이요? 상대방이 더 문제라구요… 아니요, 안 그렇다구 봅니다… 자기가 먼저고, 그 담이 상대방이죠… 여러분들 생각이 더 중요하구, 상대방이 어떻게 생각할지는 그 다음이라구요.

순결이 중요하다고 생각한다면, 그래서 순결을 지켰다면, 그거에 대해 상대방에게 당당하면 되는 거구요, 순결이 별로 중요하다고 생각하지 않았다면, 그렇게 생각하는 거에 대해 당당하면 된다구 봐요… 굳이 이런 얘길 상대방한테 먼저 할 필요는 없지만요, 뭐, 엄마한테 성적표 보여 주듯이 그런 거 검사 맡고, 보고하고 그럴 필은 없는 거니까요… 글구, 막상 얘길 하게 된다면, 당당한 자기 자신을 보여 주는 게 더 좋지 않겠어요?

'미안해, 난 그래선 안되는 줄 알면서도 그렇게 하지 못했어··' 이런 식의 비굴해 보이는 변명 같은 건 내놓지 말구요… 글구, 이런 변

명하고 싶지 않으면, 그래선 안된다고 생각되는 건, 아예 하지 말구
말이에요… 그게 아니라면, 요롷게 말하자구요… '난 그런 게 중요하
다고 생각하지 않았고, 지금도 그렇게 생각해… 나한테 중요한 건,
지금 내 눈앞에 있는 널, 내가 누구보다도 사랑하고 있다는 거야…
옛날에 이 남자가 다른 여자랑 잤을까, 안 잤을까 하는 게 아니구…
너한텐 그렇지 않니?'

그 어떤 장애가 있어도 우린 꼭 이루어질 것이다

성경험! 정말 쓰기 힘든 주제다. 난 이 숙제를 통해 솔직히 내 과거를 털어놓으려고 한다. 지금껏 아무에게도 말하지 못했던 얘기들을…

난 지금까지 3명의 남자와 관계를 맺었다. 첫번째는 고1의 남학생이다. 그애와는 솔직히 하고 싶지 않았다. 그냥 술김에 했다. 그러나 크게 후회하지는 않았다. 지금도 그 아이와 가끔 연락도 하고 이젠 그냥 친구 사이가 되었다. 두번째는 약 2주 전의 일이었다. 우연히 노래방에서 알게 된 2학년 오빠였다. 난 아무 생각없이 비디오방에 갔고 우린 그곳에서 관계를 가졌다. 처음엔 무척 거부했으나 좀 지나선 그냥 놔두었다. 조금의 후회가 있었다. 세번째엔 지금 내 남자 친구와였다. 약 1주일 정도 지난 것 같다. 지금까지 내가 원했건 원하지 않았건 남자들과의 관계에 어느 정도 후회는 갖고 있었으나 이 경우엔 틀렸다. 내 남자 친구와 관계를 갖고 난 후 난 무척 행복했다. 그앤 책임감이 강하다. 그애와 난 결혼을 약속했다. 서로가 변하지 않는다면 그 어떤 장애가 있어도 우린 꼭 이루어질 것이다. 그애와 난 거의 공식적인 사이가 되었다. 하지만 앞으론 절대로 섹스는 하지 않을 것이다. 결혼할 때까지. 왜 그러는지는 나도 잘 모른다. 그냥 그러고 싶다. 이른 성경험이 무조건 나쁘다는 생각은 하지 않는다. 빠른 경험이 좋은 결과를 가져온다는 보장은

없지만 그리 나쁘진 않다. 남자란 인간에 대해 더 일찍 알게 된다는 것밖에 다른 것은 없는 것 같다. 하지만 아무에게나 몸을 주는 일은 막아야 할 것이다. 최소한 후회하지 않는 정도의 사람과 해야 한다고 생각했다.

음, 성관계를 한 후 좋은 느낌을 갖구, 또 행복해 할 수 있었던 친구 얘기를 우리 처음 듣는 건가요, 지금? 그래서 흐뭇한 맘이 들긴 하는데요, 근데, 잘 모르겠는 게 하나 있어요. 당신이 더없이 행복했던 건, 성이 그냥 스쳐 지나가는 관계에서 이루어진 게 아니라, 사랑이라는 감정 속에서 이루어졌기 때문인가요? 아님, 당신의 남자 친구가 그 성관계를 꼭 책임지겠다고 한 것 때문인가요? 솔직히 말해서, 후자의 이유에서라면 조금 걱정이 돼요. 당신들의 갈 길은 아직 멀고, 어떨 땐 사람의 마음만큼 변하기 쉬운 게 없는 거 같은데 말이죠.

공식적인 사이가 됐지만, 결혼할 때까지 섹스를 안하겠다고 결심한 건, 당신 둘 사이의 관계에서 섹스가 중요한 게 아니라, 서로를 아껴 주고 지켜 주려는 마음이 더 중요하다는 걸 확인하고 싶어서… 그런 좋은 관계로 만들어 나가고 싶어서지요?

다른 사람들이 말하듯, 남자가 결혼이니, 책임이니 얘기하는 건, 단순히 당신과 육체적인 관계를 계속 갖고 싶어서 그런 게 아니라는 걸 스스로에게, 서로에게 확인하고 싶어서요.

그래요, 당신의 그런 마음을 남자 친구와 잘 얘기해 보길 바래요. 글구, 당신 여자 친구에게서 이런 얘길 듣게 될지도 모르는 남자 친구 여러분, 당신 여자 친구의 마음을 알겠어요? 결코 당신을 못 믿어서가 아니라는 거… 당신을 믿고 있고, 당신이 있어서 더없이 행복하지만, 어떻게 세상이 복잡하게 꼬여 있는지 알고 있기 때문에, 함께, 좀더 현실적이고 현명해지자고 하고 있는 그녀들의 마음을요… 알겠나요? 그녀들이 그러는 건, 당신을, 당신과의 행복을 잃지 않기 위해서이고, 서로가 꼭 이루어지길 바라서라는 거요.

당신들이 이 책을 좀더 꼼꼼히 읽어 본다면, 어떻게 여자들이 이 사회에서는 성에 관해서 좀더 힘들고 취약한 위치에 서 있는지 알 수 있을 거고 조금은 더 잘 이해할 수 있을 텐데요… 쩝, 뭐, 그런 거 읽기가 귀찮으면, 여자 친구에게 진지하게 물어봐도 좋구요… 그들이 어떤 얘기를 하는지도 잘 들어보라구요.

음, 보통, 여자들이 성적인 피해 의식을 갖고 있다고들 하는데요, 그치만, 피해 의식이라는 거, 그거 그냥 생기는 거 아니잖아요… 그만큼의 피해를 입었고, 피해에 대한 기억과 경험들을 갖고 있기 땜에 생기는 거죠… 그쵸? 그래서, 여자들, 성에 대해 부자연스럽고, 조심스럽고 그렇게 되는 거구요, 성에 대해 두려움이 많고, 성적인 접촉 없이도 사랑받고 있다는 거 확인하고 싶은 거구요.

여자들은, 성에 관해 아직 여러분들처럼 편하고 동등한 그런 위치에 서 있지 못하거든요. 그러니, 좀 너그럽게 도와주지 않을래요? 편하고 좋은 느낌으로, 서로를 조금씩 알아갈 수 있게요… 서로 배려해주고 이해해 주면 좋겠어요… 성관계를 하고 안하고… 그런 것들보단, 서로를 사랑하고 있단 느낌을 나누는 게 더 좋지 않은가요? 음, 성관계를 하더라두요, 누가 누구에게 상처 주고, 누가 누굴 따먹은 거고, 이런 느낌 없이, 행복하고 기쁘고 서로를 신뢰할 수 있게요….

내가 너무 어른들의 세계에 무지했던 것 같다

처음에는 그런 일이 있었다는 것을 서슴없이 쓸 수 있다는 데에 놀라웠다. 그렇지만 그런 얘기를 들으면서 난 내 자신이 얼마나 뜨끔했는지 모른다. 그러면서 마치 우습다는 듯이 앉아서 태연하게 그런 애들을 비웃고 있었다. 나 역시 그런 애들과 같은 부류인데도… 난 사실 아직도 나에게 있었던 일을 쓰는 것도 싫고 말하기도 싫어한다. 이런 면에서 보면 난 다른 애들보다 더 솔직하지 못하고 이기적일지도 모른다. 가끔 무심코 친구들이 내 앞에서 "너 예전에 이상한 소문 돌았던 것 알아?" 하고 물어보면 가슴이 철렁한다. 아직도 날 볼 때마다 그 소문을 떠올리는 친구들이 있을까 두렵다.

1년 전 이맘 때 내가 얼마나 괴로워하고 고통스러워하며 그리고 절망하면서 지냈던지 떠오른다. 아무것도 할 수 없었던 무력한 나였기에 결국은 모든 것을 포기하고 죽음까지 생각했던, 사방이 막힌 빛도 없는 어둠만이 나와 함께 공존하는 그런 나날이었다. 차츰 나의 방에도 이제 빛이 들기 시작했다. 내가 다시 일어서서 꿋꿋하게 살아갈 수 있도록 신은 나에게 희망을 주었다. 절망에 빠진 나에게 구원의 대상은 오직 기도뿐이었으니까. 매일 기도했다. 제발 날 도와 달라고….

아직 아무것도 몰랐던 순진한 난 단지 사랑하는 사람끼리라면 순결을 줘도 괜찮다고 생각했던 것 같다. 한때의 잘못된 판단으로 난 내 인생을 망쳐 버릴 수도 있는 일을 저지르고 말았지만~ 말이다. 우리들이 사랑이란 말을 쓰기엔 아직 어린데 그때는 그 모든 것을 사랑이라 믿었다. 너무 어른들의 세계에 대해서 무지했던 것 같다. 우린 아직 어른이 되기에는 이른 것 같다. 살아가면서 배워야 할 것도 많고 최소한 책임감 정도는 가질 줄 알아야 된다고 생각한다. 병원의 뒷골목에서 소리소문 없이 사라져간 나의 생명을 생각하며….

꿈이 있다면 어떤 상황에서도 절망하지 않을 것이다

어디서부터 얘기를 시작해야 할지 모르겠다. 너무나 엄청난 일이 내 자신에게 일어났기 때문이다. 평소에 난 지각 있고 제 앞가림 정도는 할 줄 아는 아이라고 생각했는데 그것은 나의 착각이었던 것 같다. TV 드라마에서나 볼 수 있는 그런 일들이 내게 일어나리라고는 상상도 못했다.

처음엔 그저 순수한 마음으로 우린 서로를 좋아했다. 누구나 다 그렇듯이. 내가 아이를 가진 것을 안 그애는 걱정하지 말라며 날 위로해 줬었고 또 자기가 알아서 처리해 준다고 말했다. 우리가 헤어지게 된 것이 내가 아이를 가져서 내게 부담을 느꼈기 때문이라고는 생각하고 싶지 않다. 그럼 더 내가 비참하고 초라하게 느껴질 뿐이니까 말이다.

아무에게도 말할 수가 없었다. 아니 아무에게도 말하고 싶지 않았다. 전에 나랑 가장 친한 친구에게 말한 적이 있었는데 그 친구는 날 걱정도 해주고 도와주려고 했지만 솔직히 내게는 아무 도움이 되지 않았다. 또 나의 문제로 인해 친구에게 짐이 되는 것 같아 보였기 때문이다.

어떻게든 돈을 마련해서 수술을 하려고 했지만 나같이 어린 나이에 그런 큰돈을 마련하기란 그리 쉽지 않았다. 학교에서는 밝게 웃고 있었지만 난 혼자만의 비밀을 간직한 채 수도 없이 고민하며 하루하루를 보내다 여기까지 오게 되었다. 다행히 식욕만 떨어질 뿐 입덧을 하지 않아서 친구들도 전혀 의심을 하지 않았다.

여름 방학이 되었을 때 난 결국 수술하는 것을 포기했다. 병원에서는 뱃속의 아이가 너무 커서 위험하다고 하고 수술이 가능하긴 하지만, 70만 원이나 되는 돈이 내게는 없었기 때문이다. 한때는 죽으려고 한 적도 여러 번 있다. 내가 죽으면 나 하나 죽는 걸로 족하지만 아빠나 오빠는 내가 없으면 밥도 제때 안 챙겨먹고 빨래는 누가 할까 생각하니 답답하기만 했다. 이러지도 저러지도 못하는 사이에 차츰 난 내가 여기서 죽어서는 안되겠다는 생각이 들었다. 난 아직 열여덟 살뿐이 안 되었고 비록 내가 이런 상황에 처해 있더라도 미래에는 지금의 일을 생각하며 그때 내가 죽지 않은 것을 다행스럽게 생각하고 있을지도 모른다는 생각이 들었다.

엄마에게 말하지 못한 것은 전에 엄마가 내게 '넌 엄마처럼 살면 안 돼!' 라고 말했던 것이 내 기억 속에 맴돌았기 때문이다. 엄마처럼 행복하지 못한 삶을 살지는 않겠다고 다짐해 왔는데 나 또한 엄마 가슴에 못을 박으며 엄마의 전철을 그대로 밟는 것 같았다.

내 스스로가 감정을 억제하고 살았지만 혼자 있을 때면 너무 답답하고 속상해서 많이 울었다. 어디론가 사라지고 싶은 충동도 많이 느꼈다. 그렇게 울다가 지쳐서 모든 것을 체념하면서도 난 꼭 언젠가 성공해서 지금에 내가 느꼈던 비참함을 꼭 그애에게 앙갚음해 주겠다고 다짐했다. 하지만 지금은 그애를 미워하지도 좋아하지도 않는다. 누군가를 미워해서 증오하고 시기하는 것이 다 부질없는 일처럼 느껴진다.

아이를 낳을 생각이었다. 비록 좋은 엄마는 못 되지만 노력은 하겠다고 생각했다. '미혼모의 집'이라는 데가 있다고 전에 어디서 들은 기억이 난다. 아무리 원하지 않았던 아이라 해도 생명은 귀중한 것이니 이것도 내 운명이라 생각하고 받아들이기로 결심했다. 아이의 움직임을 느낄 때면 아이를 미워할 수가 없었다. 난 내 아이를 사랑하게 되었다.

가장 내 자신이 참을 수 없을 만큼 미웠던 것은 선생님이 모든 사실을 다 알고 나서 나를 부르셨을 때 선생님 얼굴을 볼 수가 없던 때였다. 사실 난 그때 어디론가 도망가고 싶었다. 하지만 그러지 않은 것이 다행이라는 생각이 든다. 내가 도망쳤더라면 난 다시 학교에 다닐 수도 없었고 또 내 잘못을 용서받을 기회도 영영 잃어버렸을지도 모른다.

엄마가 학교에 오셨고 엄마 얼굴을 본 순간 울어버리고 싶었다. 문제만 일으켜서 학교에 얼굴도 못 들고 오시게 만든 내가 정말 한심스러웠다. 언제나 철이 들려는지 작년에는 가출해서 엄마 속 썩이고 이번에는 말도 안 되는 일 저질러서 속 썩이고 난 항상 문제만 일으킨다.

그날 밤 난, 내 인생에서 최대의 결정을 내려야만 했다. 내가 사랑하는 아이를 낳느냐 아니면 엄마 말대로 수술을 하느냐… 뱃속에 있는 아이를 죽이는 것도 큰 죄악이라 생각하면서도 난 나의 이기심으로 인해 쉽게 수술을 결심했다. 내 잘못으로 인해 빛도 보지 못한 내 아이를 죽여야만 했던 자신을 원망하며 평생을 죄책감 속에서 살아가야 할 것 같다. 아이에게 너무 미안한 마음이 들고 내 손으로 아이를 죽인 것만 같아서 내 잘못을 어떻게 용서를 빌어야 할지 모르겠다.

학교에 가서 아무런 일 없었던 듯 웃고 있는 내가 가증스럽다. 이중 인격자란 바로 나를 두고 하는 말이 아닌가 한다. 이젠 정말 예전의 나로 아무 일 없었던 그때로 돌아가고 싶다. 몇 달 동안이나 날 괴롭혀 오던 일이 해결되었지만 마음 한구석엔 아이에 대한 그리움이 남아 있다. 이제 남은 것은 사람들의 낯선 시선과 수군거림을 어떻게 이겨나가야 할지 걱정이다. 시간이 흐르면 모두 묻혀질 얘기들이라 생각하지만 현재로서는 너무 괴롭고 힘들다.

내게 다시 미래에 대한 희망을 갖도록 도와주신 선생님께 감사드린다. 그리고 무엇보다도 엄마에게 고마움을 느낀다. 꿈을 가진다는 것은 좋은 일인 것 같다. 꿈을 갖고 있는 사람은 아무리 힘들고 고통스런 일이 있다 해도 절대로 절망하지 않기 때문이다. 내게도 꿈이 있었기 때문에 절망하지 않고 여기까지 올 수 있던 것 같다. 앞으로는 내가 가진 꿈이 꼭 실현되도록 항상 노력해야겠다.

당신들이 느꼈을 고통, 무력감, 절망감, 죄의식… 당신들에겐 너무나 크고 무거운 짐이었을 거라 생각됩니다. 또, 당신들이 얼마나 힘들었고, 그 기억과 경험을 넘어서기 위해 얼마나 노력하고 있는지… 내 맘도 너무나 아프고, 그런 힘든 상황들을 견뎌낸 당신들이, 안쓰럽지만, 대견스럽구요.

우린 어째서 이처럼 무거운 짐을 져야만 하는 걸까요? 이건, 몇 번의 성관계의 대가로는 너무 큰 게 아닐까요? 음, 임신 그 자체가 무거운 짐이라기보다, 우리가 임신을 하게 됨으로써 놓이게 되는 심리적, 사회적, 경제적 상황 말이에요.

임신했다는 걸 친구들이나, 선생님, 부모님이 알까봐 조심해야 하고, 물론, 말도 못하구요. 말을 할 수 없으니까, 아무에게서도 도움도 받을 수 없구요. 만약, 말한다면, 부모님은 죽도록 혼낼 거고, 계속 야단치실 거구, 동네 창피한 일이라며 남의 눈치만 보실 테구요… 검마, 아빠가 그러지 않아도, 난, 너무 엄마, 아빠에게 미안하고 죄스러운데 말이에요.

아주 친한 친구에게도 말하기 힘든 일이구요. 설사, 아주 친한 친구에게만 털어놓는다구 해도, 나한테 당장 급한 건 수술비용인데, 친구에게 그만한 돈이 있을 리 만무하구요. 선생님이 알게 되면, 학교를 짤리지나 않을까, 다른 애들도 다 알게 되지 않을까 겁나는 거구요.

왜 이렇게 될 수밖에 없는 건지, 답답하죠… 먼저, 왜 그렇게 되는 건지 그 이유부터 얘기해 보자구요.

첫 번째로, 사회적인 차원에서 보자면요, 이건 사회에서 공식적으로 인정하는 성에 대한 규범이, 많은 사람들이 실제로 가지고 있는,

성에 대한 가치관 및 태도와 무척 다르게 존재하기 때문이죠.

여러분이 '사랑하는 사람하고라면 할 수 있는 거지' 그냥 그렇게 생각하면서, 성관계를 한다고 쳐봐요… 근데, 사실 여기까진 아무 무리가 없을지도 모르죠. 근데, 여러분이 '임신'이라도 하게 되면, 바로 그 순간, 여러분이 전혀 생각조차 못하고 있던, 이상하고 냉엄한 사회적인 장벽이 딱 나타나거든요. 여러분 마음 속에도 나타나고, 다른 사람들과의 사이에도 짠 하고 나타나거든요. 그래서는, 당신 입을 꽁꽁 막아버리고, 당신을 비난하고, 아무런 현실적인 해결책도 찾지 못하도록 만들죠.

음, 이건, 성에 대한 가치관이 아주 빠르게 변화해 가고 있는 한편, 사회 제도나 기성 세대의 가치관은 여전히 제자리에 머물러 있으면서, 아직도 강력한 힘을 갖고 있기 땜에 그런 거거든요.

우리 사회에서는 성에 대해 보수적인 가치관(결혼한 사이에서만 성관계가 가능하고 따라서 임신도 이 관계에서만 가능한 것으로 여기는)이, 아주 짧은 세월을 거치면서, 성에 대해 개방적인 가치관(결혼과 관계없이 성관계는 가능하고, 따라서 결혼 밖에서의 임신을 인정하는)으로 바뀌어가고 있는 시점에 있구요… 이 보수적인 가치관이랑, 개방적인 가치관이 서로 뒤섞인 채 존재해 있는데, 사회적인 현실이나 제도적인 규범 자체는 그에 맞추어 변하지 못해서요.

그래서 아직도, 결혼하지 않은 여자가 임신을 하면, '하늘이라도 무너지는' 일처럼 생각하는 경향이 있지요. 여러분 부모님을 비롯해 주위의 모든 사람들이 이렇게 생각하리란 걸 여러분도 알고 있을 테구요. 어쩜, 여러분들 자신도 같은 생각을 갖고 있는지 모르죠… 사랑하는 사이라면 섹스도 가능하다… 그러나, 그렇더라도, 임신은 하면 큰일난다… 임신하면, 신세 망친다, 집안 망신이다… 이런 생각은 또 아주 당연하다는 듯이 갖고 있구요.

이렇게, 현실적으론, 그런 일은 있을 수 없다는 생각이 받아들여지고 있으니까, 아무도 여러분들의 긴박하고 어려운 상황을 그냥 있는 그대로 편하게 받아줄 사람은 없는 거죠. 그렇다고 피임 같은 거에 대해 미리 상세히 조언해 주는 것도 아니구요.

그런 문제로 도움을 줄 수 있는 사회 기관들이 몇 개 있기는 하지만, 이들의 경우는 여러분이 아이를 낳는 경우에 잠깐 거기 머물거나, 대신 아기를 입양해 주는 정도죠. 여러분이 어떤 결정을 내려야 할지, 또 특히나 낙태를 하기로 결정했다면 그것에 대해 현실적으로 도움을 주거나 하는 그런 곳은 많지 않죠.

음, 사랑하는 사람하고라면 성관계도 가능하다…는 이 생각이 틀렸다기보다는요, 그 생각을 할 때는 '임신'이나 '피임' 같은 현실ﾞ인 문제들을 먼저 생각하는 게 얼마나 중요한가, 또, 실제로 임신을 했을 경우, 아직은 사회적으로 그게 잘 용납이 안 되고 있기 땜에, 당신 자신에게 얼마나 힘든 문제로 다가올 것인가를 아는 거… 이게 중요한 거죠… 여러분의 생각과 현실이 지금 서로 얼마나 다르게 펼쳐져 있는지 알아야 한다는 거예요.

여러분이 그런 걸 모른 채로 임신을 하게 되고, 그런 다음에야, 우리의 현실이 얼마나 닫혀 있는지, 그게 당신의 생각과는 얼마나 다른지를 깨닫게 되면, 너무 늦는 게 되는 거죠… 그래서, 위의 얘길 해준 친구들을 생각하면 음, 너무 안타까운 거예요… 그렇게 많이 힘들어

한 다음에야 이런 것들을 알게 된 게….

에, 그치만, 그렇다고 속상해 하고만 있을 순 없죠… 피임을 잘했으면 되는데, 그냥 아무 생각없다가 애가 생기면 낙태해 버리고 마는… 그렇게 낙태를 쉽게 생각하고 많이 하는 게, 결코 좋은 일이라곤 말할 수 없지만요, 또, 그렇다고, 임신 한번 했었다고, 당신 인생이 끝나냐 하면요, 그렇진 않거든요.

솔직히, 우리나라 사람들이 피임을 잘 안하기 때문인지, 낙태하는 사람이 꽤 많아요… 이게 여자의 건강을 생각해서도 안 좋은 일이긴 하지만요, 그래도, 한번 낙태했다고, 낙태한 사람들이 모두 자살을 결심했으면, 지금 우리나라 인구 중에 여자 비율이 확 줄어버렸을 걸요.

만약 그랬다면요, 여러분들같이 예쁜 딸들이 태어나는 비율도 줄었을 거구(남아 선호 사상 때문에 결혼한 부부들이 딸들만 골라 낙태시키는 일은 정말 정말 끔찍하지만요), 많은 남자들이 평생에 장가 한번 못 가구 죽는 일두 많았을 거구, 훌륭한 어머니들이나 선생님, 소설가, 피아니스트, 가수, 커리어 우먼… 등등의 숫자도 확 줄었겠죠… 불행하게도 낙태를 경험했지만, 꿋꿋이 자기 인생을 살아나가서… 결국 자신이 원하는 인생을 찾아나간 거 아니겠어요… 이 사람들 모두요.

아!, 그치만, 다시 한번 강조하지만, 낙태를 하는 게 좋다는 건 절대 아니에요… 낙태는 정신적, 육체적으로 사람을 힘들게 하잖아요, 그렇게 힘든 낙태를 하느니, 피임을 똑똑히 잘해야 한다는 건, 두말하면 당근이겠죠….

음, 음, 다시 원래 얘기로 돌아가서요, 아마도 우리의 현실은, 당신이 임신을 하고, 아이를 낳고, 아이를 키우려고 한다면 엄청난 시련과 고통을 줄 거구요, 낙태를 한데도 쉽지 않겠죠. 다행히 충분한 돈이 있고, 도와줄 만한 친구가 있어서, 병원을 찾아 낙태를 할 수 있으면 그나마 다행이지만… 돈도 없고, 친구한테 얘기할 수도 없고, 부모님에게 얘기할 수도 없는 친구들이라면 어떻게 하겠어요?

우, 뭐가 이렇게 나쁜 일들뿐이죠? 어쨌든, 현실은 이렇게 꽉 막혀 있고, 여러분의 행동을 조금도 용납하지 않으려 하고, 여러분에게 아무런 가능성도 남겨 주지 않지요… 우리의 현실이, 많은 사람들이 갖고 있는 성에 대한 생각과는 달리, 이렇게 꽉 닫혀 있고, 또 되게 엄숙하고 단호한 척하고 있다는 거… 이게 아주 나쁜 거죠.

글구, 더 나쁜 건, 이렇게 위선적인 성에 대한 엄숙주의가 성을 무조건 아주 무겁게 만들고 있다는 거요. 그래서, 우리는 성에 관련된 행동에는 뭐든 죄의식을 느껴야 되고, 성에 관한 문제들을 서로 열어 놓고 얘기하지 못하도록 한다는 거요.

예를 들어서요, 성이 그렇게 무겁고 엄숙한 것만이 아니면, 그래서 자연스럽게 열어놓고 얘기할 수 있는 거면 말이죠, 만약, 여러분 나이에 임신을 하게 됐을 때, 여러분의 부모님에게 도움을 청할 수 있고, 같이 의논할 수 있으면… 어떻겠어요? 아주 가볍고 쉬운 일은 아니겠지만, 그래도 지금보다는 쉽게 서로 그 문제를 얘기할 수 있다면요… 마치, 하늘이라도 무너진 것처럼 굴지 않구요… 또, 여러분이 도움을 청할 수 있는 사회 기관들이 많구, 재정적인 지원을 해주고, 특히 십대들을 위한 병원이 있다면요.

만약 그렇기만 하다면, 어느 누구에게도 말 못하고 있다가, 수업 시간에 아이를 낳거나, 아무도 모르게 혼자서 방에서 아이를 낳아서 갖다 버리거나 하는 그런 일들은 생기지 않겠죠.

그래요, 그런 일들이 생기는 이유는, 우리가 이런 일들을 '차마' 말할 수 없기 때문이죠. 말할 수 있으리라 생각조차 할 수 없구요. 현실적으로 해결할 수 있는 방법도 없구요.

성에 대한 생각이 열린 만큼, 성과 관련된 현실들도 그에 따라 열려야 하는데, 아직 우리 사회에서는 성에 관련된 현실들은 조선 시대만큼이나 꽉 닫힌 상태죠. 실제 사람들의 행동은 달라졌는데두요. 우리 부모님들도 마찬가지구, 사실, 나도 마찬가지죠.

그래서, 성에 대해 개방적인 생각을 가진 사람들조차도, 그들의 행동을 밖으로 드러내거나, 자신들의 생각을 드러내놓고 얘기하는 걸 꺼리죠. 현실적으로 피해를 입거나 사회적인 비난이나 편견의 대상이 되고 싶지 않아서요.

서로 다른 생각과 행동들이 밖으로 드러나지 않고, 또, 서로 대화할 수 있는 여지도 없구, 그래서… 우리 사회에서의 성이란 녀석은… 꽉 닫힌 상태에서 가벼워지기만 하는 것일 테구요. 개방적이거나 열리는 게 아니라요.

그래요, 여러분은 이런 현실 속에 살고 있어요… 이런 현실 속에서 살고 있다는 거, 글구, 이게 지금 도대체 어떻게 돌아가고 있는지 아는 거… 이런 게 필요한 거죠… 아니요, 단지, 그런 현실에 맞춰 살기 위해서만이 아니라요, 그런 현실 속에서 성에 대한 자기 주관을 세우고, 다른 사람들이랑 자연스럽게 성적인 태도에 대해 말할 수 있기 위해서요… 글구, 이렇게 꽉 막혀서, 아주 절박한 상황에서조차 '나,

임신했어요'라는 말을 입 밖으로 낼 수 없게 만드는, 그런 답답한 현실을 바꾸기 위해서요.

이젠 다시 현실적인 문제로 돌아와서요… 뜻하지 않게 임신을 했다… 그럼, 어떻게 해야 할까요? 두렵고 싫지만, 문제를 해결하기 위해서라면, 어떻게든 해야 할텐데요….

먼저, 여러분이 좀더 용기를 내야겠죠… 죽기보다 싫지만, 부모님에게 말한다면요… 물론, 처음엔 무척 놀라시고 불같이 화를 내시겠지만, 마지막에는 여러분들을 도와주실 거예요.

혹시 이 책을 보고 계신 부모님이 있다면, 대답해 주세요? 맞죠? 그렇죠? 부모님도 여러분 못지않게, 놀라고, 당황하고 그래서… 화도 내고, 욕도 하고 그러시겠지만, 도와주실 거죠? 낙태하도록 돈을 대주시는 거만이 아니고, 당신 못지 않게, 두려워하고, 차라리 죽어버리고 싶어하기까지 한, 여러분의 딸들의 마음을 다독여 주실 거죠? 용기를 주실 거구요.

그리구, 선생님들도 도와주실 거죠? 혹 그런 일로 힘들어하는 친구들은 없는지 잘 지켜봐 주시구, 또 그런 일… 알게 되셨더라도, 야단치고 비난하기보다는, 도와주실 거죠?

글구, 진짜, 진짜 부모님은 안되겠다면, 정말 믿을 수 있는 친구들에게 털어놓고 도움을 청하는 것도 좋은 방법이구요. 친구들에게 돈을 빌리거나, 같이 아르바이트를 해서 돈을 모을 수도 있구요… 같이 상담 기관이나 사회 기관 같은 데 알아봐줄 수도 있구요… 이렇게 말하면서도, 사실, 답답하네요, 왜 여러분이 믿고 말할 수 있는, 선생님이나 이모, 삼촌 그런 분들은 없는 걸까요?

근데, 여러분에겐 힘든 건, 누군가에게 말하는 것만은 아니겠죠. 스스로 어떤 결정을 내려야 할까 고민하는 것도 힘든 일일 텐데요. 이런 상황에 처한 사람에게라면, 그 누구도 아이를 낳아야만 한다거나, 낙태를 해야만 한다거나 하고 딱 짤라 말할 수는 없는 법이죠.

아이를 낳는다면, 아이의 생명은 건지는 것인지 모르지만, 아이를 낳고 키워야 할 사람의 인생은 말이 아니게 되니까요. 아주 돈이 많다면 모를까, 그리고 누군가 대신 키워줄 수 있는 사람이 있다면 모를까… 일단 아이를 낳아 기르게 되면, 주변의 눈총뿐만 아니라, 아이의 양육비, 양육 과정을 책임져야 한다는 얘긴데요….

그럼, 아이를 낳아 키우는 사람의 인생은, 아이를 키우는 데만 바쳐질 뿐, 다른 일을 한다는 건 불가능해지죠. 우선, 학교를 제대로 다니기 힘들 테고, 낮은 학력으로는 우리 사회에서 돈을 많이 버는 직업을 얻는다는 게 힘들죠. 더군다나, 여러분이 갖고 있는 미래의 꿈처럼, 그렇게 안정되고 사회적으로 인정받는 직업을 갖는 건 거의 불가능할 거구요.

우리 나라에선 아직 이런 사람들이 잘 눈에 띠지 않지만, 미국 같은 나라에선 이미 오래 전부터 아주 심각한 문제로 대두되고 있죠. 특히, 이들 중에는 십대의 흑인 소녀들이 차지하는 비중이 높은데요, 이들은 일찍 학교를 관두고, 주로 돈을 적게 주는 직업에 종사하거나, 직업을 얻지 못한 상태에서 비참한 생활을 하게 되죠. 또, 이런 가정에서 자라는 아이들은 제대로 경제적, 사회적인 혜택을 못 받고 자라게 되구요.

글구, 우리나라에서는 이런 아이들에 대한 편견과 차별이 심하다는 거 알고 있죠? 그래서 이런 아이들은 자라면서 많은 상처를 입게 된다는 것두요.

낙태를 한다는 건… 성교육 시간 같은 때, 우리가 보아온 그 끔찍한 낙태 비디오들의 영향 때문에, 너무나 끔찍한 것으로 기억에 남아 있는데… 그런 걸 하겠다고 결심하는 거… 역시 쉽진 않겠죠… 자기 자신이나 자신의 상황을 고려해서 내린 현명한 선택이라도, 생명을 버렸다는 죄의식을 느껴야 할 테니까요.

그치만, 어느 누구도 당신이 낙태를 했다고 해서 당신을 비난할 순 없죠. 그 비난하는 사람이 대신 아이를 낳고, 대신 아이를 키워줄 게 아닌 이상은요. 아이와 관련된 그 모든 책임들을 대신 떠맡아 하겠다는 게 아니라면 말이죠… 당신 뱃속의 생명 못지않게, 지금 이렇게 살아 있는 당신의 생명, 당신의 인생도 똑같이 중요한 것이니까요.

우린, 다른 생명을 위해서 자신의 생명을 희생할 수 있는 사람들을 '성자'라고 부르고 칭송해 마지않지요. 하지만, 우리 모두가 성자가 되어야만 한다고 강요할 수는 없는 것이죠. 어느 누구도 당신의 생명을 다른 사람을 위해서 희생해야만 한다고 강요할 순 없으니까요··.

단지, 우리가 할 수 있는 일은, 그렇게 한 사람들을 존경하고, 힘 닿는 데까지 도울 수 있을 뿐이죠. 근데, 그런 사람들을 존중하고 도울 마음도 없으면서, 무조건 희생만을 강요하는… 그런 건 안 되는 거죠… 그것만은 분명히 옳지 못하다고 얘기할 수 있을 거예요.

음, 그래요, 어떤 선택이든, 어렵죠, 어려운 거예요… 나로서도, 어느 쪽이 더 낫다거나, 어떻게 하는 게 더 옳은 일이라거나 그렇게 말하진 못하겠구요. 세상엔, 그렇게 많은 어려움에도 불구하고, 아이를 낳아 기르는 사람들도 있고, 낙태하는 사람들도 많다는 것 정도만을 말할 수 있을 거 같구요… 글구, 또 다른 방법이 있다면… 아이를 낳아서 입양시키는 거죠… 실제로 이렇게 하는 경우도 많다고 들었어요.

어떤 선택을 하건 말이죠, 그건 여러분 자신을, 여러분 자신의 인생을 가장 먼저 생각하는 것이어야 한다는 것만 말해두죠. 아이를 낳건, 낳지 않건, 그것이 여러분 자신을 위한 것이어야 한다는 거요… 왜냐면, 우린 누군가 다른 사람의 판단을 따라서, 자신이 원하지 않는 방식으로 살 순 없거든요. 우리 인생은 우리 자신의 것이어만 하는 거죠.

마지막으로, 한 번만 더! 얘기할게요… 비록 여러분이 이런 경험들을 했다고 해서, 자기 자신을 비하하거나 할 필요는 전~ 혀~ 없다는 거요. 다른 사람들보다 좀 힘들게, 그리고 좀 일찍 성을 둘러싼 힘든 현실들에 부딪쳤다 뿐이지, 여러분들 자신이 갖고 있는, 고유의 소중하고 아름다운 가치들이 망쳐진 것은 아니라구요. 알죠?

성은 당신을 더럽히거나 타락시키거나 할 수 있을 만큼, 힘있는 놈이 아니라구요. 잘 쓰면 정말 좋은 건데, 제대로, 좋게 쓰일 수 없게, 지금 현실이 그렇게 되어 있는 것뿐이에요. 글구, 여러분은 그런 현실에 부딪쳐서 잠깐 힘들었던 것뿐이구요. 이젠, 그까짓 것하고 뛰어넘어 버려요.

자자, 용기를 내요! 무엇보다도 당신 자신의 꿈을 잃지 말구요. 이제, 여러분은 여러분의 인생을 시작하고 있을 뿐이라구요. 고통은 너무나 크고 결코 끝나지 않을 거 같지만, 여러분이 이겨낼 마음만 있으면, 시간이 조금만 흐르면 그런 것들은 이겨내고 또 잊게 될 거예요.

이런 평범한 말들… 도덕 교과서에나 나올 거 같은 말들… 아무것도 아닌 것 같지만, 당신이 정말 어렵고 힘들 때, 이런 말들을 만날 수 있다면… 그리고, 이 말들을 믿고 그대로 한다면… 그게 얼마나 큰 힘이 되는 말인지 알 수 있을 거예요… 그러니, 이제 그만 눈물을 닦아요… 여러분을… 사랑해요…

터질 것 같은 내 심장은 날 미치게 만들 것 같았지만
난 이제 깨달았어 날 사랑했다는 것을…

아직 우린 젊기에, 괜찮은 미래가 있기에
자 이제 그 차가운 눈물은 닦고…

— 서태지와 아이들

서태지와 아이들이 우리에게 남겨준, 이 노래를 끝으로… 난,
이제 여러분에게 작별을 고합니다. 아직 젊은 여러분이…
좀더 괜찮은 미래를 열어 주길 기대하며…
GOOD BYE!… 안녕~

* 성지식에 관해 참고할 자료들

여러분이 피임, 성병 같은 성지식에 관해 알고 싶을 때 찾아볼 만한 책들을 몇 개 정리해 놨거든요… 제가 이 책들을 찾은 곳은 서울의 대형 서점에서 찾았구요… 이 서점들에서는 여성/실용 이런 코너 근처에 이런 책들을 두더군요… 이렇게 큰 서점을 찾아가서 봐도 되구, 도서관은 뒀다 뭐에 쓰겠어요? 도서관에서 봐두 되구요… 통신이나 상담 전화도 적었어요.

책들

성 바로알기, 부산여성사회교육원 성교육위원회 편, 의암출판사, 1997
미국 책을 기초로 했기 때문에, 주로 미국 사례를 들고 있긴 하지만, 요즘 시대에 맞는 자료나 관점들을 담고 있고, 성에 대해 진지하게 토의할 수 있는 연구 과제와 구체적인 토론거리를 던져주고 있어서, 성교육에 관심이 있는 선생님들께 도움이 될 듯… 피임: 94~122쪽 / 낙태 논쟁: 123~136쪽 / 동성애: 182~210쪽 / 성병: 236~258쪽

성, 바로 아는 내가 좋다!, 이규미 지음, 희성 출판사, 1994
임신/피임/성병 : 112~157쪽

10대! 우리들의 성, 김인호/유재웅/임은미/이수진 지음, 천재교육, 1994

성기의 그림이 잘 나와 있고, 성병의 증세가 어떻게 나타나는지 그림이 나와 있는 점이 좋다. 고대, 중세, 근대, 현대에 이르기까지 성에 대한 관습들이 어떻게 변화해 왔는지에 대한 설명이 비교적 잘되어 있다. 피임: 172~184쪽 / 성병: 185~194쪽 / 성의 역사를 찾아서: 206~276쪽

우리들의 성 이야기, 루스웨스트 하이머/나란 크라베츠 지음, 정성호 옮김, 도서출판 하림, 1994

피임: 275~290쪽 / 동성애: 293~300쪽 / 언제 도움을 청할까?: 245~272쪽

내 몸에 무슨 일이 일어나고 있나? ─ 소녀 편, 린다 매터리 지음, 송형석 옮김, 시공사, 1993

십대 남녀의 데이트 과정에서의 육체적인 접촉과 그에 따른 감정의 처리에 대한 부분이 자세히, 그리고 성의있게 설명되어 있다. 성교·임신·출산·피임: 188~214쪽 / 성병·에이즈: 215~235쪽

내 몸에 무슨 일이 일어나고 있나? ─ 소년 편, 린다 매터리 저, 송형석 옮김, 시공사, 1993

사정·오르가슴·발기·자위·몽정: 126~154쪽

섹스북, 귄터 아멘트 지음, 이용숙 옮김, 박영률 출판사, 1995

독일의 사회학자가 쓴 것으로, 십대의 소년, 중년의 여성, 아멘트 박사 세 명이 토론하는 형식으로 '재미있게' 진행되고 쓱쓱 읽힌다. 우리나라에 번역된 후, 우리의 실정에 비해 너무 앞서가는 책이 아니냐는 평을 듣기도 했지만, 우리나라에서도 이십대들에게 많이 읽히고 있는 지명도 있는 책. 책의 차례를 나눠놓고 있지 않지만, 다음 부분들을 참고하면 좋을 듯. 피임·에이즈·성병·임신 중절의 문제·동성애·사랑·질투…

우리도 알고 싶어요, 이시영 편저, 정암 출판사, 1997

피임: 32~46쪽

십대의 성교육, 오세원 지음, 도서출판 한글, 1996
성병: 235~244쪽

구성애의 성교육, 구성애 지음, 석탑총서, 1995
낙태: 233~241쪽 / 피임: 241~251쪽

The Gay 100 1/2, 폴 러셀 지음, 이현숙 옮김, (주)사회평론, 1996
이 책은 대형서점 '여성학' 코너에서 찾았다. Gay는 동성애자를 지칭하는 표현이고, 역사상 동성애자였던 유명한 사람들 얘기를 다룬 책이다. 소크라테스, 셰익스피어, 랭보, 오스카 와일드, 프레드 머큐리 등의 얘기가 실려 있으며, 동성애를 어떻게 이해하면 좋을지에 대해 생각하고 있다면 한번 읽어볼 만한 책… 단, 엄마나 아빠는 이런 책 읽는 걸 반대하실 수도 있다.

미혼 여성과 초보 주부를 위해 주부가 쓴 성sex 이야기, 이재경/김영미 지음, 지성사, 1995
이 책과 이 다음 책은, 사실, 십대를 위한 책은 아니다… 그러나, 서울 Y문고의 경우, 성교육 책들 바로 옆 칸에 꽂혀 있었고, 혹 JOY OF SEX니 이런 책들에 눈이 간다면, 차라리 이 책을 한번 읽어보라고 권하고 싶다. 성에 관해 좀더 현실적으로 생각할 수 있을 것이다.

코코코 주세요 — 이재경 주부의 정직한 sex 이야기, 이재경 지음, 청맥, 1996

성과 행복, 서울특별시교육청, 1998

상담소

한국성폭력상담소 (02) 338-5801
서울 YMCA 청소년 상담실 (02) 739-4242
한국여성의전화 푸른아우성 (02) 332-9978
사랑의 전화 (02) 715-8600, 716-8600, 717-8600, 718-8600

우리가 성에 관해 알고 싶은 것,
그러나 하이틴 로맨스에도, 포르노에도,
나와 있지 않은 것

초판 1쇄 발행 —— 1998년 6월 22일
초판 13쇄 발행 —— 2017년 5월 29일
지은이 —— 김성애·이지연
펴낸이 —— 유승희
펴낸곳 —— 도서출판 또하나의문화
04057·서울 마포구 와우산로 174-5 대재빌라 302호
전화(02) 324-7486, 팩스·(02) 323-2934
홈페이지· www.tomoon.com
출판등록번호 —— 제9-129호, 1987년 12월 29일
ⓒ 김성애·이지연 1998

* 무단 전재나 복사를 금합니다.
* 잘못된 책은 바꾸어 드립니다.
* 책값은 뒤표지에 있습니다.
ISBN 978-89-85635-31-8   03370